Дмитрий Шерих

ПО НЕВСКОМУ БЕЗ СКУКИ

2-е издание, дополненное

Москва — Санкт-Петербург
ЦЕНТРПОЛИГРАФ
МиМ-Дельта
2004

УДК 882
ББК 84(2Рос-Рус)6-4
Ш49

Оформление художника
И.А. Озерова

Шерих Д.
Ш49 По Невскому без скуки. — 2-е изд., доп. М.: ЗАО Центрполиграф, 2004. — 288 с.

ISBN 5-9524-0945-8

В книге собраны самые интересные, яркие и занимательные сведения из богатой истории Невского проспекта — главной улицы Санкт-Петербурга. Тайны и курьезы, были и небылицы, уникальные памятники и знаменитые личности, дома и их обитатели... Своеобразный гид поможет нескучно и с пользой провести время и заново открыть для себя достопримечательности Северной столицы. Книга дополнена новыми материалами.

УДК 882
ББК 84(2Рос-Рус)6-4

ISBN 5-9524-0945-8

ПО НЕВСКОМУ БЕЗ СКУКИ

ПРЕДИСЛОВИЕ

О Невском написано много. Очень много. Зачем же еще одна книга? Такой вопрос может возникнуть у всякого, кто взял эту книгу в руки, — и ответить на него хочется сразу.

Это не совсем обычная книга о Невском. Как правило, другие авторы стремятся представить читателю максимум сведений — в том числе сообщить бесчисленные даты, фамилии архитекторов и жильцов, архитектурные описания. Всю «обязательную» (и, увы, весьма скучную) полезную информацию.

В этой книге все иначе. Здесь собрано только то, что показалось автору самым интересным, ярким, занимательным в трехсотлетней истории Невского проспекта. То, что удивляло горожан прошлого, что попадало в литературу, описывалось историками и журналистами, обсуждалось на вечерах и в салонах; что было тайной, а может, и осталось ею до сих пор — и, вероятно, навсегда.

Карнавальное разноцветье истории дает место самым разным сюжетам и героям. И все они присутствуют в этой книге. Ведь в старом Петербурге было место не только прославленным творцам, но и аферистам, и террористам, и дамам легкого поведения, и бездушным властителям.

Если читатель прочтет эту книгу до конца, он узнает о многих тайнах и историях, о былях и небы-

Невский проспект. С открытки начала XX в.

лицах Невского проспекта. А автор видит свою задачу в том, чтобы это путешествие по главной нашей улице не было скучным.

Напоследок о маршруте. Мы пойдем от площади Восстания к началу Невского проспекта. Так удобнее и для тех, кто хочет с книгой в руках пройти по Невскому, и для тех, кто собирается читать ее дома. Первым куда проще начать путь от площади Восстания, нежели от истока проспекта, а вторым именно такое направление позволит совершить плавное погружение в историю — ведь если в начале нашего пути далеко не каждый дом достоин внимания и шаг наш будет достаточно энергичен, то ближе к концу нам придется подолгу задерживаться у некоторых зданий и перекрестков...

«ПАПАША! КТО СТРОИЛ ЭТУ ДОРОГУ?..»

При императоре Николае Павловиче Россия медленно втягивалась в капитализм. Последние новинки цивилизации стали приживаться и у нас.

Пригородная железная дорога в Царское Село и Павловск, открытая в 1837-м, быстро полюбилась петербуржцам. А когда удалось доказать не только удобства, но и выгоды рельсовых магистралей, решено было проложить большую дорогу между Петербургом и Москвой. По легенде, император сам наметил маршрут пути, проведя по линейке линию между двумя столицами — а единственный изгиб получился там, где царский карандаш наткнулся на царский же палец. Легенда отношения к правде не имеет, но дорога действительно вышла очень прямой.

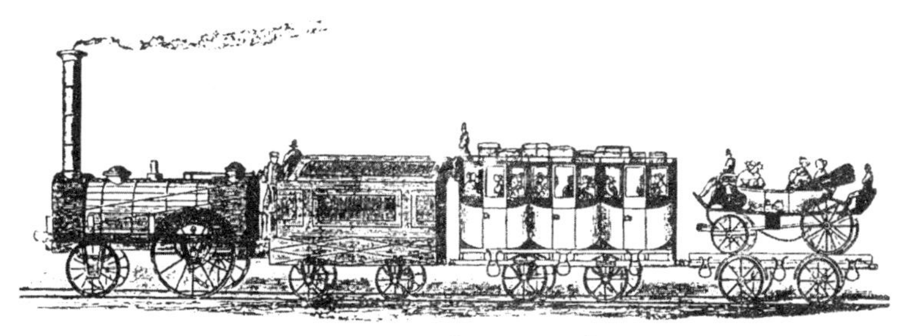

На Царскосельской железной дороге.
С гравюры середины XIX в.

П.А. Клейнмихель

В 1851 году первый царский поезд отошел от вокзала на Знаменской площади — того, что благополучно стоит и сейчас. Громкое событие не могло обойтись без наград: они просыпались на многих, но основной почет и слава достались знаменитому администратору графу Клейнмихелю.

Читатель помнит, может быть, эпиграф к стихотворению Некрасова «Железная дорога»: «Папаша! кто строил эту дорогу?» — «Граф Петр Андреевич Клейнмихель, душенька». Ирония слышна в этом эпиграфе, и слышна не случайно. Из воспоминаний современника известно, как Николай I просил у Клейнмихеля список тех строителей дороги, кто достоин наград. «Клейнмихель сказал, что он не может назвать таких лиц, поскольку вся тяжесть руководства по постройке и введению в эксплуатацию дороги легла на него самого». Император был удивлен, но Клейнмихель стоял на своем. И только после прямого приказа вынужден был подчиниться — скрепя сердце представить к наградам своих подчиненных.

Петр Андреевич мог позволить себе высокое самомнение: в царствование Николая I он был в фаворе. Одной из причин тому были его преданность царю, исполнительность, деловитость и строгое отношение к подчиненным. Не случайно на гербе графа император начертал: «Усердие все превозмогает». А один из современников даже назвал усердие Клейнмихеля «огненным».

Свидетельствовали в пользу Клейнмихеля и кое-какие закулисные обстоятельства.

Николаевский вокзал. С открытки начала XX в.

В биографии Петра Андреевича нашлось место двум брачным союзам. В первый раз он женился на девице Кокошкиной, причем против воли ее родителей, и — «оказался несостоятельным обратить эту девицу в супругу». В конце концов брак распался. После этого он женился вторично — на богатой и тоже бездетной вдове Клеопатре Хорват. И вот в этом-то браке у супругов Клейнмихель родилось аж восемь детей: пять сыновей и три дочери!

По мнению некоторых мемуаристов, причины такой плодовитости лежали не в области физиологии. Дело в том, что графиня Клеопатра Клейнмихель состояла в родстве с фавориткой Николая I Варварой Нелидовой. И когда та произвела на свет вещественное доказательство царской любви, о прибавлении семейства сообщили... Клейнмихели. Так было и дальше: когда очередная пассия монарха оказывалась в деликатном положении, Клеопатра Петровна обвязывалась накладными подушками, а потом «рожала».

Если все это правда, то понятно: с такими детьми Петр Андреевич мог не опасаться за свое положение при дворе. И требовать себе наград.

За строительство железной дороги Клейнмихель получил, в числе прочего, роскошную трость, усыпанную бриллиантами. На это известный придворный остроумец, князь и адмирал Александр Сергеевич Меншиков, отреагировал: «На месте государя я не пожалел бы Клейнмихелю и ста палок». Насчет палок сказано не случайно — как и все начальники николаевского времени, Клейнмихель не обходился без телесных наказаний и рукоприкладства. Пишут, что он однажды избил до полусмерти станционного смотрителя, не предоставившего ему вовремя свежих лошадей...

А правнук петровского «Данилыча», судя по всему, имел с Клейнмихелем личные счеты и не упускал случая «ущипнуть» его. В числе любимых шуток Меншикова была такая: Клейнмихель-де договорился продать свою душу черту, но сделка не состоялась, ибо души у графа не оказалось. Любил прохаживаться адмирал и насчет многосторонности дел Клейнмихеля. Когда умер митрополит Серафим и в обществе обсуждали, кого же назначат на его место, Меншиков воскликнул:

— Наверняка Клейнмихеля!

Конец блестящей карьере графа Клейнмихеля положило новое царствование. По иронии судьбы, Петр Андреевич был косвенным виновником печальных для него перемен. В конце января 1855 года он пригласил Николая I на свадьбу своей дочери. Было морозно, а император оделся слишком легко и подхватил сильную простуду. Постепенно болезнь начала захватывать легкие, потом приобрела необратимый характер. Вскоре Николай скончался.

А наследник Александр Николаевич по восшествии своем на престол поспешил отправить графа в отставку.

БИТЮГ НА БОНБОНЬЕРКЕ

В начале XX века пути от Николаевского (ныне Московского) вокзала вели уже не только в Москву: отсюда начиналась дорога в Сибирь и на Дальний Восток. Авгус-

Открытие памятника Александру III

тейшим основателем Транссибирской магистрали был император Александр III, и когда власти решили поставить ему памятник, место было найдено легко — у начала этого пути, в центре Знаменской площади.

Устроили конкурс проектов. Победителя выбирала царская семья — и оказался им скульптор Паоло Трубецкой, незаконнорожденный сын князя Трубецкого.

Наверное, потом заказчики не раз пожалели о выборе. Трубецкой был непокладист, он не спешил с завершением работы — и много раз переделывал скульптуру, добиваясь максимального эффекта. Члены царской семьи беспокоились, навещали мастерскую ваятеля, давали ему советы.

Был осуществлен даже небывалый выезд на Знаменскую площадь. Об этом вспоминал позже Сергей Юльевич Витте: «Место, где должен был быть сооружен этот памятник, было огорожено забором, забор этот был еще возвышен, был устроен деревянный пьедестал... Модель привезли и ночью выставили. Я помню как теперь, что я в 4 часа ночи, по рассвету поехал туда. Еще никого из публики не было, и вот, поднявшись к памятнику, мы открыли его... На меня произвел этот памятник угнетающее впечатление, до такой степени он был уродлив».

Памятник Александру III. С открытки 1920-х гг.

Можно понять шок Витте. Мало того что памятник был еще Трубецким недоработан — он и выглядел очень необычно. Грузный император верхом на лошади-тяжеловозе с коротко подстриженным хвостом; на самые глаза Александра надвинута шапка. К тому же императорский битюг должен был возвышаться на краю гранитной скалы с закругленными краями...

Впрочем, общее решение скульптуры таким и осталось — несмотря на «угнетающее впечатление». Только вот скалу заказчики определенно отвергли: очень уж экстравагантной она им показалась. Возникала слишком неудобная для Александра перекличка с «Медным всадником», стремительно вознесшимся на скалу. В итоге скульптору пришлось поставить конную группу на «розовой бонбоньерке» (так оценили пьедестал газеты).

Памятник открывали торжественно, участвовал в этом событии сам Николай II. Суждения о монументе с первых же дней оказались полярными — от восторгов до немилосердной критики. Свою лепту в дискуссию внесли сатирики: благодаря им по городу пошли стихи. Например, такие:

На площади — комод,
На комоде — бегемот,
На бегемоте — обормот.

Или еще такие, написанные Александром Рославлевым:

Третья дикая игрушка
Для российского холопа:
Был царь-колокол, царь-пушка,
А теперь еще царь-жопа...

Своего рода поэтический турнир завершил уже после революции Демьян Бедный. Осенью 1922 года его четверостишие было выбито на всех четырех сторонах гранитного постамента:

Мой сын и мой отец при жизни казнены,
А я пожал удел посмертного бесславья,
Торчу здесь пугалом чугунным для страны,
Навеки сбросившей ярмо самодержавья.

Газетчики тогда радовались: «И сразу изменился весь смысл и значение памятника... Перед памятником стоит толпа обывателей, с улыбкой читающих надпись». Победить, правда, в поэтическом соревновании пролетарскому стихотворцу не удалось. В его строках оказалось сразу две осечки: статуя отлита из бронзы (не из чугуна), да и к тому же неясно, как можно быть казненным не «при жизни».

Хоть и изменилось в 1922-м значение памятника, полутора десятилетиями позже он снова оказался не к месту. Осенью тяжелого 1937 года монумент с площади сняли — пьедестал разобрали на блоки, а царя отправили в «почетную ссылку» во внутренний двор Русского музея. Хорошо, хоть не переплавили на металл для народного хозяйства...

А в годы перестройки памятник совершил еще одно путешествие, переехав во двор Мраморного дворца — на место стоявшего там броневика Ленина. Но в этом дворе императору тесновато — а потому вопрос о дальнейшей его судьбе пока не закрыт...

БЕСПОКОЙНЫЕ ГОСТИ

Гостиница «Октябрьская», стоящая против Московского вокзала, обязана своим рождением графу Якову Эссен-Стенбок-Фермору. Бывший конногвардеец, он сумел удачно жениться: взял в жены единственную дочь столичного генерал-губернатора Эссена и прибавил к своей родовой фамилии Стенбок-Фермор еще и фамилию супруги. А заодно Яков Иванович получил и неплохое состояние.

Предприимчив был Эссен-Стенбок-Фермор! Разного рода проектов у него было множество, и гостиница близ железнодорожного вокзала заняла в этом списке не последнее место. Граф, правда, замышлял не просто возвести гостиницу, но и устроить при ней казино и проводить маскарады — для вящего дохода. Однако император не дозволил устраивать азартные игры вблизи главного вокзала страны...

В конце 1851 года гостиница открылась, а полтора года спустя случилось досадное происшествие: на третьем этаже дома произошел обвал. Причиной были дешевые строительные материалы, пущенные в дело энергичным графом. Строившего гостиницу архитектора Гемилиана отправили на гауптвахту, хотя он был ни в чем не виноват. А Стенбок-Фермор решил после этого избавиться от здания — и продал его княгине Вачнадзе.

С той поры гостиница не раз меняла и владельцев, и имя — вначале звалась «Знаменской», потом «Северной», «Большой Северной». Развлечения, в отличие от казино, в гостинице прижились: здесь имелся неплохой концертно-танцевальный зал. Играл оркестр, выступали виртуозы, устраивались публичные чтения с участием известных писателей.

Привокзальное положение обеспечивало гостинице приток постояльцев, среди которых бывали и знаменитости.

26 сентября 1859 года, в половине девятого утра, в гостиницу прямиком с вокзала прибыл новый постоялец с сопровождающими. Гостям дали номер по требованию, и они отбыли с визитом к генерал-губернатору. Оттуда отправились на прогулку по Петербургу, осматривая памятники и Невский проспект. За это время слух о прибытии их в столицу успел распространиться в публике — и по возвращении в «Знаменскую» гости встретили толпу зевак. «Шамиль! Шамиль!» — носилось в толпе, пока бородатый и осанистый уроженец Кавказа выходил из кареты и пробирался к себе в апартаменты.

Имам Шамиль

Внимание петербуржцев льстило гостю, хотя и оказался он в столице не в самом выгодном положении. Это был легендарный имам Шамиль — вождь боровшихся с Россией горцев, пленение которого приблизило конец многолетней Кавказской войны. Шамиль сам сдался в плен и был весьма любезно принят победителями. Тифлис—Чугуев—Москва—Петербург—Калуга: такое «турне» совершил имам по России, пока не поселился в последнем из этих городов. Умер он, кстати, не в Калуге, а на пути в Мекку: власти дозволили ему совершить паломничество.

Но это было позже. А в Петербурге Шамиль наслаждался жизнью. Ходил в театр и оперу, в огромных количествах ел русский мед, необычайно ему нравившийся. Поражался открытым бальным платьям светских дам. И мог видеть в окнах книжных лавок свои портреты, продававшиеся за полтинник серебром...

Другой обитатель «Знаменской» гостиницы наделал шуму семью годами позже Шамиля — в апреле 1866-го. Тогда у Летнего сада Дмитрий Каракозов стрелял в Александра II. Император уцелел, а террориста схватили; началось следствие. Каракозов стоял на том, что он — крестьянский сын Алексей Петров. Никаких подробностей сообщать следователям не пожелал.

Чтобы узнать подлинное имя стрелявшего, стали опрашивать дворников, трактирщиков, содержателей гостиниц. Тут-то и выяснилось, что именно в «Знаменской» — в 65-м номере — жил террорист перед покушением. Потом Каракозов и сам сообщил: «День и ночь, предшествовавшие совершению преступления, я провел в «Знаменской» гостинице и оттуда отлучался только для того, чтобы выпить водки. Водка была в этом случае средством отвлечь свои мысли от мыслей о смерти...»

В тщательно обысканном номере обнаружились обрывки бумаг, чрезвычайно важные для расследования. Благодаря им вышли на московского сообщника Каракозова, а уже от того узнали имя террориста...

Дмитрия Каракозова казнили на Смоленском поле (Васильевский остров) осенью 1866 года. На казни присутствовал молодой Илья Репин, который запечатлел увиденное — и огромное стечение народа, и вид деревянного эшафота, более похожего на простые подмостки. И прибытие Каракозова, а затем прощание его с публикой: «Он... истово, по-русски, не торопясь, поклонился на все четыре стороны всему народу. Этот поклон сразу перевернул все это многоголовое поле, оно стало родным и близким этому чуждому, странному существу, на которого сбежалась смотреть толпа, как на чудо...»

Потом на Каракозова надевали «сплошной башлык небеленой холстины, от остроконечной макушки до немного ниже колен». И наконец, финал, увиденный цепкими глазами художника: «Палач ловко выбил подставку из-под ног Каракозова. Каракозов плавно уже подымался, качаясь на веревке, голова его, перетянутая у шеи, казалась не то кукольной фигуркой, не то черкесом в башлыке. Скоро он начал конвульсивно сгибать ноги — они были в серых брюках. Я отвернулся на толпу и очень был удивлен, что все люди были в зеленом тумане... У меня закружилась голова...»

И еще один эпизод революционной истории.

Ночью 31 марта 1904 года «Северная» гостиница вздрогнула. Постояльцы выглядывали за дверь, спрашивали у служащих о том, что произошло, но те и сами недоумевали. Скоро, впрочем, выяснилось: в одном из номеров произошел мощный взрыв. Прибывшая полиция обнаружила в номере целую лабораторию: помимо громыхнувшего снаряда здесь нашлись аж три неразорвавшиеся бомбы. Стало ясно,

Знаменская площадь. С открытки начала XX в.

что постоялец был террористом и погиб он при снаряжении очередной бомбы.

Труднее оказалось установить личность погибшего: единственной оставшейся от него целой частью тела была одна из конечностей. Газеты по-разному освещали детали — одни уверяли, что найдена была рука, другие были убеждены, что от взрыва уцелела стопа. Как бы то ни было, конечность эта оказалась маленьких размеров — и все решили, что взорвался «какой-то подросток» (так написали и газеты).

Лишь потом через своих агентов полиция выяснила, что жил в гостинице бывший студент, член эсеровской Боевой организации Алексей Покотилов. Он «обладал как раз таким «аристократическим сложением» — такими маленькими ногами и руками, что они могли быть сочтены за полудетские...»

Вместе с Борисом Савинковым (тоже боевиком и тоже неоднократным гостем «Северной») Покотилов готовил покушение на министра внутренних дел Плеве. Происшествие в гостинице спутало планы, но от намерений своих эсеры не отступились.

Знаменская площадь. С открытки начала XX в.

И снова «Северная» гостиница оказалась на переднем плане: теперь здесь поселился 23-летний эсер Максимилиан Швейцер, готовивший взрывчатку вместо Покотилова. В день намеченного покушения Швейцер вынес из гостиницы заготовленные снаряды, отправился в условленное место и раздал бомбы боевикам. Самую большую, около пяти килограммов весом, получил Егор Созонов.

На долю Созонова и выпало совершить это убийство. Утром 15 июля 1904 года на Измайловском проспекте карета Плеве была взорвана. Министр погиб на месте.

...Вскоре после этого Максимилиан Швейцер переехал из «Северной» гостиницы в отель «Бристоль» у Исаакиевского собора. И уже там повторил судьбу Покотилова. В февральскую ночь 1905 года его номер был полностью разрушен. Сильно пострадали все находившиеся рядом комнаты. Взрыв был таков, что «прилегающая часть Вознесенского проспекта... была завалена досками, кусками мебели и разными вещами, выброшенными взрывом из меблированных комнат», а «часть вещей перекинуло в Исаакиевский сквер... там же были найдены части пальцев Швейцера».

Что ж, эсеры-террористы в 1904—1905 годах потрудились немало: взрывы, и спланированные, и случайные, раздавались то тут, то там. Но это была лишь артподготовка к последовавшим позже революционным баталиям...

В БУФЕТЕ — ФОСС!

Революции не обошли Знаменскую площадь стороной: не случайно же она стала площадью Восстания! 25 февраля 1917 года здесь столкнулись рабочие с полицейскими и солдатами. Алексей Толстой так зарисовал площадь в то утро: «Перед Северной гостиницей стояли конные полицейские на золотистых, тонконогих танцующих лошадках. Пешие полицейские, в черных шинелях, расположились вокруг памятника Александру III и — кучками по площади. У вокзала стояли казаки в заломленных папахах, с тороками сена, бородатые и веселые. Со стороны Невского виднелись грязно-серые шинели павловцев». Потом подошли демонстранты, началось столкновение, сорок человек погибли — и революция все стремительнее понеслась к своей развязке.

Другие черты революционного времени запечатлел известный советский журналист, а в то время сотрудник «Нового Сатирикона» Ефим Зозуля: «Здесь, на Невском, недалеко от Лиговки, стоял и плакал борец Фосс — феноменальный обжора. Начались голодные месяцы. Толстяк врывался в буфет Николаевского вокзала, где еще стояли на стойке бутерброды и лежали круги колбас. Он жадно поедал все это, громко плача и отбиваясь от официантов железными локтями и слоновыми ногами... Это был бич гостиниц и ресторанов. Куда девался он? С тех пор о нем ничего не слышно...»

Прервем тут цитату. Зозуля переоценивает влияние голодных времен на «феноменального обжору». Борец Фосс был известен в России задолго до этого — и не только как атлет. Он на арене-то съедал перед борьбой поросенка, запивая его четвертью водки. А поедание пищи в вокзальных буфетах и ресторанах — до десяти обедов сразу! — было вообще его фирменным знаком и часто сопровождалось скандалами. Особенно когда он отказывался платить. Вот строчки из провинциальных (сызранских) новостей 1911 года: «Фосс приехал сюда и поселился на вокзале. Своим поведением великан-скандалист наводит страх на публику: целый день пьет, ест за пятерых, ни копейки не платит... Зал первого класса, где засел Фосс, оцеплен полицией»...

Но вернемся к Зозуле: он дополняет картину 1917 года еще одним эффектным штрихом.

«Здесь, недалеко от Лиговки, убили полную дородную даму. Она увидела вооруженных матросов с красными бантами, всплеснула руками и закричала:

— Ах, и матросы — изменники!

Молодой матрос выстрелил в нее из винтовки. Нельзя называть революционных матросов изменниками. Нельзя».

ВОЖДЬ ПОД ЗЕМЛЕЙ

Появление железной дороги превратило Знаменскую площадь в настоящий транспортный узел: пассажиров надо было развозить по столице. Едва ли не первым уловил конъюнктуру купец Синебрюхов: он пустил от Николаевского вокзала многоместные экипажи — омнибусы, прозванные «синебрюховскими». Это были «грузные, пузатые кареты огромного размера... неуклюжие и громоздкие, запряженные чахлыми лошадьми». Зимой кареты сменялись санями — столь же неторопливыми...

Да и потом через Знаменскую по Невскому шли едва ли не все виды городского транспорта.

Первая линия конки — в 1863-м — пролегла от Знаменской до Дворцовой. Зрелище было новое и любопытное: лошади тащили вагончик по рельсам, лежавшим посреди Невского проспекта. Конка ходила медленно, с интервалом в полчаса, а то и больше — но успехом пользовалась.

Конечные вагоны имели, кстати, два этажа: в первом проезд стоил пятачок, во втором — на империале, как тогда говорили, — три копейки. Дам поначалу на империал не пускали: нескромно...

Пробные рейсы трамвая — тоже у Знаменской! Бельгиец Люсьен Нотомб пустил в этих краях вагон, движимый аккумуляторами, а «публика любуется им, едва веря своим глазам, и с детским нетерпением стремится занять в нем места». Правда, еще до Нотомба ходил уже трамвай по невскому льду, но это совсем другая история...

Вот первые автобусы обошли Знаменскую стороной, это да: инженер Иванов пустил их в 1907 году по Гороховой улице. Но троллейбусы старую площадь без внимания не оставили: первый их рейс осенью 1936-го прошел как раз через нее.

Ну и, конечно, метро: как же без этой площади, если первая линия метрополитена связала городские вокзалы — Балтийский, Витебский и Московский! Проекты метро, надо сказать, существовали и до революции, был даже замысел пустить подземку под Невским, с остановками через каждые пятьсот метров, — но все-таки открылся метрополитен лишь в 1955 году.

Внушительный, круглый в плане павильон «Площадь Восстания» не заметить нельзя: он запечатлел самый расцвет сталинского ампира. А какой сталинский ампир без самого Сталина? Вот и сегодня в подземном вестибюле станции, на одном из бронзовых барельефов, можно увидеть Иосифа Виссарионовича — рядом с выступающим Лениным...

Впрочем, этот Сталин — жалкий остаток монументальной сталинианы, что существовала некогда в нашем городе. А была сталиниана весьма обширной. Только вот удивительная деталь: все эти памятники, бюсты, барельефы появились только после 1949 года. До этого бронзового Сталина в Ленинграде не было!

А в 1949-м вождь отмечал свое 70-летие. Остаться в стороне от торжеств было нельзя — тем более что время стояло на дворе непростое, начиналось «ленинградское дело». Так и появились в Ленинграде сразу четыре сталинских памятника, да еще бюст в придачу. Монументы встали на въездах в город, каждый на своей стороне света: северный — у Поклонной горы (на нынешнем проспекте Мориса Тореза), южный — на Средней Рогатке (нынешняя площадь Победы), восточный — около Невы (в конце нынешнего проспекта Обуховской Обороны), западный — близ Балтийского вокзала. А бюст оказался в центре этой своеобразной композиции, в самом сердце социалистического Ленинграда — у Смольного...

В том 1949-м метро еще строилось, но и его создатели не могли пренебречь новой тенденцией. Запланировали чуть ли не на каждой станции своего Сталина: где барельеф, где мозаику, где картину, запечатлевшую прием учителей вождем. Только вот незадача — пока шло строительство, Сталин умер. А потом и облик его изрядно потускнел. Новые изменения внесли на ходу: где-то Сталина закрасили, где-то убрали, где-то просто скрыли. А на «Площади Восстания» оставили: не переделывать же было барельеф из-за малозаметной фигуры вождя народов!

Так вот и остался здесь Сталин — в двух шагах от бывшего Сталинградского проспекта. Немногие помнят, что именно так именовался когда-то Лиговский проспект, пересекающий площадь Восстания...

«ГРАЖДАНИН» И ПОЭТ

Невский от Знаменской площади до Фонтанки считался прежде городской окраиной. Недаром в 1819 году в этих краях случилось происшествие небывалое. Холодным рождественским вечером пожарный смотритель проверял фонари у Знаменской площади. Оглядывался по сторонам: места пустынные, опасные! — но все было спокойно. Но не успел он заняться очередным фонарем, как что-то обрушилось его на спину и он упал.

То был огромный волк! Несчастный смотритель отбивался от зверя как мог, но тот успел разодрать ему левую щеку, после чего пустился наутек. Не из города — в город! Пробрался на Бассейную, через Неву перебежал на Охту, потом вернулся на левый берег. За волком устроили погоню, и около Смольного монастыря его удалось, наконец, убить...

Что ж, эту часть Невского проспекта и в 1840-х годах именовали «краем света»; стояли тут в основном одноэтажные и двухэтажные дома, а попавшие сюда извозчики роптали. Один из пассажиров записал такую извозчицкую тираду: «Очинна уже далеко заехали! Без людей как быдто б и боязно!»

Невский в этих краях начал оживать после великих реформ, в 1860—1870-х годах. Но даже в 1866 году столичный обер-полицмейстер приказывал усилить ночную стражу «от Аничкина моста до станции Николаевской железной дороги» — «для пресечения грабежей». Это уже потом многие здания на проспекте перестраивались, и по нескольку раз, многие расширялись ввысь и в глубину кварталов.

«Дофонтанкинская» часть Невского мало интересна с точки зрения архитектуры. Но здесь находились рестораны, театры, клубы, меблированные комнаты; тут случались необычайные происшествия, а жизнь кипела. И нам поэтому есть о чем вспомнить...

Первое, что задержит наше внимание, — отходящая влево от Невского Пушкинская улица. Это самая молодая из выходящих к проспекту улиц: проложена она была в 1874 году, когда вся эта местность активно застраивалась новыми доходными домами.

Прежде эти места слева от Невского были известны как «дача Миниха»: знаменитый фельдмаршал Миних получил их во владение от Анны Иоанновны и какое-то время активно осушал. А в XIX столетии стояли здесь обычные невысокие дома; в одном из них, под номером 77, перед самым рождением Пушкинской находилась редакция еженедельника «Гражданин».

Это был довольно популярный журнал, особенно в консервативных кругах. Но еще большей известностью пользовался его издатель князь Владимир Петрович Мещерский. Одна беда: репутация князя была очень уж неоднозначной. С одной стороны, внук историка Карамзина, плодовитый писатель, умный человек, влиятельный журналист. С другой — интриган и гомосексуалист, не особенно скрывавший свои наклонности.

Сочетание двух последних качеств приводило иногда к громким скандалам. Особенно когда князь пошел войной на графа Келлера, командовавшего лейб-стрелковым батальоном: тот мешал Мещерскому встречаться с любовником, молодым трубачом батальона. Включив в дело свои связи, Мещерский добился отставки графа — но следом за тем вся история всплыла на свет, и против Владимира Петровича восстали даже его родичи. Впрочем, это не сильно отдалило Мещерского от двора: у него были весьма влиятельные защитники, и прежде всего император Александр III, а затем и Николай II. Оба монарха не имели никакого отношения к гомосексуализму, но ценили Мещерского как умного советчика.

Окрыленный высочайшей поддержкой, Мещерский настойчиво сражался в «Гражданине» с духом либерализма. И сумел однажды привлечь на свою сторону неординарного соратника — Федора Михайловича Достоевского. Великий писатель незадолго до этого написал знаменитых «Бесов», и консервативные взгляды были ему близки. Так неожиданно для многих в начале 1873 года он стал редактором «Гражданина». «Редактор Ф.М. Достоевский принимает ежедневно в редакции от 2 до 4 часов, кроме субботы и воскресенья».

Впрочем, длилось сотрудничество недолго. Журнальная рутина оказалась для Достоевского обременительной, а кухня «Гражданина» не особенно пришлась писателю по вкусу. Полтора года проработав с Мещерским, он счел дальнейшее сотрудничество бесполезным. Его попытка поднять «Гражданина» на новый уровень не удалась...

Памятник А.С. Пушкину работы Опекушина

А новый каменный дом № 77/1, стоящий и сегодня на углу Невского и Пушкинской, стал словно магнит притягивать к себе оппонентов «Гражданина» — революционеров (тех самых «бесов»). Здесь нелегально жили народовольцы, готовившие покушение на Александра II. Сюда захаживали социал-демократы Ленин, Мартов и многие их товарищи. Мартов в этом же доме был арестован — в отличие от еще одного революционера, бывшего врача-бактериолога Григория Гершуни, который благополучно прожил здесь три дня. Хотя и был в розыске. «Означенный Гершуни... прибыл 11-го сентября 1901 года... и, прожив там до 14-го сентября, выбыл, не быв задержан». Гершуни тогда отправился прямиком за границу, а власти стали переругиваться: почему опасный революционер избежал ареста? Полицейский пристав оправдывался одним: жилец предъявил паспорт на имя Григория Исааковича Гершуни, а в розыске был Григорий Андреевич. Градоначальника такое объяснение не убедило, и он публично упрекнул пристава в «шаблонном отношении к делу первостепенной важности».

Не зря волновался градоначальник: Гершуни за границей принялся создавать партию эсеров, а также знаменитую эсеровскую Боевую организацию, которая под его руководством убьет потом министра внутренних дел Сипягина и уфимского губернатора Богдановича...

Проходя мимо Пушкинской улицы, трудно не заметить в глубине ее памятник Пушкину работы скульптора Опекушина, открытый в 1884 году и обошедшийся тогда городской казне в 9550 рублей. Это едва ли не самый спорный памятник старого Петербурга. Ни один другой монумент не удостоился таких уничижительных реплик! «Он по своему жалкому виду составляет позор для богатого столичного муниципалитета» (мнение «Одесского вестника»). «Самый мещанский, пошлый, жалкий, худосочный памятник в мире» (мнение Александра Куприна). В советское время подумывали даже перенести памятник на другое место — скажем, на привокзальную площадь города Пушкина. Перенос не состоялся, но обсуждение его породило легенду, запечатленную в заметках Анны Ахматовой.

«В 1937 г., в юбилейные дни, соответственная комиссия постановила снять неудачный памятник Пушкину в темноватом сквере на П-ской ул. в Ленинграде (поставленный в 1884 г. в той части города, которая еще не существовала в пушкинское время). Послали грузовик-кран — вообще все, что полагается в таких случаях.

Но затем произошло нечто беспримерное. Дети, игравшие в сквере вокруг памятника, подняли такой вой, что пришлось позвонить куда следует и спросить: «Как быть?» Ответили: «Оставьте им памятник», и грузовик уехал пустой».

Надо сказать, что автор монумента, скульптор Опекушин, поставил и более удачный памятник Пушкину — в Москве, на Тверском бульваре. Открытие московского монумента в 1880 году сопровождалось грандиозным Пушкинским праздником, на котором особенно запомнилась всем речь Достоевского о поэте. Достоевский и Пушкин — эти имена были тогда на устах у многих, а здесь, на Пушкинской улице, они близки и по сей день...

«ЛЕНИНГРАДСКИЕ МАРКИЗЫ ДЕ САД»

Пока еще мы не ушли с угла Невского и Пушкинской, наметим еще одну значимую для проспекта тему. Тему специфическую, даже болезненную: проституция.

Вообще-то проституция была в Петербурге всегда. Поначалу ее не регулировали никак, и лишь в 1843 году особый Врачебно-полицейский комитет начал регистрировать проституток и выдавать им знаменитые «желтые билеты». С тех пор правила менялись не раз и становились все жестче; за нарушение их полагались санкции. Об одном из нередких наказаний вспоминал иностранец, очутившийся на Невском ранним летним утром 1850 года:

«Перед моим изумленным взором развернулась странейшая сцена. Я увидел впереди картину бала. Группа элегантно одетых женщин, некоторые в красивых шалях, с перьями на шляпах, исполняли удивительный танец, сопровождающийся постоянными поклонами... Наконец мы достигли Аничкова дворца и оказались в самой гуще этих странных занятий. Отвратительная, жуткая картина явилась моим глазам. Несколько молодых женщин... подметали Невский проспект под надзором полицейского... Они были из числа ночных бабочек, которые слишком поздно возвращались домой после отправления своего несчастного ремесла и угодили в руки патруля. Остаток ночи они провели в караульне, а теперь с метлами в руках расплачивались за свои неудачные прогулки».

Подметать Невский проститутки могли, а вот работать тут по своей специальности — нет. Запрет распространялся не только на Невский, но и на другие крупнейшие улицы. Впрочем, запрет запретом, а в действительности все было иначе: полностью изгнать проституток с Невского не удалось никому.

Вот и угол Невского и Пушкинской был и в начале XX столетия, и особенно в вольные 1920-е годы (когда милиция насчитала в городе 32 тысячи «камелий»), местом сбора взрослых и малолетних проституток. «Красная газета» возмущалась в феврале 1924 года, описывая картину здешних нравов:

«По Невскому гуляет полуребенок. Шляпа, пальто, высокие ботинки — все как у «настоящей девицы». И даже пудра, размокшая на дожде, так же жалко сползает на подбородок...

— Сколько тебе лет? Двенадцать? А не врешь?.. Идем!

Покупается просто, как коробка папирос. На одном углу Пушкинской папиросы, на другом «они». Это их биржа. Здесь «котируются» их детские души и покупаются их тела. Здесь же их ловят. «Манька, агент!» Брызгают в разные стороны, спотыкаясь и скользя на непривычно высоких каблуках, придерживая чертовски модные шляпы, теряя перчатки и... клиентов».

«Агент» — это сотрудник милиции.

В ту же пору и в этих же местах можно было встретить хипесниц — особ, требовавших деньги вперед и не предоставлявших клиенту ожидаемых услуг. Две такие подружки действовали следующим образом: «выходили на Невский, одна из них подходила к какому-нибудь гражданину и предлагала пойти на лестницу. При согласии она шла, а подруга становилась «на стрему». Когда деньги были получены, стоявшая на страже кричала: «Дворник», девочка, бывшая с мужчиной, и мужчина бежали».

Власти, конечно, не оставляли проституток без присмотра; «особо отличившихся» даже высылали из города. Бывали и громкие судебные процессы, один из которых напрямую связан с этой частью Невского — с домом № 106 на солнечной стороне проспекта. Процесс этот вызвал небывало широкий резонанс: десятки газетных статей запечатлели ход дела во всех подробностях.

Весной 1924 года милиция обнаружила пять притонов для образованной публики: среди посетителей их были «и врач, и владелец технической конторы, и заведующий пивной, и пианист, и артист, и юрист». Главное из заведений находилось как раз на Невском (тогда проспекте 25 Октября), 106 — в квартире массажистки Адели Тростянской. Личность «надомницы» стала одной из причин шумихи: Тростянская доводилась женой Дмитрию Голубинскому, в ту пору популярному артисту БДТ.

Были и другие причины для шума. Так, одним из клиентов Тростянской оказался знаменитый журналист, бывший сотрудник журнала «Сатирикон» Иосиф Оршер. Но главный ажиотаж вызвало то, что заведение на Невском, как и остальные четыре «салона», ориентировалось на клиентов с садистскими наклонностями (и тогдашняя «Вечерка» вынесла этот факт в заголовок: «Ленинградские маркизы де Сад»).

Как писала пресса, в притонах «разврат происходил, главным образом, днем, причем мужчины принимались по рекомендации. Для привлечения новых посетителей иногда давались публикации в газетах о «массаже», об «уроках французского языка для взрослых» и проч.».

На скамью подсудимых попали не только сами «хозяйки», но и Голубинский, и еще девять мужчин-клиентов, включая Оршера, — по обвинению в «пособничестве» преступлениям. Адвокаты блистали красноречием; один из защитников выдал такой пассаж: «В этом котле изуверства и садизма варилась та часть интеллигенции, которая не захотела и не сумела срастись с Великой Революцией. Причину всех этих половых аномалий, этого полового азарта надо искать в той неудовлетворенности, которую испытывает эта часть интеллигенции, не находящая выхода своей энергии в производительном труде на пользу Революции...»

Сводницам это красноречие не помогло: они получили от полутора до пяти лет тюрьмы. А вот мужчины были оправданы. И карьере их скандал не особо помешал: Оршер продолжил писать книжку за книжкой, а Голубинский обосновался на Украине, где активно снимался в кино, работал даже с Довженко и стал народным артистом УССР...

У ТЕЛЕФОНА — БЕХТЕРЕВ

В суде по делу притонов прозвучали слова о психологии обвиняемых. Тема психологии позволяет перекинуть мостик к дому под номером 106 по Невскому проспекту. Именно здесь осенью 1908 года открылся, а затем три года работал знаменитый Психоневрологический институт.

Отцом-основателем института был Владимир Михайлович Бехтерев. Он задумал учреждение, где должны были заниматься не только психологией и неврологией, а познанием человека вообще. И параллельно с научными штудиями готовить кадры ученых и медиков.

Сам Владимир Михайлович был в ту пору сверхпопулярным врачом, к нему съезжались пациенты со всей России. Как записал в своем дневнике Корней Чуковский, «Бехтерев принимал больных до 2-х часов ночи... и так обалдевал после полуночи, что, приложив трубку к сердцу больного, не раз говорил, как спросонья:

— У телефона академик Бехтерев, кто говорит?»

И еще, о том же:

«Обычная плата за визит — сто рублей.

Ради этих сторублевок Бехтерев ложился страшно поздно и потом весь день проводил в полусонной дремоте».

Чуковский знал, о чем писал. Соседом его по даче в Куоккале был Илья Репин — и когда Илья Ефимович писал портрет Бехтерева, то просил Чуковского заходить в мастерскую «будоражить Бехтерева, чтобы он окончательно не заснул во время сеанса».

Впрочем, полемическое заострение в словах Чуковского явно чувствуется. Бехтерев уставал не только от приемов, но и от многосторонней своей деятельности. Он преподавал, выступал на конференциях и съездах, создавал новые медицинские заведения.

Затеянный им Психоневрологический институт строился на частные пожертвования — за Невской заставой, где здания его стоят и ныне. Но пока шла стройка, были набраны первые студенты и начались учебные занятия — на Невском проспекте, 104. Кроме самого Бехтерева, здесь преподавали анатом и педагог Лесгафт, ботаник Комаров, историки Тарле и Венгеров, многие другие ученые.

И только в 1911-м, когда первая очередь строительства за Невской заставой была завершена, Психоневрологический институт съехал с Невского.

...Когда пишут о Бехтереве, обычно вспоминают его неожиданную смерть в декабре 1927 года. Наверное, всем известен рассказ о том, что накануне своей кончины Бехтерев осматривал Сталина и вынес диагноз: «паранойя». Об этом академик рассказал неким собеседникам, за что и был отравлен. Нелишне напомнить, что эту версию в начале перестройки озвучила внучка Бехтерева Наталья Петровна. А спустя несколько лет, в 1995-м, она же сделала заявление в газете «Аргументы и факты»: «Это была тенденция объявлять Сталина сумасшедшим, в том числе с использованием якобы высказывания моего дедушки, но никакого высказывания не было, иначе мы бы знали. Дедушку действительно отравили, но из-за другого. А кому-то понадобилась эта версия. На меня начали давить, и я должна была подтвердить, что это так и было».

Так кто же отравил Бехтерева? Свой ответ на этот вопрос дал Игорь Губерман — известный поэт, автор популярных «гариков». В 1970-х он писал научно-популярные книги и в их числе — повесть о В.М. Бехтереве. В одном из интервью последних лет (американскому русскоязычному журналу «Вестник») Губерман сообщил свое мнение о «сталинской» версии: «Я знаю эту версию — чушь собачья. Эту версию принесли, очевидно, в 1956 году врачи, возвращавшиеся из лагерей... Бехтерев действительно обследовал Сталина как невролог... В ту же ночь он умер, отравившись. Однако у Сталина тогда еще не было достаточной команды для такого тайного убийства. И главное — Бехтерев был настоящий врач, дававший некогда клятву Гиппократа и учивший студентов свято ее придерживаться. Поэтому, если бы даже он обнаружил у Сталина паранойю, он бы никогда не сказал об этом вслух... Когда я писал книжку о Бехтереве, я написал письмо его дочери, жившей за границей, и осторожно спросил о версии отравления. Старушка очень бодро ответила мне: «Конечно, конечно, все это знали: его отравила мерзавка молодая жена...»

Впрочем, и это — не более чем версия...

НА НЕВСКОМ, 100, В ТЕАТРЕ ЛИН

Самая давняя и характерная примета дома № 100 — кинотеатр «Колизей». Эффектное имя — наследство тех времен, когда царствовал Великий немой: в Петербурге тогда спорили за зрителя «Фоли-Бержер», «Жар-Птица», «Мулен-Руж», «Этуаль дю Норд», «Казиноль-Пари», «Паризиана», «Пикадилли», «Сплендид-Палас», «Баба Яга»...

В летописях дома № 100 «Колизей» — не единственное увеселительное заведение. Хотя бы потому, что сам он занимает здание, построенное для панорамы «Голгофа». А в 1914 году на Невском, 100 разместился популярный театр опереточной артистки Валентины Лин. Тогда в столице было множество таких небольших театров, где давались фарсы (в том числе «с раздеванием»), оперетты, танцевальные и даже цирковые номера. На одном Невском их работало около десятка. Театр Лин считался среди них звездой первой величины.

А в самом заведении Лин несомненной звездой был куплетист Сергей Сокольский, выступавший в маске «босяка», «героя дна». О нем знала в те годы едва ли не вся Россия, а песенки Сокольского печатались, перепечатывались и даже были собраны в двухтомник. Одна из таких песенок именовалась «Петроградские женщины»; приведем в сокращении ее слова, дабы читатель мог почувствовать атмосферу представлений в театре Валентины Лин:

Афиша выступлений куплетиста С. Сокольского

Звени же громче, бледный стих!
Поешь про здешних дам,
А бескорыстие у них —
Им должное воздам.
Когда любимый с ней блондин,
Она как бы в бреду,
На Невском, 100, в театре Лин,
В шестнадцатом ряду.
Не надо серег и колец,
Лишь поскорей бы под венец.
Пока нет около жены,
Открою вам секрет,
В него поверить вы должны, —
Имел я тет-а-тет.
Амур меня благословил
Вкусить запретный плод,
С красоткой я блаженство пил,
Как смелый санкюлот.
И вдруг в трагический момент
Такой выходит инцидент:
Она, красавица моя,
Спросила нежно у меня
(Как было слышать то поэту) —
«У вас клопов в кровати нету?»

К чести Сокольского надо сказать, что он сочинял не только фривольные, но и вполне злободневные куплеты. Особенно после того, как победила революция. Сам театр Лин, правда, тогда уже закрылся — и Сокольский пел с других подмостков:

Ужели рабства разлетелись стенки,
Ужель участков не увидим мы,
Ужели стерты мрачные застенки,
Где горько плакали мы, дети тьмы?!

А вот еще одно знаменитое заведение, существовавшее на Невском, 100, революцию пережило благополучно. Это был скетинг-ринк — крытый каток для роликовых и обычных коньков. Наведывались сюда не только любители коньков: в 1912 году, например, здесь состоялся Большой чемпионат французской борьбы, длившийся целых 73 дня. Особо привлек публику устроенный в один из дней «Конкурс красоты мужского телосложения». Еще смелее оказался тогда журнал «Сила и здоровье»: он устроил свой конкурс красоты, где победители определялись по фотографиям — и непременно были на снимках нагими. «Не рекомендуется надевать даже купальные костюмы или нижнее белье, так как они закрывают и видоизменяют форму тела». Фотографии делал знаменитый Карл Булла; среди конкурсантов были и борцы, состязавшиеся в те дни на Невском, 100...

После революции таких конкурсов здесь уже не устраивали и скетинг-ринк стал, наконец, просто катком. В непростые 1920-е он работал ежедневно с десяти утра до одиннадцати вечера, причем трижды в неделю для катающихся играл оркестр. Советские граждане каток посещали охотно, хотя и жаловались на дороговизну. Один из них сокрушался в журнале «Всевобуч и спорт»: «Вешалка сдана в аренду частному лицу. Последний дерет с катающихся за хранение платья 1 рубль, кроме того, входной билет на каток стоит 2 руб., — итого 3 рубля. Это много!»

По воскресеньям на катке играли хоккеисты. Для них скетинг-ринк оказался настоящей находкой: по свидетельству очевидца, удобное его расположение привлекло к хоккею новых зрителей и сделало игру небывало популярной.

Петроградское общество любителей бега на коньках тоже переехало в 1920-х годах именно сюда, на Невский, 100. Было общество весьма именитым: именно оно первым стало культивировать коньки в России. Началась его жизнь в Петербурге на прудах Юсупова сада еще в XIX столетии; закончилась же — здесь, на Невском.

В довершение рассказа о катке — один характерный эпизод из тех же 1920-х. В феврале 1923 года в городе появились огромные афиши, оповещавшие горожан о готовящемся празднестве. «Единственный, небывалый в Петрограде грандиозный ледяной бал» должен был состояться 4 февраля на Невском, 100. Однако публика, пришедшая в назначенный день, была разочарована. Как сообщала пресса, «устроители-халтурники» так ничего и не подготовили...

ЕГО НАЗЫВАЛИ «СКОРОБРЕШКОЙ»

Против дома № 100 на Невский выходит улица, носящая ныне имя французского революционера Марата. Это, наверное, одно из самых странных названий на карте города. Раньше улица звалась Николаевской в честь Николая I — и, говоря по совести, император и сегодня имеет право быть отмеченным в питерской топонимике.

Перекресток Невского с улицей Марата обозначен двумя не слишком выразительными зданиями. Первое из них, под номером 73, примечательно в основном тем, что на углу его некогда находился винный погреб «К.О. Шитт». Погреба купца Корнелиуса Отто Шитта появились еще в пушкинском Петербурге и с тех пор стали достопримечательностью города: они находились во множестве мест, но всегда — в угловых помещениях первого этажа. Бытовала даже поговорка: «Шитт на углу пришит». Или еще: «В Питере все углы сшиты». Вторая шутка была, конечно, преувеличением — ведь на всем Невском в 1911 году работали лишь три шиттовских погреба. Управляли ими уже потомки Корнелиуса Отто...

Дом под номером 71 (в нем сейчас ресторан «Невский» и вестибюль станции метро «Маяковская») примечателен более, чем его сосед, — в нем двадцать шесть лет жил Григорий Петрович Данилевский. Этот факт отмечен мемориальной доской. Прожитые здесь годы стали для исторического романиста временем расцвета: именно тогда он написал такие книги, как «Княжна Тараканова», «Мирович», «Сожженная Москва».

Сочинения Данилевского читали многие, но вряд ли многим известно, что Григорий Петрович отличался в жизни небывалым пристрастием к вранью. Известный библиограф и журналист Петр Быков вспоминал: «Это был большой виртуоз в области «не любо — не слушай»... То он, как близкий к правящим сферам, увольнял какого-нибудь министра, то торжественно объявлял о назначении кого-либо на высокий военный пост, рассказывал о никогда не бывшем «скандале в благородном семействе», о только что прослушанном произведении Гончарова, которое не только никогда не писалось, но и не снилось автору... Изобретательность и фантазия Данилевского по этой части были поразительны. Во многих литературных кружках его называли «Скоробрешкой». У него очень трудно было отличить ложь от правды, и опытные люди никогда не повторяли того, что им любезно передавал «виртуоз»...»

Забавно, конечно, что обличителем Данилевского выступает именно Быков: он тоже попадался на явных выдумках, которые пытался выдать за истину. Впрочем, насчет Данилевского Быков написал правду. Подтверждает это хотя бы Некрасов, написавший однажды:

Я не охотник до Невского:
Бродит там всякий народ.
Встретишь сейчас Д-ского —
Что-нибудь тотчас соврет...

«Д-ский» — это Данилевский и есть.

...В одно весеннее утро 1881 года из окна своей квартиры Данилевский мог наблюдать за передвижением необычной процессии. С Невского она свернула на Николаевскую улицу и двигалась достаточно быстро — но при желании можно было разглядеть всех ее участников. Данилевский, к тому времени большой чиновник, помощник редактора «Правительственного вестника», наверняка наблюдал за процессией с удовлетворением, хотя не все зрители, заполнившие в это утро Невский, разделяли его чувства...

Чтобы узнать, что это была за процессия, пройдем к месту, откуда она вывернула на Невский, — к выходу на проспект нынешней улицы Маяковского, именовавшейся прежде Надеждинской. Возле угла дома № 96 остановимся...

ЦАРЕУБИЙЦЫ

Утром 3 апреля 1881 года движение по Невскому проспекту было остановлено. Публика вглядывалась в глубь Надеждинской, откуда слышался мерный рокот барабанов. Наконец, на проспект выехала процессия. Первыми двигались две высокие позорные колесницы. В них сидели пять человек с повешенными на груди табличками «Цареубийца»: Желябов, Кибальчич, Рысаков, Михайлов, Перовская. Их, осужденных за убийство Александра II, везли к месту казни...

За колесницами следовали две кареты с пятью священниками в траурных ризах. Целый взвод барабанщиков неутомимо грохотал на всем протяжении пути. Замыкали же скорбную процессию совсем не скорбные, неожиданные участники: о них вспоминал еще один очевидец. «Это были простоволосые, иногда босые люди, оборванные, пьяные, несмотря на ранний час, радостные, оживленные, с воплями несущиеся вперед. Они несли с собой— в руках, на плечах, на спинах — лестницы, табуретки, скамьи... Это были «места» для желающих, для тех любопытных, что будут покупать их на месте казни. И я понял, что люди эти были оживленны потому, что ожидали богатых барышей от антрепризы мест на такое высокоинтересное зрелище».

С Невского вся эта процессия повернула на Николаевскую, по ней проследовала на Семеновский плац (в районе нынешнего ТЮЗа), где в 9 часов 30 минут при стечении публики народовольцы были повешены.

Тысячи петербуржцев наблюдали в тот день за процессией и за казнью — и в их числе наверняка была Анна Петровна Кутузова. Вглядывалась она в народовольцев, должно быть, из окон своих меблированных комнат, находившихся в доме № 96 по Невскому проспекту. И не могла не вспомнить о своем недавнем жильце, который оказался товарищем цареубийц.

И вот что должно было огорчать ее особенно: сама Анна Петровна посодействовала его злодеяниям. Как такое могло случиться? Госпожа Кутузова и в мыслях не держала зла против монаршей особы да была к тому же дружна с некоторыми агентами Третьего отделения, следившего в России за политическим порядком.

Эти-то дружеские связи и подвели Анну Петровну. Потому что знали о них многие, и в том числе народовольцы, отправившие Николая Васильевича Клеточникова в ее меблированные комнаты. Замысел реализовался с блеском. Анне Петровне понравился тихий, щедрый, сутулый человек в очках, сбившийся с ног в поисках работы. Поразмыслив немного, она рекомендовала Клеточникова чиновнику Третьего отделения Кириллову. А дальше карьера пошла успешно: Клеточникова назначили переписчиком бумаг, несколько раз повышали по службе и, наконец, сделали младшим помощником делопроизводителя в одном из департаментов. Мизерный, казалось бы, пост — но именно тут Николай Васильевич получил доступ к секретным документам и начал информировать народовольцев о планах Третьего отделения. Революционеры стали почти неуязвимы.

Двойная служба Клеточникова началась в начале 1879 года и длилась два года. Провал его стал делом случайности. Документы, обычно шедшие через Третье отделение, попали в другое ведомство, и он не узнал о раскрытии одной из явок. Появившись там по срочному делу, он был арестован.

Суд состоялся в феврале 1882 года; это был знаменитый «процесс двадцати». Клеточникова приговорили к смерти, потом заменили казнь пожизненной каторгой. Правда, исход это отодвинуло ненадолго. Летом следующего года Николай Васильевич, заключенный в Петропавловскую крепость, начал голодовку протеста. Через неделю он был насильственно накормлен и еще через три дня умер. Так закончилась жизнь одного из знаменитейших агентов-революционеров.

Напоследок скажем о том, что на Невском — множество народовольческих адресов. Какие-то мы уже оставили за спиной, к каким-то еще подойдем: наш путь только начинается...

«ВСЮДУ ГЕНРИХ БЛОКК!»

Почти напротив улицы Маяковского стоит шестиэтажный дом под номером 65, обращающий на себя внимание какой-то показной роскошью отделки. Такое впечатление не случайно: дом этот строился по заказу знаменитого банкира Генриха Блокка.

Вообще-то этот банкир был незаурядной личностью. Выходец из низов, турецко-подданный, начавший свою карьеру конторским мальчиком, он сумел сколотить капитал и открыть в 1884 году собственную банкирскую контору. Там он начал прием денег под заманчивые проценты, при этом затемнив условия возвращения вкладов. Сатирики шутили: чтобы рассчитать, когда и сколько денег должен вернуть Блокк, нужно владеть дифференциальным и интегральным счислением.

И все-таки деньги потекли — рекой! Основной причиной тому была реклама, значение которой Блокк понял раньше многих. Популярный в начале XX века «Синий журнал» красочно и подробно писал о взлете Генриха Генриховича:

«Все дело было построено на рекламе, — самой широкой, лезущей в глаза, с оттенком американизма.

Кто из петербуржцев того времени не помнит синих дощечек с белой надписью на них: «Генрих Блокк».

Больше ничего, ни слова.

Но эти синие дощечки с белыми надоевшими буквами лезли в глаза вам всюду, везде, в любой час дня и ночи, в любое время года.

На спинках садовых скамеек, на заборах строящихся домов, на буфетных стойках, на пепельницах, на вокзалах, на театральных занавесках, на столиках кафе, на страницах газет, на деревьях дачных садов...

Эти синие дощечки с белыми буквами «Генрих Блокк» приводили вас в отчаяние, нагоняли на вас тоску, почти панику, и они бежали за вами, когда вы весной пытались удрать от них — на дачу, в деревню или в Крым.

На каждой станции — на полу платформы, у расписания поездов, между бутылками вина в буфете вы опять находили — «Генрих Блокк», и даже из окна поезда, который по голой степи уносил вас в Крым, вы видели огромный плакат на столбах, лезущий вам в глаза и нагло кричащий с синего поля своими белыми буквами — «Генрих Блокк».

Генриха Блокка знали все. Даже уличные мальчишки, которые распевали:

Ах, помилуй бог,
Всюду Генрих Блокк!
На земле, в воде, на облаках...
Но сулит злой рок, —
Кто бы думать мог?! —
В заключенье — «дому Блокка» крах!..

В один прекрасный день над Петербургом появился шар, под корзиной которого висел синий плакат со знакомой надписью: «Генрих Блокк». Шар медленно плыл над «Европейской» гостиницей к дикой радости мальчишек...»

Через несколько месяцев после того, как над столицей проплыл именной шар банкира — а именно в марте 1906 года, — Блокка нашли повесившимся в его кабинете на Невском, 65. В сейфе, рядом с которым предприниматель закончил свой путь, обнаружилось три рубля наличными. Да и в кассе банка сумели отыскать меньше тысячи рублей — тогда как задолжал банкир клиентам почти полтора миллиона. Пришлось продавать имущество Блокка: его дом, яхту, имение на Крестовском острове...

Крах Блокка, конечно, потряс клиентов турецко-подданного — но не стал трагедией для российской экономики. Невский проспект остался, как и прежде, «улицей банков»: нигде в России не было такого скопления этих учреждений, включая самые крупные и всемирно известные. И самые сомнительные тоже.

Печальный пример Блокка не отпугнул продолжателей его дела от финансовых афер. И мало чему научил вкладчиков. А потому очередным триумфатором (и тоже обитателем Невского проспекта) стал в начале XX века банкир Захарий Петрович Жданов. В 1911 году о Жданове восторженно писал популярный журнал «Солнце России»: «На наших глазах выросло, окрепло и стало на прочную почву — большое и солидное банковское дело Захария Жданова... Еще не так давно маленькая контора в 3—4 комнаты, 6—8 человек служащих, почти исключительная продажа выигрышных билетов в рассрочку, а затем — громадное помещение для конторы, сотни служащих и самые разновидные банковские операции... Жданов — это типичный американец, только с примесью русской выдержки... Его знают во всех концах нашей обширной страны. К нему обращаются за всякого рода финансовыми советами и указаниями...»

Бедные люди! Им бы задуматься о причинах такого стремительного роста — так нет, за советами... А финал был вполне предсказуем: банкирский дом «Захарий Жданов» был закрыт Министерством финансов, как только стала очевидной недобросовестность его операций.

Правда, Жданов, в отличие от Блокка, не погиб. Еще в начале двадцатых в Петрограде обнаруживаются его следы — причем газеты упрекают Жданова в спекуляции лесом, столь дефицитным в ту пору. И ему пришлось даже познакомиться с советской тюрьмой...

УБИЙСТВО В ССУДНОЙ КАССЕ

Это был очень запутанный и очень громкий судебный процесс. Один из самых громких процессов XIX столетия, привлекший к себе внимание и сильных мира сего, и рядовых российских обывателей...

Утром 28 августа 1883 года в помещении ссудной кассы Ивана Мироновича на Невском, 57 был обнаружен труп 13-летней Сарры Беккер. Признаки насильственной смерти были налицо.

Тут же началось следствие. Выяснилось, что отец Сарры служил в кассе приказчиком, а сама она обычно помогала по хозяйству. В ночь убийства Сарра оставалась в помещении одна.

Подозрение сразу пало на Ивана Мироновича: появились свидетельства того, что он был неравнодушен к девушке, оказывал ей знаки внимания, пытался обнимать и целовать. А когда следствие узнало, что владелец кассы имеет двух любовниц и вообще интересуется молоденькими чаровницами, на шее Мироновича начала затягиваться петля.

Да что там «начала затягиваться»: можно сказать, она уже практически затянулась! Следователи были убеждены, что убил Сарру именно Миронович. И даже реконструировали ход событий: владелец кассы намеревался лишить Сарру невинности, а когда столкнулся с сопротивлением, убил девушку. Эта версия представлялась следствию настолько убедительной, что оно не обращало внимания ни на возражения самого Мироновича, ни на некоторые свидетельства в его пользу.

Все уже шло к намеченному завершению, но тут случилось невероятное: в полицейский участок явилась некая Екатерина Семенова и заявила, что Сарру Беккер убила она с целью ограбления ссудной кассы. Показания она дала чрезвычайно подробные: рассказала, что ударила девушку гимнастической гирей, потом задушила, а напоследок ограбила кассу.

Это был настоящий сюрприз для следователей! Убийцу они уже нашли, а тут такой поворот! Однако смятение их длилось недолго: они остроумно придумали, как совместить обе версии. Обвинение Мироновичу не сняли, а вот Семенову — вопреки ее словам! — включили в дело «на вторых ролях». Обвинили в том, что она, случайно зайдя в кассу и став свидетельницей убийства, получила от Мироновича за молчание некоторую мзду.

И пошло дальше это путаное дело... Семенова то отказывалась от показаний, то снова к ним возвращалась. Следователи находили в ее словах многочисленные нестыковки, а врачи признавали ее саму психически нездоровой. Эксперты спорили друг с другом. Адвокаты сотрясали воздух речами. Особенно впечатлило общественность выступление знаменитого Н.П. Карабчевского, который яростно защищал Мироновича:

«Я убежден, что пройдет несколько лет и перечитывающие процесс скажут: «Да о чем они спорили, разве с самого начала не было ясно, кто убийца, разве она сама им не сказала этого?» Она действительно это сказала... Преступление просто и ясно, и оно в двух словах: Семенова убийца».

Но — увы — хоть Карабчевскому и было все ясно, присяжные придерживались другой точки зрения. Миронович был признан виновным, и его приговорили к семи годам каторги.

Впрочем, уже скоро грянул второй процесс, и на сей раз владельца ссудной кассы оправдали. Он был освобожден прямо в зале суда. Избежала наказания и Семенова: ее освободили от всякой ответственности по причине психического нездоровья.

Дело Мироновича получило большой общественный резонанс, на него было немало откликов в печати и даже в художественной литературе. Один из них можно отыскать у Чехова в сценке «Психопаты».

«В конце концов Гриша принимается за процесс Мироновича.

— И не думай, не мечтай! — говорит он отцу. — Этот процесс во веки веков не кончится. Приговор, брат, решительно ничего не значит. Какой бы ни был приговор, а темна вода во облацех! Положим, Семенова виновата... хорошо, пусть, но куда же девать те улики, что против Мироновича? Ежели, допустим, Миронович виноват, то куда ты сунешь Семенову... Раз двадцать еще разбирать будут и то ни к чему не придут, а только туману напустят... Семенова сейчас созналась, а завтра она опять откажется — знать не знаю, ведать не ведаю. Опять Карабчевский кружить начнет... Наберет себе десять помощников и начнет с ними кружить, кружить, кружить...

— То есть как кружить?

— Да так: послать за гирей водолазов под Тучков мост! ...Не нашли гири! Карабчевский рассердится... Как так не нашли? Это оттого, что у нас настоящих водолазов и хорошего водолазного аппарата нет! Выписать из Англии водолазов, а из Нью-Йорка аппарат! Пока там гирю ищут, стороны экспертов треплют. А эксперты кружат, кружат, кружат. Один с другим не соглашается, друг другу лекции читают... <...> И пошло, и пошло».

Как бы то ни было, чья-либо вина в убийстве Сарры Беккер так и не была доказана. А значит, убийца остался безнаказанным. И ненайденным.

«САТИРИКОН» И ДРУГИЕ

За улицей Маяковского на четной, солнечной стороне проспекта дома на удивление невыразительны. Только вывески добавляют им отличия друг от друга. В доме № 88 расположен кинотеатр «Стерео» — единственный в городе, демонстрирующий фильмы со стереоэффектом. При входе в зал зрителям выдаются особые поляроидные очки, через которые они видят действие объемно. Стереофильмы кинотеатр демонстрирует с 1980 года, а вообще-то он был открыт еще до революции под звучным именем «Витограф» (это еще один из синонимов слова «кинематограф»).

Дом № 88 примечателен и двумя другими эпизодами из прошлого. В первую русскую революцию охранка устроила здесь обыск и обнаружила огромный склад литературы партии эсеров. Издания эти были конфискованы. А через несколько дней обнаружилось, что печатались брошюрки и листовки тут же, в этом доме, в небольшой типографии Денисова и Ступникова...

Несколькими годами позже отколовшиеся сотрудники популярнейшего журнала «Сатирикон» (редакция его находилась в доме № 9 по Невскому) создали «Новый Сатирикон» и разместились здесь, на Невском, 88. Главой новорожденного журнала стал Аркадий Аверченко; сотрудничали с ним (и приходили в этот дом) Саша Черный, Александр Куприн, Александр Грин, Осип Мандельштам, Владимир Маяковский, Борис Кустодиев и многие другие. Немудрено, что журнал быстро обрел популярность. К тому же пища для остроумия была богатой: в России всегда хватало тем для язвительных эпиграмм и статей...

«Новый Сатирикон», как и его предшественник, устраивал художественные выставки, издавал книги. Февральскую революцию принял на ура, был в эйфории, печатал такие вот иронические стихи под заголовком «Мечта обывателя»:

Городовой... как звучно это слово!
Какая власть, какая сила в нем!
Ах, я боюсь, спокойствия былого
Мы без тебя в отчизну не вернем.
...Где б ни был ты, ты был всегда на месте,
Везде стоял ты грозно впереди.
В твоих очах, в твоем державном жесте
Один был знак: «Подайся! Осади!»
...Мечтой небес, миражем чудной сказки
Опять встает знакомый образ твой...
Я заблудился без твоей указки.
Я по тебе скорблю, городовой!

После Октябрьской революции уже сам «Новый Сатирикон» скорбел о городовом. Советскую власть сатириконовцы приняли враждебно и немало прохаживались в журнале насчет большевиков — пока журнал не был правительством закрыт...

О ПОЛЬЗЕ СПРАВКИ МЕЖДУ ДВУМЯ ПОЦЕЛУЯМИ

Еще одно примечательное издание, связанное с домом № 88, вышло в свет в 1927 году.

«Должно быть, я не сумел скрыть выражения тревоги. Глаза молодого человека были устремлены на меня и неотступно следили за мной. Ему было шестнадцать лет. С самого начала жизненного пути ему предстояло влачить груз более тяжелый, чем свинец или камень».

Эта картинная цитата — не из детектива или боевика. Она из книги о венерических заболеваниях.

Известный ленинградский врач-венеролог Лев Фридланд, живший и работавший в доме № 88, сталкивался изо дня в день с ужасающей половой безграмотностью. И приводил в доказательство невероятную цифру: по всем опросам выходило, что не меньше 80 процентов мужчин города хоть раз болели триппером.

Отчасти причиной этому было бескультурье, отчасти алкоголизм. Среди ленинградских рабочих, снимавших тогда «углы», 84 процента были алкоголиками. Владельцы отдельных комнат страдали пристрастием к спиртному в 77 процентах случаев. А те рабочие, которым посчастливилось иметь отдельные квартиры, были счастливым исключением: среди них насчитали «всего лишь» 34 процента алкоголиков.

Чего уж было ждать от такой среды?

Вот и написал Лев Семенович свою книгу «За закрытой дверью». За один 1927 год вышли два ее издания; первое пятитысячным тиражом, второе, дополненное, — втрое большим. Учитывая то, что печаталась она на средства автора, — тираж очень солидный.

Реакция на книгу была — шок! Коллеги обвинили Фридланда в очернительстве, нагнетании страхов — хотя фактов, им приведенных, опровергнуть не смогли. А вот публика — те самые обыватели, которым врач адресовал свой труд, — читала книгу запоем. Ведь Фридланд рассказал в ней самые реальные, самые яркие истории — и рассказал занимательно, живым языком.

«Он вдруг придвинулся ко мне, навалился грудью на стол и посмотрел мне в глаза.

— Но зачем она это сделала? Что это, разврат? Но ведь она не буржуазная самка, развратничающая от жира и безделья! Ведь она стойкий товарищ, работница, человек сознательный, умный, марксистка. И вдруг ложь, обман!..»

Главной целью Фридланда было не только вылечить, но и предупредить возможные в будущем заболевания. Серость публики приводила к тому, что 63 процента венерических больных заражали свою семью. До революции таких случаев было только семь процентов!

Фридланд требовал внимания к проблемам тайных болезней.

«Любовнику, охваченному пламенем страсти, не мешает в перерыве между двумя поцелуями навести трезвую справку. Может быть, грубо примешивать к поэзии любви грубую прозу будней, но зато это очень полезно. Вопрос должен быть, конечно, задан вовремя, до того момента, о котором можно сказать строфой из Шершеневича:

Есть страшный миг, когда, окончив резко ласку,
Любовник вдруг измок и валится ничком.
И только сердце бьется — колокол на Пасху —
И усталь ниже глаз синит карандашом».

Неизвестно, насколько высока сейчас медицинская культура общества, — но она явно выше, чем в 1927 году: многие приведенные Фридландом случаи невозможны в наши дни. Свою роль в этом прогрессе сыграла, наверное, и книга ленинградского врача...

МИЛЛИОНЕРЫ И МИЛЛИОНЫ

На солнечной стороне Невского стоит дом № 86 — огромный, торжественный, с колоннами. Среди невыразительных окрестных домов он выглядит настоящей белой вороной. Сейчас здесь находится Дом актера, а прежде этот особняк, возведенный в 1835 году, сменил немало владельцев. В числе самых знаменитых был коммерсант Дмитрий Бенардаки: грек по происхождению, отставной поручик гусарского полка, он начал с капитала в 30—40 тысяч рублей и сумел довести его до невероятной по тем временам величины — 20 миллионов рублей! Он торговал хлебом, покупал и продавал заводы, принимал активное участие в откупах: был монополистом водочной торговли в Западной Сибири.

К слову сказать, Дмитрий Егорович интересовался не только деньгами. Он был хорошо знаком с Гоголем, считал его гениальным писателем и не раз с ним обстоятельно беседовал — ко взаимной пользе. «Бенардаки, знающий Россию самым лучшим и коротким образом, бывший на всех концах ее, рассказывал нам множество разных вещей, которые и поступили в материалы «Мертвых душ», а характер Костанжогло во второй части писан в некоторых частях прямо с него» (это из мемуаров Михаила Погодина, который вместе с Бенардаки и Гоголем отдыхал в Мариенбаде).

А еще Бенардаки финансировал постройку Греческой церкви в столице: она стояла на месте нынешнего БКЗ «Октябрьский», и после смерти Дмитрий Егорович в ней и был захоронен. Мумифицированные его останки покоились в склепе до разрушения храма; потом они попали в руки судмедэкспертов, а после обследования были, очевидно, просто выброшены...

После Бенардаки зданием долгое время владели Юсуповы — вначале известный богач и большой любитель музыки князь Николай Борисович, потом его дочь Зинаида Николаевна. Н.Б. Юсупов был последним представителем по мужской линии этого знаменитого рода — и на нем юсуповская фамилия должна была пресечься. Но князь прибег к испытанному в таких случаях средству: обратился с ходатайством к Александру III, дабы фамилия перешла к зятю. Император разрешение дал, и супруг Зинаиды Николаевны, граф Сумароков-Эльстон, стал именоваться еще и князем Юсуповым.

По словам великого князя Александра Михайловича, Зинаида Николаевна была женщиной «редкой красоты и глубокой духовной культуры, она мужественно переносила тяготы своего громадного состояния, жертвуя миллионы на дела благотворительности и стараясь облегчить человеческую нужду».

У Зинаиды Юсуповой было два сына. Старший, Николай, был убит на дуэли незадолго до своего 26-летия. Младший, знаменитый Феликс, стал одним из убийц Распутина. Мать его принимала активное участие в заговоре против «старца»...

Ну а нам в истории дома № 86 интересны не только владельцы: в его летописях есть еще несколько любопытных страничек. Хотя бы потому, что долгие годы это здание было облюбовано завсегдатаями клубов. В том числе двух знаменитых — Английского клуба и Санкт-Петербургского шахматного общества.

Английский клуб переехал сюда в 1869 году. К тому времени существовал он уже почти век и считался самым престижным собранием столицы. Число его членов было строго ограничено и пройти отбор удавалось немногим. Занятия членов клуба были определены его самым первым уставом: «препровождение времени в беседах, позволенных играх и чтении книг и периодических изданий».

Особенно любили в клубе карточную игру, чем немало воспользовался Николай Алексеевич Некрасов: он выиграл здесь у своих партнеров не один десяток тысяч рублей. Министр финансов России Александр Абаза проиграл ему больше миллиона франков и оказался далеко не единственной «жертвой» поэта. А самый крупный разовый выигрыш Некрасова составил (по его собственному счету) 83 тысячи рублей.

В Английском клубе все были друг с другом накоротке — и это помогало решать многие проблемы. Тот же Некрасов никак не мог издать том своих стихов: не было дозволения властей. Но доверительный разговор в клубе — и граф Адлерберг, многолетний карточный партнер поэта и влиятельный царедворец, выхлопотал для него право издать книгу...

Замкнутость, присущая Английскому клубу, словно передалась Шахматному обществу, обосновавшемуся в этом доме в 1893 году. Его создатели — сенатор Петр Сабуров, издатель Михаил Суворин и маэстро Михаил Чигорин — тоже решили не принимать в общество кого попало. Напрочь отвергли всех несовершеннолетних, гимназистов, юнкеров и нижних чинов, а также людей «нехристианского вероисповедания». Последнее условие стало следствием ссоры между Чигориным и маэстро Семеном Алапиным: оба они претендовали на лидерство в российских шахматах и оба обладали нелегким характером. С новым уставом Алапин, еврей, «благополучно» остался за пределами общества.

За время своей жизни Шахматное общество провело немало крупных соревнований. Первое из них — матч Чигорина с маэстро Таррашем, проходивший в этом доме и закончившийся вничью. Случилось это осенью 1893 года. А через три года здесь же состоялся первый в России международный шахматный турнир, в котором победил Эммануил Ласкер, тогдашний чемпион мира. Отстали от него экс-чемпион мира Стейниц, Чигорин, Пильсбери, Тарраш...

Потом Шахматное общество переехало на противоположную сторону Невского, в дом № 55, — и продолжило свою энергичную деятельность. В частности, устроило там крупнейший турнир 1909 года: он был посвящен памяти Чигорина, умершего годом раньше, и состоял из двух состязаний — международного и всероссийского. В первом победу разделили Ласкер и россиянин Акиба Рубинштейн, во втором первенствовал Александр Алехин, будущий чемпион мира. Алехину достался тогда приз самого Николая II: большая позолоченная фарфоровая ваза...

Вообще Невский проспект постоянно притягивал шахматистов. Здесь работали многие шахматные клубы — до революции, увы, весьма недолговечные. А вот в кафе-ресторане «Доминик», о котором мы еще расскажем, шахматисты собирались десятилетиями, и там подчас начинались блистательные карьеры.

Пока же, прежде чем идти дальше, закончим рассказ о доме № 86. В парадных залах этого здания не раз устраивались выставки художников-передвижников, и на одной из них впервые была представлена картина Ильи Репина «Иван Грозный убивает сына своего Ивана». Это событие стало чуть ли не главной сенсацией 1885 года. Отряд конных жандармов дежурил около здания, чтобы не допустить эксцессов, а пресса упрекала художника за «ужасный реализм»...

А в 1907 году в доме открылось еще одно весьма реалистическое заведение — паноптикум, музей восковых фигур. Внимание посетителей особенно привлекала полуобнаженная фигура Клеопатры, которую раз за разом жалила черная змейка. Публика толпилась вокруг восковой царицы, показывая на нее пальцами. Поодаль от шумных зрителей частенько стоял посетитель, смотревший на Клеопатру «оцепенело и скорбно». Это был Александр Блок.

Она лежит в гробу стеклянном,
И не мертва, и не жива,
А люди шепчут неустанно
О ней бесстыдные слова...

Эти строки — из блоковского стихотворения «Клеопатра», посвященного восковой царице с Невского проспекта.

ГОМЕОПАТИЯ ОТ АДАМА

17 октября 1892 года в одном из залов дома № 82 по Невскому проспекту царило оживление. Помещение было битком набито публикой; стены его были декорированы тропическими растениями, а среди зелени висели два портрета — императора Александра III и основателя гомеопатии Христиана Фридриха Самуила Ганемана.

Уже эти портреты давали понять: собравшиеся здесь тоже имели к гомеопатии самое прямое отношение. Как и действо, ради которого они собрались. Так оно и было.

В доме на Невском в тот день открылась лечебница столичного Общества врачей-гомеопатов. Молебен по этому случаю отслужил сам отец Иоанн Кронштадтский; произнес он и приветственную речь: «Сама Божественная Премудрость не нашла более верного средства к уврачеванию недугующего грехом и бесчисленными болезнями человечества, как врачевание подобного подобным». Враги гомеопатии были этими словами возмущены: «не можем не выразить нашего глубокого сожаления, что он решается судить о вопросах, лежащих вне его компетенции» — так укоризненно высказался популярный журнал «Врач»...

К тому времени и Общество врачей-гомеопатов, и его лечебница существовали уже не первый год. Да и сама гомеопатия имела в России солидную историю. Впервые она проникла к нам в пушкинские годы: немецкие врачи Адам, Шеринг, Герман активно привлекали к гомеопатии внимание своих российских пациентов. Приверженцем нового метода стал, к примеру, адмирал Николай Мордвинов, на себе испытавший искусство доктора Германа. Только вот беда: русские медики к новому методу относились прохладно. Даже больше: «чиновники департаментов и цеховые ученые, свившие себе теплое гнездо в дупле старой медицины, возненавидели гомеопатию».

Кто знает, как долго пришлось бы гомеопатии пробивать себе дорогу в России, если бы не... холера. В 1831 году на страну обрушилась сильнейшая холерная эпидемия. Потери были ужасающими: примерно половина заболевших умирала. А вот среди больных, которых лечили гомеопаты, статистика оказалась иной: погибли лишь восемь процентов! Данные эти собрал адмирал Мордвинов, и вот они-то и послужили признанию гомеопатии.

В 1833 году Николай I официально разрешил применять гомеопатию — правда, только в частной практике. Следом начинают открываться гомеопатические аптеки — и дело пошло. Хотя врагов у гомеопатии конечно же хватало по-прежнему.

Лечебница Общества врачей-гомеопатов открылась в 1870 году, и за первый год ее посетили полторы тысячи человек. Треть из них была исцелена, еще пятая часть «получила облегчение», а умерли семеро. Правда, не надо забывать: больные лечились одновременно у гомеопатов и у обычных врачей, а потому успехи—неудачи надо разделить между ними пополам...

В доме на Невском лечебница находилась долго. Пережила революцию и блокаду. И только после войны переехала в Купчино — на Пражскую улицу...

ГОСТИ НА «ВШИВОЙ БИРЖЕ»

Кинотеатр «Паризиана» находится на четной стороне Невского — в доме № 80. Открыт он был в 1913 году, отличался тогда фешенебельной обстановкой и одной любопытной особенностью: «Громадный потолок зрительного зала устроен так, что автоматически может раскрываться на обе стороны, сеанс проходит под открытым небом, и этим достигается летняя прохлада». В советское время кинотеатр переименовали в «Октябрь», но потом вернули старое имя. А вот крышу теперь уже никто не раздвигает...

Почти сразу за «Паризианой» — перекресток. Невский встречается здесь сразу с двумя магистралями: влево от нас уходит Владимирский проспект, а вправо — Литейный проспект.

На ближнем к нам углу Владимирского — по адресу Невский, 49 — стоит роскошный пятизвездочный отель. Есть определенная ирония судьбы в том, что это заведение появилось в том самом месте, которое прежде звалось «вшивой биржей». Когда-то в XIX столетии местность эта не была еще столь обжита. Стояли здесь небольшие дома, а вокруг виднелись «поля, равнины, на которых можно выстроить заштатный городишко». В те годы у перекрестка Невского и Владимирского собирались в ожидании работы носильщики, и сюда же приходил к ним уличный парикмахер. Он сажал клиентов прямо на тумбу тротуара, волосы падали на землю, и привыкшая к человеческому обществу живность разбегалась во все стороны...

Впрочем, ближе к концу XIX столетия «вшивой биржи» уже не существовало, а в доме на Невском, 49 работала гостиница — под именем «Москва». Классом она была пониже нынешней: в 1896 году ее относили к числу отелей, которые «при сравнительной дешевизне дают приезжему известные удобства и даже некоторый комфорт». Цены номеров в той гостинице колебались от 75 копеек до пяти рублей.

Среди постояльцев «Москвы» был молодой Антон Чехов, вообще нечастый гость Петербурга. Известный в свое время писатель Иван Леонтьев-Щеглов так описывал свою первую встречу с Чеховым:

«Не застав А.П. в номере гостиницы, я оставил ему записку и сошел вниз, в зал ресторана... В ожидании заказал стакан чаю, взял какую-то газету и уже было углубился в чтение, когда услышал вдруг около себя мягкий, деликатный оклик:

— По всей видимости... Щеглов?

Я бросил газету...

Передо мной стоял высокий, стройный юноша, одетый очень невзыскательно, по-провинциальному, с лицом открытым и приятным, с густой копной темных волос, зачесанных назад. Глаза его весело улыбались, левой рукой он слегка пощипывал свою молодую бородку.

Я полюбопытствовал в свою очередь:

— По всей видимости... Чехов?

И мы оба рассмеялись.

Через какие-нибудь четверть часа я уже беседовал с Чеховым по душе, точно с человеком, с которым познакомился десять лет тому назад; а затем, когда в третьем часу пополуночи мы с ним прощались на подъезде палкинского ресторана (куда мы перекочевали из «Москвы»), он звал меня по-приятельски «Жаном», а я его «Антуаном»...»

И еще о том времени: «Кого только не перебывало тогда в его узеньком полутемном номерке гостиницы «Москва», начиная с маститых литературных знаменитостей и кончая неведомыми юными дебютантами? Этот месяц его пребывания в Петербурге вышел словно «медовый месяц» чеховской славы, и сам Чехов заметно был захвачен искренним радушием, теснившим его со всех сторон».

Менее приятные воспоминания остались о «Москве» у еще одной ее гостьи. Здесь останавливалась знаменитая игуменья Митрофания, в миру баронесса Прасковья Розен, суд над которой вскоре прогремел на всю Россию. Энергичная монахиня, создавшая под Москвой общину сестер милосердия, во имя благих целей не погнушалась преступить закон: чтобы получить деньги на благотворительные дела, она подделала векселя одного купца и завещание другого — и в конце концов оказалась под следствием. В гостинице «Москва» игуменья жила как раз в начале следствия: здесь ее заключили под домашний арест, здесь проводились ее допросы. А потом Митрофанию из «Москвы» отправили в настоящую Москву, где и состоялся процесс, после которого игуменья отправилась в ссылку...

Реклама гостиницы «Москва». 1920-е гг.

Бывали в этом угловом здании и другие знаменитости — но уже позже, в советские времена. С 1964 года в первом этаже дома помещался популярнейший кафетерий, вошедший в городской фольклор как «Сайгон». В нем бывали и общались все представители ленинградской контркультуры — начиная прежде всего с Иосифа Бродского и Сергея Довлатова...

ПЕРЕКРЕСТОК РЕВОЛЮЦИЙ

В правую сторону от Невского проспекта, к Неве, уходит Литейный проспект. Его имя — одно из самых старых в Петербурге; оно было утверждено еще императрицей Анной Иоанновной. Более поздний эпизод из жизни этого перекрестка красочно обрисовал уже знакомый нам Ефим Зозуля: «На углу Невского и Литейного (теперь проспект Володарского) в 1918 году было кафе с весьма преждевременным названием. Оно называлось «Семейное кафе». Удивительное название! В нем было немало кровавых драк и убийств. В нем играли на скрипках три разбойника, а четвертый дирижировал. Проститутки и бандиты, спекулянты и всякий сброд заполняли это «кафе». Дирижер этого скрипичного оркестра дирижировал одно время в другом кабаке — при нем за что-то убивали официанта табуретами, а ему велено было дирижировать и не оглядываться, чтобы не скоплялась «публика». На узкой спине дирижера от ужаса взвился люстриновый пиджачок».

Именем Володарского Литейный назывался до 1944 года — в честь большевистского пропагандиста Моисея Марковича Гольдштейна (партийный псевдоним В. Володарский). Яростный борец за власть Советов и умелый оратор, Володарский особо прославился участием в процессах против «буржуазной печати»: так в 1917—1918 годах именовали любые несоветские издания. Не повезло, например, газете «Новый вечерний час», редактором которой был известнейший журналист, специалист по театру Александр Кугель. Политическая физиономия редактора доверия новым властям не внушала — а особенное их возмущение вызывали заголовки в газете: слишком хлесткие, слишком обобщенные. Вот и доказывал Володарский революционному трибуналу, что газету надо закрыть: «Гражданин Кугель возмущен тем, что я хочу обвинять его за заголовки... Я скажу больше... В Петрограде три миллиона жителей. Насколько я знаю, все вечерние газеты, которые читаются, вряд ли превысят триста тысяч экземпляров, не более. Но, тем не менее, сведения, которые помещаются в этих газетах, узнаются всем населением. Каким образом? Очень просто. Мальчики, которые продают газеты, не читают текста вашего, им все равно, поставили ли вы вопросительный знак или нет, поставили ли словцо «де» или нет: мальчишка берет вашу газету, и бежит по улицам, и кричит: «Мирбах требует срочного введения германских отрядов в Москву...» И дело злое, дело преступное содеяно, прежде чем кто-нибудь успеет обратиться к вашей газете. Но даже и тот, кто газету вашу купит, не гарантирован от того, что он будет спасен от лжи... Он берет газету, в глаза ему бросается афишка, которая его поразит. Он читает, что Мирбах требует введения отряда, и у него это залегает в утомленный мозг... У читателя украли спокойствие».

«Новый вечерний час», разумеется, закрыли — как и другие подобные издания. Ненамного пережил газету и сам Володарский. Летом 1918 года он был застрелен эсером Никитой Сергеевым: случилось это у Невы, за Невской заставой. На месте его гибели по сей день стоит памятник, а сооруженный рядом мост через Неву так и именуется — Володарский.

Пересечение Невского и Литейного напоминает и еще об одном эпизоде революционной истории. 5 января 1918 года в Петрограде открылось Учредительное собрание, и большая демонстрация, около 60 тысяч человек, приветствовала его. На этом перекрестке власти встретили демонстрантов оружейным огнем. Были погибшие...

Не прошло двух дней — и совсем неподалеку отсюда произошло очередное трагическое событие. Случилось это в знаменитой Мариинской больнице, главный корпус которой выстроен великим Джакомо Гваренги; расположена она неподалеку от Невского, а ее официальный адрес — Литейный, 56.

У МАРИИНСКОЙ БОЛЬНИЦЫ

Юрист Федор Федорович Кокошкин и врач Андрей Иванович Шингарев не были очень уж здоровыми людьми. И потому заключение в Петропавловской крепости, на которое их обрекли большевики, сказалось на них губительным образом.

Попали они вообще-то в тюрьму случайно: оказались на квартире у графини Софьи Паниной, видной деятельницы кадетов, в самый разгар обыска. Их прихватили заодно: Кокошкин с Шингаревым и сами были видными кадетами, да к тому же и членами Временного правительства. Так что в крепости они задержались надолго.

Заметив, однако, нездоровье узников, новые власти проявили к ним великодушие: разрешили перевести пленников в Мариинскую больницу. Переезд состоялся 6 января 1918 года, узников сопровождали родные, которые помогли расположиться на новом месте. Воспользовавшись случаем, они спешили переговорить о делах и проблемах.

Сестра Шингарева вспоминала: в середине ее разговора с братом в палату вошел красногвардеец Басов, потребовавший с них деньги на извозчика. «У Андрея сразу померкло лицо при виде этого солдата, и особенно неприятно поразили его слова о деньгах, ему раньше говорили, что их можно купить и продать за деньги, но он не хотел верить, а здесь сам красногвардеец приходит и под первым попавшимся предлогом просит денег»,— записала потом Александра Ивановна.

Родственники разошлись, арестанты остались в больнице, каждый в своей палате. Весь вечер Шингарев читал «Трех мушкетеров» и около двенадцати часов лег спать.

А в половине первого ночи в больнице снова появился красногвардеец Басов — не один, с товарищами. Под предлогом смены караула он направился в палату Шингарева. Там он светил взятой у сиделки лампой, а его спутники начали стрелять в Шингарева: пули попали ему в лицо, в грудь, в живот. Потом расстреляли и Кокошкина. Сиделки от страха не знали, что и делать; тревогу подняли проснувшиеся больные. Прибежал дежурный врач. Кокошкин был мертв, Шингарев же прожил еще полтора часа и повторял: «Дети, бедные дети!»

Мариинскую больницу и Петропавловскую крепость объединяет еще один сюжет — к счастью, не кровавый, но отчасти тоже связанный с революционными перипетиями.

В воскресный день 3 февраля 1863 года мимо Мариинской больницы шел один из бесчисленных петербургских чиновников — мелкий служака, кормилец большой семьи. На снегу он заметил вдруг розовый сверток и поднял его; там оказались исписанные мелким почерком бумаги — чья-то рукопись. Выкидывать находку чиновник не стал, а через несколько дней был за это вознагражден: в газете появилось объявление о пропаже. Тому, кто вернет рукопись на квартиру законному владельцу, в дом на углу Литейного и Бассейной улицы, было обещано целых триста рублей. Чиновник отправился туда незамедлительно и получил в обмен на свою находку деньги. Огромные для него деньги!

Так была найдена рукопись романа «Что делать?», написанная узником Петропавловской крепости Николаем Чернышевским. Потерял же сверток, а потом расплатился за его возвращение Николай Некрасов, редактор «Современника». И скоро уже роман был напечатан.

ТЕНЬ СОВИНЫХ КРЫЛ

Возвращаясь на Невский, задержимся у дома № 62 по Литейному: с ним связан еще один драматический эпизод. 8 марта 1901 года в одно из его окон влетели несколько пуль. Стрелял скромный самарский служащий Николай Лаговский, а мишенью был могущественный обер-прокурор Синода Константин Победоносцев. Именно в этом доме, на казенной квартире, обитал Константин Петрович последние четверть века своей жизни...

Лаговский промахнулся. А Победоносцев, как вспоминали близкие, выскочил из кабинета в переднюю и сказал собравшейся прислуге: «Стрелять не умеют! Попали в потолок!»

У Александра Блока есть известные строки:

В те годы дальние, глухие
В сердцах царили сон и мгла:
Победоносцев над Россией
Простер совиные крыла,
И не было ни дня, ни ночи
А только — тень огромных крыл;
Он дивным кругом очертил
Россию, заглянув ей в очи
Стеклянным взором колдуна;
Под умный говор сказки чудной
Уснуть красавице не трудно, —
И затуманилась она...

«Победоносцев над Россией»: в этих словах есть, конечно, преувеличение, но небольшое. На императоров Александра III и Николая II Константин Петрович имел сильное влияние. Очень сильное. Определял он не только церковную политику: старался держать под контролем внутренние и внешние дела России, вставал на пути всех и всяких реформ — словом, стремился всячески «заморозить» развитие страны...

И все-таки заметим: хоть и критически относится Блок к победоносцевской эпохе, но говор все-таки называет умным.

Что ж, Константин Петрович и вправду был умным человеком. И в отличие от другого умного консерватора князя Мещерского не гнался за успехом в обществе, даже чурался его. На этот счет есть колоритная запись у Василия Розанова:

«Как мне нравится Победоносцев, который на слова: «Это вызовет дурные толки в обществе», — остановился и — не плюнул, а как-то выпустил слюну на пол, растер и, ничего не сказав, пошел дальше».

Да уж, Константин Петрович знал толк в этих дурных толках. Редко о ком говорили столь много и столь резко, как о нем. Он не удивился даже тогда, когда дело перешло от словесных нападок к нападениям вполне реальным — как это случилось с Лаговским. Да и потом эсеры задумывали покушение на обер-прокурора, но обстоятельства повернулись не в их пользу.

Кто же был Победоносцев? Ретроград? Да. Но ретроград умный, очень умный. Некоторые из высказываний Победоносцева вполне современно звучат и сегодня. Скажем, вот что он писал о парламентах, доказывая, что, хоть в теории идея выборов выглядит симпатично, на практике все иначе: «Перед выборами кандидат... твердит все о благе общественном, он не что иное, как слуга и печальник народа, он о себе не думает и забудет себя и свои интересы ради интереса общественного. И все это — слова, слова, одни слова, временные ступеньки лестницы, которые он строит, чтобы взойти куда нужно и потом сбросить ненужные ступени. Тут уже не он станет работать на общество, а общество станет орудием для его целей... И такая-то комедия выборов продолжает до сих пор обманывать человечество и считаться учреждением, венчающим государственное здание...»

Продолжает — до сих пор!

МАРКИЗ С ШАМПАНСКИМ — У ПАЛКИНА...

Дом № 47 выходит на угол Невского и Владимирского проспектов; когда-то в нем помещалась популярная фруктовая лавка братьев Набилковых. Здесь любили собираться журналисты и литераторы 1860-х годов: им особенно нравился устроенный при лавке погребок, в котором подавали горячий и холодный пунш. Один [illegible] пишущих людей вспоминал: «Там за стойкой стоял пр[illegible]азчик, который тоже кропал стихи и давал их всем д[illegible] прочтения и исправления, но стихи были так плохи и [illegible]грам[illegible]тны, что не поддавались никакому исправлению. [illegible] пишущим он чувствовал какое-то рабское почте[illegible]десь, под веселую руку, поэты хвастались друг п[illegible]ругом рифмами и каламбурами и писали их карандаш[illegible] на столе, а приказчик благоговейно старался сохранить эти автографы...»

Автографы сохранить не удалось — хотя бы потому, что лавка в конце концов закрылась. На смену ей пришло другое популярное заведение — ресторан купца Константина Палкина.

Константин Павлович был представителем уже четвертого поколения питерских трактирщиков и рестораторов Палкиных. Основатель рода, Анисим Палкин, обосновался в столице в 1785 году; потом палкинские трактиры открывались в разных местах. Самые известные были на углу Невского и Садовой, а также Невского и Литейного — в доме № 76.

Облик последнего из них запечатлел мемуарист: «На углу Невского и Литейной, в угловом доме, помещается известный и много посещаемый трактир-ресторан «Палкин», где в буфетной комнате, с нижним ярусом оконных стекол, в прозрачных красках изображающих сцены из «Собора Парижской Богоматери» Гюго, любят собираться одинокие писатели, к беседе которых прислушиваются любознательные посетители «Палкина»...»

Это заведение фактически и было переведено на другой угол перекрестка, в купленный и специально перестроенный Константином Палкиным дом № 47. Случилось это в 1874 году. Любопытно, что как раз во время перестройки частым посетителем дома был Ф.М. Достоевский: он ходил сюда в типографию Траншеля по делам журнала «Гражданин». И поскольку лестницы в доме были разобраны, его и корректоров спускали и поднимали рабочие на руках. Как вспоминала корректорша Тимофеева, «однажды ночью, спускаясь таким образом, с фонарями и на руках, я увидела на тротуаре толпу любопытных, которые с волнением спрашивали друг у друга: «Что это значит? Похищение, что ли? Или пожар?» — «Никакого пожара нет, — отвечали рабочие, — барышня здесь газету печатает»...»

Типография Траншеля вскоре из дома съехала, а с новооткрытым палкинским рестораном приключилась любопытная история, достойная упоминания. Дело в том, что постановлением градоначальника Ф.Ф. Трепова было тогда предписано: всем ресторанам, трактирам и гостиницам иметь вывески на красном или синем фоне. Владельцы заведений распоряжение выполнили. Исключение составил один Палкин: он поместил над рестораном вывеску чистейшего белого цвета.

Полицейские не раз указывали Константину Павловичу на недопустимую вольность, но он не слушался. Пришлось самому Трепову увещевать ресторатора. Но и это не помогло: Палкин остался тверд. Снимать вывеску силами полиции Трепов не решился — и она осталась вызывающе белой. Отличная реклама для ресторана!

Угол Невского и Владимирского проспектов.
С открытки начала XX в.

Заведение Палкина славилось не только вывеской: здесь можно было хорошо отдохнуть и душой и телом. Для души играли неплохие музыканты. Для желудка было готово обширное меню; вот что предлагалось посетителям в один из дней — 3 января 1893 года: «Суп Ошпо. Консоме а-ля жиров. Котлеты из ершей а-ля финансьер. Седло дикой козы а-ля гранд. Жаркое: фазаны, цыплята и дичь. Салат. Спаржа с крюшонами. Маркиз с шампанским».

Поясним туманные слова: маркиз — это сорт груш, а консоме — крепкий мясной бульон.

В ресторане Палкина были не только общие залы, но и удобные кабинеты, в которых можно было отдохнуть особенно приятно. Или полезно: известно, что в этих кабинетах устраивал конспиративные встречи Ульянов (Ленин). Вообще перечень знаменитостей, бывавших у Палкина, весьма велик. Чехов бывал здесь не раз, в том числе накануне провальной премьеры своей «Чайки» в Александринском театре: тот его обед был сильно подпорчен нервным настроением. А еще сюда захаживали Достоевский, Чайковский, Менделеев, Куприн, Бунин, Блок...

Отдохнув у Палкина, посетители разъезжались на извозчиках-«лихачах», которые постоянно дежурили у ресторана. Чужих извозчиков сюда не допускали, а между своими существовала договоренность о ценах. И брали здесь с ездока раз в пять больше, чем обычно: бедные по ресторанам не ходят...

ЗА СТОЛИКОМ С «КИКИМОРОЙ»

По соседству с рестораном Палкина находились заведения «общественного питания» разрядом поскромнее. Дом № 45, например, принадлежал московскому купцу Дмитрию Филиппову, крупнейшему владельцу булочных в России, — и одна из филипповских булочных прямо здесь и помещалась. Еще в середине XIX века она славилась ассортиментом и качеством выпечных изделий. Пишут, что филипповские сайки, калачи и хлеб пеклись в Москве и ежедневно переправлялись в Петербург по железной дороге — замороженные таким образом, что после разморозки сохраняли свежесть и аромат. А все потому, что Филиппов был уверен: замешивать тесто можно только на московской воде!

О филипповской булочной начала XX века вспоминает в своих мемуарах замечательный художник Мстислав Добужинский: «Наши ежедневные прогулки имели иногда маленькую цель — чаще всего мы ходили в булочную Филиппова, на угол Невского и Троицкой, купить мою любимую слоеную булку, подковку с маком или тмином и солью или же калач (у него под клапаном я любил находить белую муку, и ручка его аппетитно хрустела). Иногда у Филиппова я лакомился пирожками с вареньем, капустой или грибами. К этому громадному и всегда страшно горячему пирожку полагалась бумажка, чтоб не пачкались от жира руки. Особенно приятно было съесть такой горячий пирожок в мороз...»

На другом углу Невского и Троицкой (ныне улицы Рубинштейна), в доме № 43, находилось в начале XX века

Невский проспект в районе пересечения с Владимирским и Литейным проспектами. С открытки начала XX в.

заведение совсем невысокого пошиба — ресторан-бар «Квисисана», принадлежавший коммерсанту Генриху Сартори. Это был дешевый ресторан «с тухлыми котлетами на маргарине, разбитым пианино и жидким кофе» (в отличие от другой «Квисисаны», вполне респектабельной, работавшей на Невском, 46). Но популярностью и эта «Квисисана» пользовалась бешеной — правда, лишь ночью. Журналист Ю. Ангаров не пожалел для нее красок: «Все нечистое, блудливое, зараженное, бездомное, все холостяки, бобыли, прожигатели жизни — все стекается между 12 и 3 часами ночи сюда... Все возбуждены до крайности вином, женщинами, пряной обстановкой, щекочущими духами, духотой.. Думают и говорят только о наслаждениях». Не редкостью в ночной «Квисисане» были драки, пьяные выходки проституток и их клиентов; дым стоял столбом, столики были расставлены так тесно, что прохода почти не оставалось — но мест все равно не хватало...

За пределами ночного времени «Квисисана» оставалась хоть и дешевым, но довольно спокойным ресторанчиком, и в ней собиралась иная клиентура. Частым посетителем ее был оригинальный и самобытный писатель Алексей Ремизов. В годы Первой мировой войны он бывал здесь вместе с художником Юрием Анненковым. Анненков позже вспоминал: «Мы присаживались в «Квисисане» к столику, заказывали скромно чай. Посетители косились на нас, то есть, скорее, на Ремизова. В его внешности, очень своеобразной, было, мне казалось, что-то от ежика, принявшего человеческий образ: в походке, во взглядах, в поворотах головы... У Ремизова была особая манера говорить, он, в сущности, не говорил, а щебетал. Он щебетал так же, забавно улыбаясь из-под очков, о раскрашенных девицах из «Квисисаны», которая в этой части города была их штаб-квартирой... Девиц из «Квисисаны» Ремизов дружески называл «кикиморами». К столикам завсегдатаев «кикиморы» присаживались просто так, по знакомству, без задней мысли. Присядут, покалякают, выкурят папироску и отойдут...»

КОРОНА НА ГОЛОВЕ И РТУТЬ В ЖИЛАХ

Задолго до «Квисисаны» на месте нынешнего дома № 43 находился небольшой особняк. В нем в 1820-х годах жил знаменитый балетмейстер Шарль Дидло. Отсюда он ходил на службу в Театральное училище, руководителем которого состоял.

Актер и сочинитель водевилей Петр Каратыгин описывал балетмейстера так: «Он был в беспрерывном движении, точно в его жилах была ртуть вместо крови. Голова его была беспрерывно занята сочинением или какого-нибудь па, или сюжетом нового балета, и потому его подвижное лицо беспрерывно изменялось и всю его фигуру как-то подергивало; ноги его были необыкновенно выворотны, одну из них он беспрестанно то поднимал, то отбрасывал в сторону. Это он делал, даже ходя по улице. Кто видел его в первый раз, мог принять его за помешанного, до того все его движения были странны и угловаты...»

Дидло не только ставил балеты, но и танцевал в них, и нередко возвращался домой в театральном костюме. Вместо шляпы на голове у него мог быть лавровый венок или корона какого-нибудь сказочного монарха; другие детали костюма тоже выделяли балетмейстера среди прохожих. Особенно если учесть, что именно он изобрел и внедрил в балет трико, обтягивающие брюки телесного цвета, — их он впервые заказал в Париже чулочному мастеру Трико. По тем временам брюки были смелы необычайно!

Рябой, худощавый, лысоватый Дидло был вообще реформатором балета. И хотя Пушкин уверял, что балетмейстер «венчался славой» в Петербурге, случилось это в Париже, задолго до приезда маэстро в Северную столицу. Дидло придумал не только трико, но и тунику из газа, создал мимическую драму (полагая, что мимика в балете важнее танца), ввел в балет не условные, а исторические костюмы...

В России балетмейстеру тоже было чем заняться. Здесь он учил танцовщиков (и был «легок на ногу и сильно тяжел на руку»). Поставил больше сорока балетов, полных «живости воображения и прелести». И был настоящим кумиром петербургской публики. Конец его российской карьере положила вспыльчивость: балетмейстер поссорился с директором императорских театров князем Гагариным, тот посадил Дидло под арест, и обиженный балетмейстер ушел в отставку — с гордыми словами: «Такого человека, как Дидло, не сажают».

СЛЕЗА СОЦИАЛИЗМА

Прежде чем покинуть улицу Рубинштейна, позволим себе еще раз отклониться от прямого пути: неподалеку от Невского на этой улице стоит примечательный дом, носящий ироническое имя «Слеза социализма».

Вообще-то есть сведения, что в проекте этот дом именовался «Домом радости». Это потом уже молва присвоила ему новое имя, печальный антипод первому. Как бы то ни было, дом замышлялся как грандиозный прорыв в будущее, шаг в борьбе со старым бытом. Шутка ли: возвести целое здание для коммуны, где труженики пера, инженеры человеческих душ должны жить кооперативно с самыми настоящими инженерами. Не просто рядом — друг у друга на виду!

Ради осуществления такой задачи Ленинградский союз писателей объединил усилия с существовавшим тогда Обществом ИТР. Будущие жильцы внесли паи; проект составил архитектор Андрей Оль. Строили быстро, и к 1932 году дом на углу улицы Рубинштейна и Пролетарского переулка (ныне — Графский) был готов. Перемена свершилась столь стремительно, что даже путеводитель по Ленинграду 1933 года не поспел ее отразить: сообщил, что стоящий тут угловой дом представляет собой «хорошо сохранившийся образец строительства конца XVIII века».

Было чему удивиться в новом доме консервативным горожанам! Столовая, детский сад, библиотека и парикмахерская, даже раздевалка с дежурным швейцаром — все для всех, общее. Дом построили по типу гостиницы: маленькие двухкомнатные квартиры выходили в длинный коридор, связывавший две входные лестницы (были и квартиры побольше — в 3—4 комнаты). В одном из концов коридора находились душевые для жильцов.

На крыше был солярий, где под скудным ленинградским солнцем жильцы сушили белье, выращивали цветы, а дети катались на трехколесных велосипедах. Столовая состояла под обслуживанием Нарпита: сдаешь администрации свои продовольственные карточки, платишь 60 рублей — и ни забот, ни хлопот. Зато в квартирах не было даже кухонь...

Большую часть счастливых первых жильцов коммуны составили молодые писатели и поэты, ныне прочно забытые: Михаил Чумандрин, Юрий Либединский, Савва Леонов, Александр Штейн, Петр Сажин, Иоганн Зельцер. Из имен, знакомых нынешнему читателю, назовем два: Ольга Берггольц и Ида Наппельбаум. Обе поселились здесь с мужьями.

«В доме было шумно, весело, тепло, двери квартир не запирались, все запросто ходили друг к другу, — вспоминала романтическую пору этого дома Ида Наппельбаум.— Иногда внизу в столовой устраивались встречи с друзьями, с гостями, приезжали актеры после спектаклей, кто-то что-то читал, показывали сценки, пели, танцевали. В тот период впервые после суровой жизни последних лет военного коммунизма стали входить в быт советских людей развлечения, танцы, елки...»

«...Какие хорошие коллективные вечера отдыха у нас были, — это уже из воспоминаний Берггольц, — приходил и пел свои песенки Борис Чирков — живой Максим из «Юности Максима», показывал нам новые работы свои Бабочкин — живой Чапаев, — обе картины только что вышли тогда...»

А вот из ее стихов, где Берггольц назвала улицу Рубинштейна по-старому — Троицкой:

Если ж кто угрюм и одинок,
Вот мой адрес — может, пригодится? —
Троицкая, семь, квартира тридцать.
Постучать. Не действует звонок.

...Но уже скоро романтический флер коммуны начал развеиваться и начались проблемы. Кому-то не нравилось столовское питание, кому-то не по душе оказалась жизнь на виду — и жильцы начали обособляться, обзаводиться своими импровизированными кухнями (клали большие доски на ванны, на них — примусы и плитки). Много проблем было с детьми — а особенности домовой архитектуры все чаще вызывали саркастические усмешки. Не тогда ли и появилось это фольклорное определение, которое приписывают Ольге Берггольц, — «Слеза социализма»?

Мало-помалу отличительные черты дома-коммуны скрадывались. Начали разъезжаться первые жильцы: кто в Москву, поближе к власти, кто просто менялся квартирами. Кому-то судьба уготовала совсем иное: арест, ссылку, лагеря. Ту же Берггольц исключили из партии в 1937-м; потом ее арестовали. Освободили через два года: «Я была освобождена, полностью реабилитирована и вернулась в пустой наш дом».

...Через тридцать с небольшим лет после своего рождения «Слеза социализма» фактически перестала существовать. Капитальный ремонт уничтожил следы былой коммуны: коридорная система была уничтожена, квартиры обустроили, не стало ни библиотеки, ни парикмахерской.

Остался лишь прежний фасад — с многочисленными балкончиками, из-за которых остряки почему-то сравнивали дом с банно-прачечным комбинатом.

ИСКУССТВО ВИДИМОЕ И НЕВИДИМОЕ

«Слеза социализма» словно открывает «литературно-журнальный» отрезок нашей прогулки. На противоположной, четной стороне Невского стоят сразу несколько домов, связанных с писательским прошлым.

Первым привлекает внимание дом № 72, на фасаде которого можно увидеть диковинных, замечательно исполненных филинов, пантер и других обитателей животного мира. В дворовом флигеле этого дома находится кинотеатр «Кристалл-Палас», открытый в 1910 году. В историю он вошел позже, в 1929-м, когда здесь состоялся первый в нашей стране сеанс звукового кино. Фильмов со звуком еще не существовало, и публике показали «Звуковую сборную программу № 1». Восторгу не было предела...

...А в 1917 году в доме № 72 помещалась редакция эсеровской газеты «Дело народа». Существовала она недолго, и о газете скоро все забыли, а вот секретарь-машинистка «Дела» запомнилась многим. «Щедрая природа одарила ее чувственными губами на лице круглом, как тарелка, — едко описывал ее имажинист Анатолий Мариенгоф. — Одарила задом величиной с громадный ресторанный поднос при подаче на компанию. Кривоватые ноги ее ходили по земле, а потом и по сцене, как по палубе корабля, плывущего в качку...»

Особенно был очарован женственной красавицей приходивший в редакцию Сергей Есенин, тогда еще совсем молодой поэт. В марте он свел с ней знакомство, а в июле предложил отправиться вместе в дружескую поездку на север. Секретарша согласилась. На обратном пути в поезде Есенин сделал ей предложение. После недолгих размышлений она согласилась и на это. И 4 августа 1917 года Зинаида Райх (так звали секретаршу газеты «Дело народа») стала женой Сергея Есенина.

Союз их был недолог: уже к 1921 году они развелись. Правда, за это время родились двое детей — Константин и Татьяна.

Тот же Мариенгоф, друг Есенина, вспоминал:

«Кого любил Есенин?

Больше всех он ненавидел Зинаиду Райх.

Вот ее, эту женщину с лицом белым и круглым, как тарелка, эту женщину, которую он ненавидел больше всех в жизни, ее — единственную — он и любил...

Мне кажется, что и у нее другой любви не было. Помани ее Есенин пальцем, она бы от Мейерхольда убежала без зонтика в дождь и в град».

Женой Всеволода Мейерхольда и ведущей актрисой его театра Райх стала вскоре после развода с Есениным. В 1930-х годах Мейерхольд оказался в опале, затем был арестован, а вскоре Зинаиду Райх жестоко, злодейски убили у нее на квартире. Кто убил — неизвестно до сих пор...

Два памятных визита Есенина в дом № 72 относятся к 1924 году. Тогда находился здесь Свободный театр — популярное частное заведение с пестрой программой: «маленькие пьески, скетчи, водевили и много сольных номеров». Менялась программа каждые две недели; выступали на подмостках театра Леонид Утесов, Рина Зеленая, Изабелла Юрьева, многие артисты Александринского театра, да и другие, не столь известные артисты. В мемуарах Утесова этому театру посвящено немало самых теплых слов, а Рина Зеленая записала такой эпизод: «Во время одного из концертов в Свободном театре я пела песенку с Л. Утесовым. Шел какой-то смешанный концерт, народу было страшно много, но сидели зрители только в передней половине зала, а дальше стояли и даже ходили. Сзади шумели, зрители оборачивались, шикали. Потом до нас донеслись какие-то громкие голоса. В антракте мы узнали, что произошла целая история. Какие-то кретины из числа присутствующих начали задевать дурацкими, оскорбительными репликами Сергея Есенина. Он легко поддавался на такие провокации... Короче, началась драка. На другой день одни могли рассказать, что заступились за Есенина, другие — что хотели проучить его. Участие в таком скандале — уже реклама для них: глядишь, и их ничтожные имена упомянут в хронике рядом с Есениным...»

В том году Свободный театр привлекал к себе внимание не только скандалами, но и необычайными новинками. Осенью 1924 года театр устроил у себя радиоконцерты (радио тогда только начинало входить в обиход). Реклама была заманчивой: «Ежедневно 3 концерта невидимых исполнителей». Актеры, начав представление на сцене, уходили за кулисы — и уже там продолжали выступать. А публика слушала стоящий на сцене радиоприемник, доносивший актерские голоса...

Вернемся, однако, к Есенину — ведь был еще один его визит в дом № 72 в 1924 году. На сей раз поэт побывал у знаменитого фотохудожника Моисея Наппельбаума. Вначале дочь Наппельбаума Ида запечатлела поэта в окружении молодых писателей, а затем и сам мэтр сделал снимок Есенина — уже уходящего, в шубе, с папиросой в руке. Снимок обошел затем множество книг; это, несомненно, одна из лучших фотографий поэта.

Фотоателье Наппельбаума находилось в доме долго: еще с предреволюционных лет до окончания нэпа. С этим ателье связаны не только знаменитые портреты, сделанные мастером; в 1920-х годах дочери Наппельбаума устраивали здесь литературные «понедельники», известные всему

Петрограду. Ахматова, Мандельштам, Гумилев, Ходасевич, Зощенко, Шварц — вот лишь некоторые посетители «понедельников».

Нина Берберова, еще одна гостья Наппельбаумов, оставила в своих мемуарах такое свидетельство: «Два незанавешенных окна смотрели на крыши Невского проспекта и Троицкой улицы. В комнату поставили рояль, диваны, табуреты, стулья, ящики и «настоящую» печурку, а на пол положили кем-то пожертвованный ковер... Огромный эмалированный чайник кипел на печке, в кружки и стаканы наливался «чай», каждому давался ломоть черного хлеба. Ахматова ела этот хлеб, и Сологуб, и Кузмин, и мы все, после того как читали «по кругу» стихи...»

Разумеется, участники «понедельников» не только ели хлеб и читали стихи, но и — фотографировались!

Былой Невский вообще был меккой для фотографов: здесь работал не только Наппельбаум, но и Левицкий, Деньер, Шапиро, Булла, Жуков — самые известные мастера своего времени. О некоторых из них мы еще вспомним на нашем пути...

ОДНОНОГИЙ ГЕНЕРАЛ

Дом № 70, нынешний Дом журналиста, был построен в 1830-х годах для генерала от артиллерии Ивана Онуфриевича Сухозанета. Как заметил однажды Юрий Тынянов, Сухозанет «был простой литовец. Постный и рябой вид его напоминал серые интендантские склады, провинциальный плац, ученье». Описание это, правда, совсем не сочетается с портретом, висящим в Военной галерее Зимнего дворца: там Джордж Доу запечатлел Сухозанета романтическим героем с весьма броской, даже знойной внешностью...

Своей карьере Иван Онуфриевич был обязан трем обстоятельствам. Вначале он оказался в особой милости у влиятельного генерала Яшвиля, благодаря чему за восемь лет службы сам стал генералом. Потом в Битве народов под Лейпцигом проявил удивительную расторопность, и его действия помогли русским выстоять в один из кризисных моментов сражения. А в декабре 1825 года Сухозанет оказал ценнейшую услугу только что вступившему на престол императору Николаю Павловичу. Он твердо принял сторону Николая, а затем командовал картечным расстрелом бунтовщиков на Сенатской площади. За что на следующий день был произведен в генерал-адъютанты.

Несколькими годами позже в одном из сражений генерал лишился ноги — и боевая его карьера завершилась. Но от службы Ивана Онуфриевича не отставили: он возглавил Военную академию, в которой установил железную дисциплину и которой управлял двадцать лет.

Сухозанет прославился не только доблестями по службе, но и азартным поведением на других полях сражения — «зеленых», картежных. Мария Толстая, вспоминая один светский раут 1837 года, отметила, что Сухозанет «целый вечер, не вставая, как приклеенный, просидел за карточным столом и то и дело придвигал к себе по зеленому сукну целые груды червонцев и империалов... Государь Николай Павлович не раз подходил к этому столу, внимательно следил за игрою Сухозанета, и видно было, что он им не очень-то доволен...» Сам Иван Онуфриевич, впрочем, своей игрой был вполне доволен. Она приносила ему приличные доходы — до 60 тысяч рублей за вечер. Были даже пересуды о нечистой игре генерала, но они так пересудами и остались. Тем более, что под конец жизни удача стала от заядлого игрока отворачиваться...

В 1861 году Иван Онуфриевич умер от апоплексического удара. Хоронили его торжественно, а один из современников, хорошо знавший генерала, записал: «За гробом шли Государь, князья и члены Совета, так что выходило, что сперва шли казаки с пиками, потом попы с крестами и музыканты с бубнами и, наконец, тело с червями, а за ним все тузы». Такой вот чисто карточный расклад.

Дом Сухозанета после его смерти перешел к сыну. Увы, состояние генерала было сильно расстроено — прежде всего из-за карт, — и вскоре дом сменил хозяина. А потом владельцем особняка стало столичное Купеческое общество, не выезжавшее отсюда до самой революции.

ПОСЛЕДНЯЯ ЛЮБОВЬ КРИТИКА

Дом № 68, выходящий к Фонтанке, примечателен не только своими изрядными размерами, но и богатой историей. Будучи описана полностью, она заняла бы изрядных размеров том. Не случайно это здание именуют «литературным»: здесь жили Белинский, Тургенев, Панаев, Булгарин, Писарев, Марко Вовчок. Тут квартировал известный издатель и редактор Андрей Краевский. Здесь издавалась газета Горького «Новая жизнь» — и в ее редакции Алексей Максимович впервые воочию встретился с Лениным. «Они долго жали друг другу руки. Ленин радостно смеялся, а Горький, сильно смущаясь и, как всегда при этом, стараясь говорить особенно солидно, басистым голосом все повторял подряд:

— Ага, так вот вы какой».

Из всех обитателей этого дома едва ли не самой одиозной фигурой был Дмитрий Иванович Писарев. Его сочинения шокировали читателей XIX столетия и способны поразить даже сейчас. Вот несколько фраз из статьи Писарева «Пушкин и Белинский»:

«Воспитывать молодых людей на Пушкине значит готовить из них трутней»;

«Для тех людей, в которых произведения Пушкина не возбуждают истерической зевоты, — эти произведения оказываются вернейшим средством притупить здоровый ум и усыпить человеческое чувство»;

«В так называемом великом поэте я показал моим читателям легкомысленного версификатора, опутанного мелкими предрассудками».

Лейтмотивом в этой статье звучат слова «наш маленький Пушкин». Как тут не вспомнить эпиграмму Дмитрия Минаева, написанную после выхода статьи:

Фонтанка у Невского проспекта.
Литография по рисунку А.А. Тона. 1822 г.

Гоним карающим Зевесом,
Двойную смерть он испытал:
Явился Писарев Дантесом
И вновь поэта расстрелял...

Отчасти запальчивость Писарева понятна: большую часть своих знаменитых статей (в том числе и процитированную) критик написал в казематах Петропавловской крепости, где провел четыре с лишним года. Впрочем, долгожданное освобождение не только не успокоило Писарева, но и выбило его из колеи; он жаловался на нездоровье, стал особенно нервен и вспыльчив. Психика его и прежде была не в порядке: еще учась в университете, он заболел сильнейшим нервным расстройством с манией величия и был помещен в частную лечебницу. А поскольку долечился не до конца, скрытые рецидивы болезни возникали частенько.

Вскоре после выхода на свободу Писарев возобновил знакомство со своей дальней родственницей Марией Маркович, писавшей под псевдонимом Марко Вовчок (сделанные ею переводы Жюля Верна переиздаются до сих пор). Знакомы они были давно, но на сей раз болезненное состояние Писарева и его одиночество повернули все по-новому: он страстно влюбился. Чувствам не помешало ни то, что Маркович была старше на полтора десятка лет, ни то, что выглядела она как «дебелая матрона» и «единственным украшением ее лица были густейшие, можно сказать, даже мохнатые брови».

Сама Марко Вовчок испытывала к родственнику лишь дружескую симпатию. Об ответных чувствах не было и речи. Писарев мучился и сообщал друзьям, что не в состоянии делать что-либо, «пока не добьется ее взаимности». А мать его, опасаясь за здоровье сына, писала Марии Маркович: «Ты ведь добра, умоляю тебя, сделай Мите жизнь легкой и счастливой... И отчего бы тебе не полюбить его? Он так сильно тебя любит...»

Повлияло ли письмо, или другие были тому причины — Маркович уступила. Осенью 1867 года Писарев поселился рядом с ней, в доме № 68 на углу Невского и Фонтанки. Он занял квартиру по соседству, а работал и вовсе в одном с Маркович кабинете. И писал возлюбленной: «Я весь целиком отдался тебе, я не могу и не хочу взять себя обратно».

Счастье было недолгим. Следующим летом Писарев поехал отдыхать на Рижский залив и там утонул.

Не рыдай так безумно над ним, —

обращался Некрасов к Маркович в написанном тогда стихотворении. Возможно, это было поэтическое преувеличение, а может, и нет: известно, что гибель Писарева Вовчок пережила тяжело...

ФРАНЦ КАФКА ЖИЛ НА ФОНТАНКЕ

Дом № 38 по Фонтанке соседствует с обителью Писарева и Марко Вовчок; это еще один писательский адрес, и ради него стоит в очередной раз отклониться от прямого пути. В доме на Фонтанке полтора года квартировал Иван Сергеевич Тургенев, а у него в гостях недолгое время жил Лев Николаевич Толстой: два писателя тогда только познакомились и еще не успели поссориться — это лишь потом их отношения станут напряженными...

Но еще больше заслуживает внимания следующий факт: как свидетельствует справочник «Весь Ленинград и Ленинградская область» за 1930 год, в этом доме жил Франц Кафка. Историки литературы утверждают, что Кафка умер в 1924-м: вот и верь теперь им, если и шесть лет спустя на Фонтанке, 38 обнаруживаются следы...

Читатель, наверное, почувствовал уже подвох. И он совершенно прав: ленинградский Франц Кафка не имел никакого отношения к своему великому однофамильцу. Это был вполне обычный, рядовой горожанин, которого отличало только одно: громкая фамилия.

А сколько вообще громких, да и самых необычайных фамилий было в тогдашнем Ленинграде! С Кафкой, например, вполне мог посоперничать Гитлер — механик Ричард Карлович Гитлер, проживавший на Большой Гребецкой улице. А чем хуже был Гений Республиканец? А еще жили в городе Евдокия Паштет, Давид Карга, Говсей Пальчик, Сергей Кишка, Трофим Ори-Дорога, Николай Сталин (с супругой), Сергей и Федор Коба...

Технический прогресс олицетворяли собой фамилии Гайка, Мотор, Молоток, Руль, Маяк, Фабрикант. Как будто с природы явились Орел, Овод, Кабан, Мерин, Курицо, Карась, Комар. Стойкий кулинарный привкус имели фамилии Рис, Грибок, Перчик, Киви, Соль, Моховик. Тут же, разумеется, Спиртус! «На закуску» — Безе и Калач.

Кощей, Книга, Папа-Федоров, Хрыч, Мордак, Плавник, Попик, Калеко, Устало, Улезло, Голос, Глобус, Кулак, Голова, Шеф, Хорош — и эти фамилии принадлежали ленинградцам 1930 года. А вот еще, на сей раз с именами: Марта Пах, Надежда Доллар, Леонтий Индус. С профессиями: врач Ария-Павлова, счетовод Кампо-Сципион, председатель правления артели «Цепочечник» Карузо. Чем увлекался этот Карузо, как пел?

Прежде чем подвести черту, еще несколько фамилий, на сей раз — двойных: Орлова-Воробейчикова, Тэйлор-Полетаев, Иванова-Гордая, Суховей-Донская, Бессмертная-Рубинштейн. Звучит!

1930 год богат на фамилии, а вот в справочниках более поздних лет найти такое разнообразие труднее. Декрет 1918 года, позволявший гражданам менять фамилии на более благозвучные, особо полюбился советским людям в середине 1930-х. Газеты тех лет буквально кишат объявлениями о смене фамилий и даже имен; тогда-то и записал Ильф свою известную фразу: «Наконец-то! Какашкин меняет свою фамилию на Любимов».

Легко, конечно, смеяться, но как быть, ежели ты — Гитлер? Или Троцкий: доподлинно известно, что десятки и сотни Троцких по всему СССР меняли свои фамилии на более благонадежные...

Не все поддались на веяние времени, и причудливые фамилии можно встретить и сейчас. Но они нынче — куда большая редкость, чем прежде...

ЗДЕСЬ ОТДЫХАЛИ УБИЙЦЫ РАСПУТИНА

На противоположной стороне Невского, углом к Фонтанке, выходит огромный дворец Белосельских-Белозерских. Рассказ о нем стоит начать с предыстории: до нынешнего «палаццо» здесь стоял небольшой дом, владельцем которого был сенатор Петр Васильевич Мятлев, отец пятерых детей, в их числе — знаменитого прежде поэта-юмориста.

Из тех мятлевских лет особенно памятен один эпизод. В столичном Заемном банке была обнаружена огромная недостача: старший кассир Андрей Иванович Кельберг похитил аж 600 тысяч рублей. В банковских сундуках вместо пачек с деньгами лежали пачки резаной бумаги — как сказали бы сегодня, «куклы».

Екатерина II назначила следственную комиссию, которую возглавил директор Заемного банка и бывший фаворит императрицы Петр Васильевич Завадовский. Входили в комиссию и еще трое сановников: Гаврила Романович Державин, петербургский генерал-губернатор Архаров и Мятлев. Собиралась комиссия в мятлевском доме, и заседания ее иногда тянулись далеко за полночь.

Дело оказалось весьма непростым, да к тому же и политическим. Как выяснилось, Кельберг был не единственным чиновником, запускавшим руку в банковские сундуки. Более того: без ведома своих начальников он не мог бы украсть и рубля. Тень пала на многих, и в том числе на Завадовского. Неудивительно, что в итоге решение было вынесено соломоново: назначить виноватым за пропажу денег одного Кельберга. Да и того, надо сказать, кара настигла только при Павле I: кассир три дня простоял у позорного столба с табличкой на груди «вор государственной казны», а потом отправился с женой в Сибирь...

После Мятлева дом переходил из рук в руки, пока не оказался во владении семьи Белосельских-Белозерских. Они и заказали архитектору Штакеншнейдеру перестройку дома в дворец, существующий ныне.

А в 1880-х годах и дворец сменил хозяев: он был продан великому князю Сергею Александровичу, готовившемуся тогда к женитьбе на принцессе Элле Гессенской (в православии Елизавете Федоровне). Дворец располагался очень удобно для великого князя: рядом, через Фонтанку, в Аничковом дворце жил его августейший брат император Александр III...

Сразу после покупки дворец подремонтировали, а въезд молодых в него состоялся в день свадьбы. «Биржевые ведомости» рапортовали: «Тронулся поезд высоконовобрачных ко дворцу их высочеств, что у Аничкина моста, бывшему дому князей Белосельских-Белозерских. По всему Невскому горели газовые звезды, масса народа стояла по тротуарам, оглушительное «ура» раскатывалось по всему пути... Горела иллюминация, пылали бенгальские огни...»

Этот брак не стал счастливым. О причинах того можно узнать в мемуарах великого князя Александра Ми-

Парад на Невском проспекте.
Акварель В.С. Садовникова. 1859 г.

хайловича, который приходился Сергею Александровичу кузеном: «При всем желании отыскать хотя бы одну положительную черту в его характере я не могу ее найти... Упрямый, дерзкий, неприятный, он бравировал своими недостатками, точно бросая в лицо всем вызов и давая, таким образом, врагам богатую пищу для клеветы и злословия. Некоторые генералы, которые как-то посетили офицерское собрание л.-гв. Преображенского полка, остолбенели от изумления, услыхав любимый цыганский романс Великого Князя в исполнении молодых офицеров. Сам августейший командир полка иллюстрировал этот любезный романс, откинув назад тело и обводя всех блаженным взглядом!»

Да вдобавок ко всем симпатичным чертам своего характера Сергей Александрович был гомосексуалистом, что не особенно и скрывал. Поговаривали, что своей супруге Елизавете Федоровне он советовал найти «настоящего мужа» из числа свиты. А еще любил выпить, был груб и... глубоко религиозен. Удивительно, как это сочеталось в одном человеке.

А какой была Елизавета Федоровна? Вот мнение того же мемуариста: «Редкая красота, замечательный ум, тонкий юмор, ангельское терпение, благородное сердце — таковы были добродетели этой удивительной женщины. Было больно, что женщина ее качеств связала свою судьбу с таким человеком».

В российскую историю Сергей Александрович вошел в качестве московского генерал-губернатора: этот пост он занимал полтора десятка лет. При нем случилась печально знаменитая Ходынка, при нем состоялось массовое выселение евреев из Белокаменной, при нем либерализму в Москве была объявлена война. В конце концов революционеры избрали его своей мишенью — и в 1905 году великого князя взорвал террорист Иван Каляев.

...Несчастливый брак Сергея Александровича и Елизаветы Федоровны положил начало еще одному брачному союзу — счастливому, хоть и имевшему тоже трагическое завершение. Именно на их свадьбе познакомились великий князь Николай Александрович и Алиса Гессенская, сестра Елизаветы. Они вступят в брак десятилетие спустя. И бывший дворец Белосельских-Белозерских будет связан с самыми радостными днями Алисы (Александры Федоровны): в ноябре 1894 года она жила здесь у сестры и готовилась к свадьбе. А после бракосочетания переехала в Аничков дворец, где вместе со своими родителями обитал Николай...

В то время сестры Гессенские были еще очень дружны. Но вскоре Николай взойдет на престол, а потом жизнь отдалит сестер друг от друга. Случится и настоящее их противостояние — уже перед самой революцией, и свою роль в этих событиях снова сыграет бывший дворец Белосельских-Белозерских.

Поздней декабрьской ночью 1916 года в ворота дворца въехал автомобиль. Прислуга подбежала к вышедшим из машины людям: среди них был великий князь Дмитрий Павлович, воспитанник Елизаветы Федоровны. Великая княгиня здесь жила редко и предоставила дворец в распоряжение воспитанника...

В этот момент один из приехавших заглянул в машину и что-то воскликнул. На возглас обернулись остальные; вместе они стали осматривать машину и увидели в ней мужской бот, а на ковре, устилавшем автомобиль, обнаружили пятна крови. Дмитрий Павлович отдал слугам приказание сжечь и бот, и ковер. Это было исполнено незамедлительно.

Так закончилась эпопея убийства Григория Распутина. Бот, найденный в машине, принадлежал ему, а во дворец вместе с великим князем прибыли его товарищи по заговору — думский депутат Пуришкевич, поручик Сухотин и доктор Лазаверт. Заговорщики пытались убить «святого старца» во дворце Феликса Юсупова на Мойке: Распутин приехал туда, увлеченный красотой Ирины. Сначала были вино и пирожные с ядом, затем выстрелы. Потом стрельба на набережной Мойки. После всего этого заговорщики, оставив Юсупова дома, отвезли тело на Малую Невку и сбросили под лед. Тогда-то и забыли выкинуть упавшую обувь.

Когда весть о случившемся дошла до императрицы, она была вне себя и приказала заключить Дмитрия Павловича под домашний арест в этом же дворце. Прибывший вскоре в столицу император не отменил решения супруги: они оба горестно оплакивали гибель «старца».

А вот Елизавета Федоровна, давно боровшаяся против Распутина, приветствовала убийство и прислала в этот дворец телеграмму: «Прошу дать мне письмом подробности событий. Да укрепит Бог Феликса после патриотического акта, им исполненного».

Через несколько дней Дмитрий Павлович был послан на персидский фронт, благодаря чему уцелел в революционном хаосе. Он сумел благополучно перебраться в Европу, где был какое-то время любовником знаменитой Коко Шанель. Умер в Америке в 1942 году.

А Елизавета Федоровна была убита в Алапаевске, а позже причислена Православной церковью к лику святых.

ЛОШАДИНЫЕ ИСТОРИИ

Пересечение Невского с Фонтанкой украшает один из знаменитейших мостов Петербурга — Аничков. Именно Аничков, а не Аничкин, как именовали его Пушкин, Гоголь, а по их стопам и многие другие. Назван он по имени майора Михайлы Аничкова, чей батальон стоял в первые годы Петербурга за Фонтанкой — где-то между дворцом Белосельских-Белозерских и нынешней улицей Марата.

Мост многократно перестраивался; открытие его в нынешнем виде произошло осенью 1841 года. Вскоре здесь появились две конные группы из бронзы: они стояли на западной, дальней от нас стороне моста. На другой стороне поставили повторявшие их гипсовые скульптуры, окрашенные под бронзу. Под действием непогоды гипс начал разрушаться: появились трещины, затем одна из лошадей лишилась хвоста. (Происшествие, к слову, в былой столице не единственное — разница в том лишь, что у аничковской лошади хвост отвалился от ветхости, а вот Колесница Славы на арке Главного штаба пострадала от рук человека: хвосты тамошних лошадей были украдены!)

В конце концов гипсовые группы были заменены такими же бронзовыми — но и те простояли недолго. По распоряжению императора их отправили в подарок неаполитанскому королю. На опустевших пьедесталах вновь появились гипсовые отливки. И лишь в 1850 году здесь были установлены две новые скульптурные группы — те, что стоят на мосту и поныне...

Ансамбль «Укрощение коня» произвел на публику сильное впечатление. Вот один из восторженных отзывов прессы: «Аничков мост приводит в восхищение всех жителей Петербурга. Толпами собираются они полюбоваться удивительной пропорцией всех частей моста и лошадьми — смело скажем, единственными в мире... Въехав на мост, кажется, будто отдохнул...»

Вид старого Аничкова моста и дома Нарышкина на Фонтанке. Литография П.А. Александрова. 1825 г.

Кони Клодта на Аничковом мосту. Рисунок из книги «Живописная Россия»

Аничков мост. Литография Ж. Жакотте, Регаме с оригинала И.И. Шарлеманя. 1850-е гг.

Аничков дворец. С открытки начала XX в.

*Невский проспект в районе Аничкова моста.
С открытки начала XX в.*

Понравились скульптуры и петербуржцу № 1 тех времен — императору Николаю Павловичу. По слухам, автор конных групп барон Петр Клодт удостоился от монарха весьма оригинального комплимента: «Ты, Клодт, делаешь лошадей лучше, чем жеребец!» Фраза, достойная занесения в антологию солдатского юмора.

Интересно, что сказал бы император, знай он об одной тайной особенности клодтовских коней — вернее, одного из них? На мошонке того коня, что стоит ближе всех к Аничкову дворцу, изображен мужской профиль. Историки спорят: то ли Клодт «увековечил» образ любовника своей супруги, то ли досталось от него генералу Бонапарту — ведь скульптор был ярым антибонапартистом. Есть и более прозаическая версия: что это-де своеобразный дефект отливки...

Не менее примечательная особенность есть и еще у одной клодтовской скульптуры — той, которую Николай Павлович никак не мог бы прокомментировать. Потому что это конный памятник самому Николаю, установленный на Исаакиевской площади через несколько лет после кончины монарха. На шее бронзового императора вырублено слово из трех букв — самое короткое русское ругательство...

Мнения специалистов и здесь не сходятся: некоторые считают, что надпись эта появилась в XX веке, в первые годы советской власти. Другие утверждают, что надпись — ровесница памятника, и предлагают догадываться о ее авторстве самим...

«ЧАЙКА», НЕСУЩАЯ ГИБЕЛЬ

День 16 июня 1924 года начинался безоблачно. Бывший военный моряк Клемент, занимавшийся ремонтом моторных лодок, пригласил своих знакомых прокатиться с ветерком на одной из них. Уселись в лодку как раз у Аничкова моста, поплыли по Фонтанке в направлении Летнего сада — к Неве: увы, путь был перегорожен баржей. Повернули назад — к Калинкину мосту.

Беспечной, однако, прогулку не назовешь: вскоре подвесной мотор лодки стал перегреваться — непорядок! Начали заниматься мотором, охлаждать его, да и увлеклись этим; лодка тем временем выплывала из Фонтанки к фарватеру Невы.

Тут все и произошло.

На следующий день газеты оповестили читателей о трагедии в устье Невы. Около 17 часов лодка с пятью пассажирами попала под пароход «Чайка», следовавший в Кронштадт. Приводили слова капитана «Чайки» Хейнонена: он трижды давал свистки, но на лодке не обращали внимания на сигналы и шли пароходу наперерез. Даже команда Хейнонена «полный назад» не помогла: нагруженный пароход шел по течению...

Из пассажиров затонувшей лодки спасти удалось только троих. Одним из погибших стал сам Клемент. Второй была 21-летняя балерина Академического театра оперы и балета (Мариинки) Лидия Иванова. Тела их найдены не были — ни в тот день, ни днем позже, ни через неделю, когда водолазы потратили на поиски несколько часов; предполагали, что тела остались под топляком — в этой части Невы было множество затонувших барж...

Балерина Лидия Иванова

Гибель Лидии Ивановой и сделала это трагическое, но вообще-то заурядное происшествие городской сенсацией. Потому что об этой балерине говорили тогда много. Дебютировав на мариинской сцене в 1921 году, она не успела еще станцевать главных партий — но и без того карьера ее производила ошеломляющее впечатление. «Какое это было замечательное существо... Вся — как нарисованный этюд для альбома будущей великой артистки, она с большого разбега взвивалась на высоту»,— вспоминал критик и балетоман Аким Волынский.

«Кость от кости, плоть от плоти, любимой дочерью балета была Л. Иванова»— это уже свидетельствует Михаил Кузмин, поэт и тоже поклонник балетного искусства.

Не только артистические способности обеспечили ей любовь публики. Воспоминания актера БДТ Геннадия Мичурина приоткрывают тайну ее обаяния: «Многие прекрасные актеры оставляют нас холодными, а вот тот из них, кто трогает наше сердце, задевает нас как человек, а не только как актер, становится близким, родным. Так Петроград полюбил свою Лидочку...» Фанатичные поклонники появились у нее уже в первое полугодие актерской жизни. Но она больше ценила общество друзей — в число которых входили Михаил Зощенко, Геннадий Мичурин, поэт Николай Асеев...

Любовь публики не защищала Лидию Иванову от ревности коллег. Непростые отношения связывали ее с тогдашней примой театра Ольгой Спесивцевой. Да и вообще: «Участие этой юной танцовщицы-актрисы даже в небольшом эпизоде спектакля обычно составляло серьезную конкуренцию для исполнительницы главной роли...»

Вражда? А вот здесь одни догадки и слухи...

Слухов в жизни Ивановой хватало всегда. Волынский после ее смерти произнес то, о чем думали многие: «Эту девочку, с первых шагов ее по артистическому пути, окружала трепетная атмосфера... Воздух дрожал кругом как бы от встревоженного шепота, от испуганных самолюбий, от растущей зависти, от потрясенных репутаций... Слишком все это близко в настоящую минуту, чтобы назвать по именам людей и вещи. Если бы Лида Иванова упала на сцене, во время танца, я первый подумал бы, не подстроено ли это падение искусственно, враждебною рукою, как это иногда случается на театральных подмостках».

Имена были-таки произнесены. Обстоятельства трагедии способствовали этому в немалой степени. Тело исчезло бесследно — отчего? Как вообще случилось столь нелепое столкновение: ведь нельзя же было не заметить сигналящий пассажирский пароход! Загадки беспокоили многих; простые объяснения казались слишком простыми. Мысль о том, что собравшиеся на лодке могли быть навеселе, казалась недостойной внимания. Молва стала искать виноватых.

Первое имя было очевидным — Спесивцева. Она была близка с Борисом Каплуном, одним из деятелей новой власти. Неужели он не помог бы устранить соперницу?

Другая версия, не менее экзотическая, винила в трагедии сотрудников ГПУ. Иванова, бывавшая в разных кругах, немало общалась и с сотрудниками всесильной организации. Может, она узнала тайну, не предназначавшуюся для ее ушей, — и стала разбалтывать секрет? Вот и убрали ненужного свидетеля...

Загадочная гибель Ивановой нашла отражение в русской литературе. Михаил Кузмин написал целых три стихотворения, связанные с ней. В одном из них (в книге «Форель разбивает лед») он намекает на «спесивцевскую» версию истории:

> ...Уносится тайком чужой портфель,
> Подносится отравленная роза,
> И пузырьками булькает со дна
> Возмездие тяжелым водолазом.
> Следят за тактом мертвые глаза
> И сумочку волною не качает...

Последняя фраза не случайна: сумочка Ивановой после той катастрофы была извлечена из воды и возвращена затем ее родителям...

А журнал «Жизнь искусства» скорбно заметил в связи с гибелью Ивановой: «Смерть не могла более жестоко наметить свою жертву. Она вырвала из балетной труппы ту молодую силу, на которую возлагали больше всего надежд».

Точки над «i» в этой истории так и не были расставлены.

ТРАГЕДИЯ В КАБИНЕТЕ

За Фонтанкой хорошо видно длинное двухэтажное здание Кабинета его императорского величества — учреждения, ведавшего имуществом царской семьи. Оно было возведено в начале XIX века и напоминает нам о том, что мы, перейдя Фонтанку, переместились и из эпохи в эпоху. Здесь, по реке, проходила в пушкинское время граница парадного Петербурга.

Строил торжественное здание Кабинета Джакомо Гваренги, в этой прогулке однажды уже упомянутый. Почему «Гваренги», а не «Кваренги», как принято его сейчас называть? Потому что так именовал себя сам зодчий, да и современники уважали его волю. Достаточно заглянуть в адресные книги той поры, чтобы убедиться: там значится именно Гваренги. Это советские историки поправили написание на грамматически более точное...

Великий архитектор был автором не только Кабинета, но и многих знаменитых сооружений — в числе которых можно назвать хотя бы Смольный. А петербуржцы знали Гваренги не только по его творениям, но и по весьма примечательной наружности. Желчный мемуарист Филипп Вигель писал: «Старик Гваренги часто ходил пешком, и всяк знал его, ибо он был замечателен по огромной синеватой луковице, которую природа вместо носа приклеила к его лицу». И это был не единственный недостаток его внешности: современники изображают зодчего неуклюжим человеком с большим животом, маленькими глазками и резким, неприятным голосом...

И снова о Кабинете. Повседневная жизнь этого заведения была достаточно рутинной: канцелярская работа, оформление подрядов и наем работников, проведение ревизий... Но случались в его стенах и события громкие, выходящие из ряда вон. В их числе — трагедия, разыгравшаяся здесь июльским днем 1842 года.

В тот день вице-президент Кабинета князь Николай Сергеевич Гагарин работал, как обычно. Разобравшись с делами, направился домой, но в дверях прихожей повстречал своего подчиненного, лесничего одного из финских имений Рейнмана. Вернее, бывшего подчиненного и бывшего лесничего. Рейнман давно уже подал в отставку, однако из-за волокиты его прошение было рассмотрено и одобрено только что. Об этом решении Гагарин и сообщил Рейнману, а потом продолжил путь к выходу. «И в ту минуту, как князь отворил дверь той комнаты, где они все были, чухонец выстрелил ему из пистолета в затылок в расстоянии, может быть, одного шага, между шеей и правым ухом. Князь упал без чувств, обагренный своей кровью, и, не приходя уже в себя, через несколько минут умер».

Убийцу схватили. О причинах своего поступка лесничий ничего толкового сказать не смог. Жаловался на полученную отставку, хотя сам же ее и добивался. Приговор военного суда был предсказуем и жесток: финна приговорили к 12 тысячам шпицрутенов — наказанию, после которого не выживали. Рейнман выдержал лишь две с небольшим тысячи ударов, после чего упал, был отвезен в больницу и там «умер, не показывая ни малейшего раскаяния».

ЛУЧШИЙ ПОДАРОК — ДВОРЕЦ!

За Кабинетом высится Аничков дворец. К проспекту он выходит своим боковым фасадом — а вот главный его фасад обращен к Фонтанке, ко въезду в столицу.

Строили это великолепное здание для императрицы Елизаветы Петровны. Дочь Петра Великого внимательно следила за стройкой, не раз ее посещала. С этими визитами связан один памятный эпизод. Вдоль Невского тогда росли березки, и местные жители использовали деревья в хозяйственных целях — сушили на них белье и одежду, развешивали кувшины и горшки. Оно и неудивительно: в этих местах стояло множество небольших домишек — настоящая провинция! Однако императрицу такой домашний вид весьма рассердил, и следствием того стал категорический указ «о запрещении с.-петербургским жителям развешивать что-либо на березках на Невской перспективе»...

Новый Аничков дворец резко выделялся на фоне окружающей застройки. При нем были устроены фонтаны, цветники, пруды — как в Петергофе! Павильоны, службы и дворцовый сад с оранжереями были огорожены каменной стеной и занимали тогда огромное пространство от Фонтанки до Садовой улицы.

Всем этим великолепием Елизавета распоряжалась недолго: несколько лет спустя она преподнесла дворец на именины своему фавориту и, как говорили, тайному супругу Алексею Разумовскому. Любопытно, что при следующей императрице, Екатерине II, хозяином дворца снова стал фаворит — Григорий Потемкин. Чтобы порадовать

Вид Аничкова дворца с парадного двора.
Акварель В.С. Садовникова. 1830-е гг.

возлюбленного, царица выкупила Аничков у Разумовских и не просто подарила Потемкину, но и прибавила 100 тысяч на переделку здания «по вкусу». А когда Григорий Александрович перепродал дворец купцу Шемякину, Екатерина снова выкупила Аничков и снова преподнесла фавориту.

С той поры Аничков дворец менял хозяев не раз. Череда покупок и продаж закончилась в начале XIX столетия: Аничков откупили в казну и объявили его императорским дворцом. После этого дворец стал снова использоваться в качестве подарка — причем неизменно свадебного. Теперь, правда, дарили его только членам царской семьи. В 1817-м такой подарок получил к своему бракосочетанию цесаревич Николай Павлович — будущий Николай I. Он прожил в Аничковом несколько лет, да и после восшествия на престол не оставил дворец без внимания. Здесь нередко давались придворные балы.

Кабинет Государыни Цесаревны в Аничковом дворце. Рисунок из книги «Живописная Россия»

Эти балы позволяют вспомнить о Пушкине: именно они стали причиной того, что император пожаловал поэта придворным званием камер-юнкера. «Двору хотелось, чтобы Наталья Николаевна танцевала в Аничкове», — записал Пушкин в дневнике. Так оно и было: придворные не должны были пропускать царские балы без уважительных на то причин. Пришлось и Пушкину отбывать эту почетную повинность.

Поэт бывал в Аничковом не только по камер-юнкерским делам. Особенно примечателен один визит: 23 ноября 1836 года Пушкин явился во дворец по официальному приглашению императора. Беседа проходила в личном кабинете царя, с глазу на глаз. Николай Павлович сообщил, что ему известно все о ссоре Пушкина с Дантесом, и потребовал не доводить дело до дуэли. Ни под каким предлогом. В случае необходимости самодержец обещал сам вмешаться в дело. До гибели Пушкина оставалось меньше трех месяцев...

Портрет А.С. Пушкина. Гравюра Н. Уткина с оригинала О.А. Кипренского. 1838 г.

В 1841 году Николай подарил Аничков дворец своему наследнику Александру, будущему Александру II, — разумеется, в день свадьбы. Четверть века спустя уже Александр подарил дворец своему сыну, тоже Александру — и тоже к свадьбе. Александр Александрович прожил здесь двадцать пять лет: даже заняв престол и став императором Александром III, он не переехал в Зимний. Не случайно именно у Аничкова хотели убить Александра III боевики группы Александра Ульянова. Два дня ходили они с бомбами по Невскому проспекту, поджидая царя и не зная о том, что полиция пристально за ними наблюдает. Потом был арест и — казнь...

Александр III так сроднился с Аничковым дворцом, что прервал семейную традицию: его сын, будущий Николай II, дворца к свадьбе так и не дождался. Хотя жил здесь и до, и после свадьбы — вместе с родителями...

После революции Аничков дворец был отдан в распоряжение Музея города, а в тяжелом для России 1937-м

Портрет Александра II. Ботиньян. 1868 г.

превратился во Дворец пионеров. С этого момента знаменитости вновь зачастили сюда: посещение дворца нередко входило в программу визитов высоких гостей. Здесь побывали Индира Ганди и Джавахарлал Неру, Урхо Кекконен, Ив Монтан и Симона Синьоре...

О недавней и современной жизни Дворца пионеров (ныне Дворец творчества юных) можно говорить много. Достаточно хотя бы того, что его шахматная школа дала старт множеству блестящих карьер. Здесь начинали Виктор Корчной, Борис Спасский, Александр Халифман и многие другие гроссмейстеры...

Случилось во дворце и еще одно шахматное событие. В 1975 году здесь выступал с сеансом одновременной игры новый чемпион мира по шахматам Анатолий Карпов. Особенно упорное сопротивление оказал ему один юный участник — но чемпион сумел завершить партию вничью. Это была первая встреча Карпова с Гарри Каспаровым, его преемником на шахматном троне...

«НА ВЗДОР И ШАЛОСТИ ТЫ ХВАТ...»

Камер-юнкерские дела Пушкина дают повод вспомнить об одной семье, оставившей в петербургской истории свой след. Как-то раз в письме поэт пренебрежительно отозвался о своем новом придворном звании, но на беду его письмо попало в руки московского почт-директора Александра Булгакова. Тот вскрыл послание, затем переслал его Бенкендорфу, а от того «крамола» попала в руки царю. Гнев самодержца был велик, но еще сильнее негодовал Пушкин, возмущенный перлюстрацией частной переписки. «Негодяй Булгаков», — клеймил он виновника этой истории.

В пушкинские годы были известны двое Булгаковых. Александр, с которым Пушкин до истории с письмом не раз встречался. И Константин, брат Александра, тоже ведавший почтовыми делами — сначала в Москве, а затем в Петербурге.

Чуть позже Петербургу стал широко известен еще один Константин Булгаков, сын Александра, — быть может, самая яркая личность из всей семьи.

Младший Булгаков был гвардейским прапорщиком, писал музыку, но имя себе составил не на военном и не на музыкальном поприще. Еще Лермонтов, учившийся вместе с Константином Александровичем в Московском благородном пансионе, дал ему такую стихотворную характеристику:

На вздор и шалости ты хват
И мастер на безделки.
И, шутовской надев наряд,
Ты был в своей тарелке;
За службу долгую и труд
Авось наместо класса
Тебе, мой друг, по смерть дадут
Чин и мундир паяса.

Впрочем, в ту ученическую пору Булгаков сумел отличиться и с иной стороны. Однажды пансион неожиданно посетил император Николай I, причем случилось это во время перемены.

Портрет М.Ю. Лермонтова. Акварель А.И. Клюндера

Как вспоминает мемуарист, император «вдруг предстал в коридоре среди бушевавшей толпы ребятишек. Можно представить себе, какое впечатление произвела эта вольница на самодержца, привыкшего к чинному, натянутому строю петербургских военно-учебных заведений. С своей же стороны толпа не обратила никакого внимания на появление величественной фигуры императора, который прошел вдоль всего коридора среди бушующей массы, никем не узнанный, — и, наконец, вошел в наш класс, где многие из учеников уже сидели на своих местах в ожидании начала урока. Тут произошла весьма комическая сцена: единственный из всех воспитанников пансиона, видавший государя в Царском Селе, — Булгаков узнал его и, встав с места, громко приветствовал: «Здравия желаю вашему величеству!» Все другие крайне изумились такой выходке товарища; сидевшие рядом с ним даже выразили вслух негодование на такое неуместное приветствие вошедшему «генералу»... Император, возвратившись в зал, излил весь свой гнев и на начальство наше, и на нас, с такою грозною энергией, какой нам никогда и не снилось. Пригрозив нам, он вышел и уехал».

Неудивительно, что сотоварищи Булгакова приняли его приветствие за шутливую выходку: именно шалости создали Константину Александровичу репутацию. Он и потом мог вместе с друзьями перевернуть будку, в которой находился спящий будочник, — причем перевернуть так, чтобы дверь оказалась внизу и выйти из будки без посторонней помощи было нельзя. Ухлестывая за юными актрисами, тайком влезал в их кареты — хотя туда не пускали никого из посторонних, не говоря уж о галантных гвардейцах. Устраивал кутежи на гауптвахте, частым гостем которой был.

А одной из его выходок начало положил Николай I: он заметил, будто бы офицеры гвардии стали носить слишком короткие сюртуки. Командующий гвардией великий князь Михаил Павлович отдал приказ о новой длине сюртуков, причем за норму был принят один только высокий рост.

Портные, поняв ошибку, стали шить сюртуки разной длины, соответственно росту заказчика. Но Булгаков, чей рост был заметно ниже среднего, потребовал от портного сшить сюртук в точном соответствии с приказом. В новом одеянии он и вышел погулять на Невском проспекте, вызывая смех окружающих. Повстречавшийся великий князь приказал ему было отправляться на гауптвахту, но Булгаков был наготове: достал из кармана приказ и убедил Михаила Павловича в своей правоте. Посмеявшись, князь освободил Булгакова от наказания и распорядился дополнить приказ тремя нормами длины...

ПОЖАЛУЙТЕ НА ЧАЙ!

На углу большого дома № 66, выходящего к Аничкову мосту, находится аптека. Это знаменитая Аничковская аптека — старейшая и многие годы крупнейшая в Петербурге. В дом на углу Невского и Фонтанки она переехала еще в начале XIX века и с той поры очень долго не уступала своего положения. В 1871 году, например, ее оборот составил 121 750 рецептов, тогда как результат ближайшего преследователя — аптеки на Невском, 28 — был вдвое меньше!

В «Сказе о тульском косом Левше и о стальной блохе» Аничковская аптека неожиданно всплывает на свет. Император Николай Павлович, нашедший в одной из дворцовых шкатулок непонятную блоху, решает вызвать специалиста.

«Позвали от Аничкина моста из противной аптеки химика, который на самых мелких весах яды взвешивал, и ему показали, а тот сейчас взял блоху, положил на язык и говорит: «Чувствую хлад, как от крепкого металла». А потом зубом ее слегка помял и объявил:

— Как вам угодно, а это не настоящая блоха, а нимфозория, и она сотворена из металла, и работа эта не наша, не русская.

Государь велел сейчас разузнать: откуда это и что такое означает?»

Дальнейшее действие повести известно; добавим лишь, что «противная» в этой цитате значит «противоположная», — ведь Николай Павлович жил тогда в Аничковом дворце.

Аничковская аптека не раз еще становилась местом действия литературных произведений: известны несколько водевилей, герои которых оказываются в ней. Стоит, правда, уточнить: если сейчас аптека находится на первом этаже дома, то в XIX столетии она занимала второй этаж. И вход в нее был не с угла, а со стороны Невского: это можно увидеть хотя бы на знаменитой «Панораме Невского проспекта», нарисованной в пушкинские годы Василием Садовниковым.

На этой панораме можно увидеть и еще одну достопримечательность тогдашнего дома: лавку «китайских чаев» купца Белкова. Это был первый чайный магазин города! До Белкова чаем торговали только в лавках Гостиного двора, да и популярность чая была в столице невелика. Только в пушкинское время этот напиток вошел в моду. И в какую моду! Не случайно один иностранец заметил тогда, что у нас «издерживается ужасное количество чаю». Тут-то и подоспел купец Белков со своей инициативой, а за ним поспешили другие его коллеги. На садовниковской панораме можно насчитать уже добрый десяток чайных магазинов — не считая гостинодворских...

Дом № 66 был капитально перестроен в середине XIX века. Тогда он превратился в доходный, с меблированными комнатами и многочисленными постояльцами.

А в феврале 1881 года на квартире одного из таких постояльцев, революционера Михаила Тригони, был арестован лидер «Народной воли» Андрей Желябов. Его взяли под стражу как раз накануне намеченного покушения на Александра II. Желябова заменила Софья Перовская; под ее руководством император и был убит...

И еще одна примечательная страничка истории. В начале XX столетия в первом этаже этого дома помещался крупный книжный магазин М.В. Попова — и именно сюда отдал Осип Мандельштам весь тираж своей первой книжки «Камень». Как вспоминал его младший брат Евгений, «время от времени брат посылал меня узнавать, сколько продано экземпляров, и, когда я сообщил, что раскуплено уже сорок две книжки, дома это было воспринято как праздник».

Настоящее признание Осипа Мандельштама было впереди — уже не за горами...

«ПО УЛИЦАМ СЛОНА ВОДИЛИ...»

Караванная улица, выходящая к Невскому за домом № 66, самим своим названием напоминает: в годы царствования Анны Иоанновны неподалеку отсюда находился Слоновый двор. Там обитали слоны, подаренные персидским шахом Надиром российскому двору, а с ними жили и погонщики, звавшие свои постройки караван-сараем.

Петербуржцы видели столь диковинных животных уже в третий раз. Первый слон был прислан еще Петру Великому тогдашним шахом Хусейном. Гулять животное водили на Невский, и вокруг слона собирались толпы горожан: «известно, что слоны в диковинку у нас». Вели себя петербуржцы шумно: смеялись, бранились, даже кидали в слона камни. Следствием чего стал указ о «неучинении помешательства слоновщику в провожании слона».

Петровский слон вообще был окружен заботой властей; его годовой рацион составлял ни много ни мало: «пшена соропчинского — 250 пудов, масла коровья — 48 пудов, патоки — тож, калачей — по 60 на день, сена — 1600 пудов, соли — 8 пудов, свечь — 2500, вина простого — 315 ведер, ренского — 315 бутылок».

Потом, правда, вскрылось, что употреблял простое вино (водку) по большей части слоновщик Гаврила Бабаецов. Служителя допросили; он сознался лишь, что «вина простого 4 ведра с пол ведром оное вино сам пил и солдатам давал за работу». Но вряд ли то был единичный случай: слона, судя по всему, объедали постоянно. Так что он не выдержал и — уже через три года помер.

Вскоре персы подарили Петру Великому еще одного слона. А при Анне Иоанновне шах Надир сделал монархине поистине царский подарок: сначала одного, а через несколько лет целых 14 слонов! Для них-то и был построен Слоновый двор у Фонтанки — большой, со специальным спуском к реке «всем слонам ради купания». Этим слонам тоже был положен изрядный рацион, хотя и другой, чем первому слону: сухой тростник вместо сена, рис, сахар, мука, а также «корицы, кордамону, мушкатных орехов — по 7 фунтов 58 золотников каждого сорта, шафрану — 1 фунт 68 золотников». Не обошлось и без спиртных напитков: в год на одного слона приходилось 40 ведер виноградного вина и 60 ведер водки.

Последний напиток слоны употребляли особенно разборчиво: слоновщик Ассатий подал даже жалобу начальству, что-де «к удовольствию слона водка неудобна, понеже явилась с пригарью и не крепка». Как сам Ассатий прознал о недостатках водки, документы умалчивают.

Слоны жили у Фонтанки до времен Елизаветы Петровны, которая распорядилась перевести их подальше от строящегося Аничкова дворца — туда, где мы уже были, в район нынешней площади Восстания...

Прежде чем перейти Караванную, сделаем по ней несколько шагов: на этой улице вполне достоин внимания дом № 26, второй от Невского. В пушкинские времена здание выглядело заметно скромнее, принадлежало графине Гурьевой — и жил в нем граф Карл Васильевич Нессельроде, управлявший иностранным ведомством России. В этот дом к графу являлись зарубежные дипломаты, прибывавшие в Петербург.

О Нессельроде писали и пишут разное. Нередко окрашивают его имя в уничижительные тона, именуют международным авантюристом, воплощением бездарности, льстецом и интриганом. Припоминают к слову внешность Карла Васильевича: он был очень маленького роста, почти что карлик.

Спору нет — Нессельроде не отличался выдающимися талантами. Был космополитом и не стеснялся признавать: «Мне нет дела до России, я служу государю». Но государю он служил преданно. Современники восхищались его умением «никогда не действовать слишком поспешно» и уверяли, что он вполне «заслужил имя искусного дипломата».

Дом у Невского — свидетель одного из дипломатических свершений Карла Васильевича. В 1824 году здесь собралась дипломатическая конференция России и Северо-Американских Соединенных Штатов, в ходе которой была определена граница между странами на севере Американского континента. Иными словами, граница Аляски.

Увы, через 43 года договор этот потерял смысл: правительство продало Аляску Америке. Но Нессельроде к этому времени не было во главе российской дипломатии. Он руководил ею до 1856 года, когда неудачный ход Крымской войны заставил его уйти в отставку. Канцлеру было тогда 76 лет!

КАК ЗАРАБОТАТЬ МИЛЛИОН

«Магазин шоколадной и бисквитной фабрики «Георг Ландрин»... предлагает почтеннейшей публике обратить внимание на громадный и изящный выбор картонажей, шоколадных и других яиц, букетов из сахара, на самый шоколад, конфеты и бисквиты всевозможных сортов».

Заманчивое предложение! Те петербуржцы, которые были готовы откликнуться на рекламу, приглашались направить свои стопы на Невский, 64: именно здесь помещался крупнейший из фирменных магазинов фабрики Ландрина.

Вообще в истории дома № 64 оставили след сразу три выходца из низов. И все они сумели добиться вершин в своем деле. Первым из этой троицы был Георг Ландрин.

Он прибыл в Петербург из Ревеля. Поработал учеником у кондитера Беранже, совладельца знаменитой лавки Вольфа и Беранже (к которой мы еще подойдем), стал там приказчиком. А потом решил создать свое дело.

Увы, самостоятельная жизнь оказалась неожиданно тяжела: «много в это время он видел нужды и горя». Ничто не приносило успеха, деньги иссякали. Наконец, Георг надумал варить из сахара и соков леденцы: сам варил их, сам разносил и продавал из-под полы в Гостином дворе.

Эти-то леденцы от Ландрина и пришлись покупателям по вкусу. И дело мало-помалу пошло в рост. У кондитера появилась фабрика, которая поставила производство леденцов на промышленную основу. Эффект был сокрушительный: «С 1856 года привоз леденцов из-за границы почти прекратился». А в русском языке появилось слово «монпансье»: его принес нам именно Ландрин...

Дальше была уже обычная судьба благополучного промышленника. Ландрин расширял производство, начал делать шоколад, получил звание «поставщика Императорского двора». Мечтал делать бисквиты, но не успел — помешала ранняя смерть. Впрочем, крупное дело без присмотра не останется: за работу взялась вдова Ландрина и запустила-таки бисквиты в производство. Так и получился у фирмы полный кондитерский ассортимент!

Между прочим, Владимир Гиляровский в известной своей книге «Москва и москвичи» рассказывает иную историю успеха Ландрина, ничего общего с реальной не имеющую. Якобы Ландрин был русским, и звали его Федором, и работал он поначалу в московской кондитерской Елисеева...

Но пора уже вспомнить и о еще одном выходце из низов. Александр Осипович Дранков происходил из провинциальной еврейской семьи, но в столице сумел пробиться быстро: стал модным столичным фотографом, парламентским фотокорреспондентом европейских газет. Но это была лишь прелюдия. Узнав о рождении кино, Дранков решил отдать все силы новому искусству. Как вспоминал его знакомый, «человек он был очень оборотистый... Он очень хорошо понимал, из какого куска дерьма можно сделать миллион».

Миллион Дранков сделал быстро: потому что поспевал быть первым. Первым в России снял игровой фильм — на сюжет народной песни «Из-за острова на стрежень». Первым показал кино царской семье. Первым снял на кинопленку Льва Толстого. Есть, кстати, примечательная легенда о том, как Лев Николаевич долго отказывался от съемок и как его переубедил Дранков. Со своим аппаратом он спрятался в дощатом туалете Ясной Поляны и приготовился снимать гуляющего Толстого через щель в досках. Действительность превзошла ожидания: появившийся граф направился прямиком в сортир. Правда, попасть туда не смог, только зря дергал ручку двери. После этого Дранков показал свою запись Толстому и его домочадцам и под всеобщий хохот получил право снимать кинохронику...

На волне успеха Дранков открыл контору против Аничкова дворца, в доме № 64 по Невскому. «На этой конторе была вывеска гигантских размеров, такой вывески я в жизни не видел, и было написано: «Акционерное общество А.О. Дранков и К^{О}»...» В то благополучное время Александр Осипович вел себя по-барски и заложил, среди прочего, одну сомнительную кинотрадицию: «Все начинающие киноактрисы не должны были миновать его спальни (если можно так мягко выразиться). И каждая была в нем заинтересована, потому что мечтала стать королевой экрана... Это никогда не удавалось, так как Дранков, как правило, их не снимал».

Но уже скоро дела Дранкова пошли на спад. У него появились серьезные конкуренты, а сам Александр Осипович слишком много тратил денег, слишком беспорядочно вел дела. Впрочем, еще один раз удача ему все-таки улыбнулась: шестисерийная картина «Сонька Золотая Ручка» приобрела безумную популярность.

Революция поставила крест на кинокарьере Дранкова: он эмигрировал в Константинополь, где устраивал тараканьи бега, а затем перебрался в США...

Закрылся в революционные годы и магазин Ландрина на Невском, 64. На смену ему здесь появились два заведения, тесно связанные с еще одним выходцем из низов — Алексеем Максимовичем Горьким. Именно в этом доме издавалась легендарная газета «Новая жизнь», созданная Горьким. Выступала она против большевиков, печатала горьковские «Несвоевременные мысли» и другие весьма энергичные статьи. Вот только несколько фраз из нее за конец 1917 года:

«Ленин вождь... а потому он считает себя вправе проделать с русским народом жестокий опыт, заранее обреченный на неудачу».

«Жизнь, во всей ее сложности, неведома Ленину, он не знает народной массы, не жил с ней, но он — по книжкам — узнал, чем можно поднять эту массу на дыбы, чем — всего легче — разъярить ее инстинкты. Рабочий класс для Ленина то же, что для металлиста руда...»

«Я особенно подозрительно, особенно недоверчиво отношусь к русскому человеку у власти, — недавний раб, он становится самым разнузданным деспотом, как только приобретает возможность быть владыкой ближнего своего».

Немудрено, что после всех уничтожающих характеристик горьковская газета была закрыта. Самого Горького, правда, власти не тронули. Более того: позволили ему стать влиятельной фигурой в новой России. Именно благодаря этому на Невском, 64 было открыто знаменитое издательство «Всемирная литература», основанное при участии того же Горького и давшее в голодные революционные годы работу множеству писателей и переводчиков, включая Блока, Чуковского, Гумилева, Замятина и многих других...

ИЗ ЖИЗНИ ДЕНЕЖНЫХ МЕШКОВ

Внушительный каменный дом № 62 по Невскому связан был в прошлом с деньгами. Большими деньгами! Даже в XIX веке, когда на месте этого солидного строения стоял небольшой особняк, жил в нем известный богач, внучатый племянник князя Потемкина-Таврического — тоже Потемкин, но граф.

Граф Сергей Павлович был в пушкинское время одним из самых горячих театралов обеих столиц и участвовал во всех проказах светской молодежи. Московское житье графа закончилось после одного театрального скандала, когда полиция посадила его под арест на «съезжую». Чтобы пребывание под стражей не было скучным, Потемкин велел доставить себе всю домашнюю обстановку и взялся устраивать пиры. Но как только его освободили из-под стражи, он покинул Москву и переехал в Петербург.

Память о хлебосольстве графа надолго сохранилась в Северной столице. Остался он и страстным поклонником театра: еще в середине XIX века его ежедневно видели в первом ряду кресел Александринского театра. Благо ходить было ему недалеко — через Невский...

После смерти Потемкина дом сменил хозяев, а в конце XIX века здание перестроили для Северного банка. А после некоторых перемен здесь поселился Русско-Азиатский банк — крупнейший в старой России. Мало того что оборот его перед Первой мировой достигал громадной по тех временем суммы в 60 миллиардов рублей — в руках банка находилась большая часть нефтяных и военных предприятий России. Любопытно, что при всем этом (и вопреки названию) контролировали банк французские акционеры.

И все-таки повседневно управлял банком вовсе не француз — Алексей Путилов, однофамилец, но не родственник знаменитого создателя Путиловского завода. Своему главе и был обязан банк процветанием.

Об Алексее Ивановиче ходили легенды. Он был настоящим чудаком, целиком и полностью сосредоточенным на работе. В отличие от других банкиров не обращал внимания на свой внешний вид (носил старый сюртук), не увлекался театром, азартными играми, женщинами. Вообще не любил развлечения. Зато состоял членом правления девятнадцати крупных предприятий. И реформировал, в частности, Путиловский завод, превратив его в настоящего монстра артиллерийской промышленности. В годы Первой мировой это принесло заводу огромные прибыли.

У Путилова было чутье не только на деньги, но и на политические перемены. Еще весной 1915 года он предсказывал события 1917-го: «От буржуазной революции мы тотчас перейдем к революции рабочей, а немного спустя к революции крестьянской. Тогда начнется ужасная анархия, бесконечная анархия... анархия на десять лет... Мы увидим вновь времена Пугачева, а может быть, и еще худшие...»

Приход большевиков к власти оправдал предчувствия Алексея Ивановича. За день до наступления 1918 года Совнарком конфисковал все его имущество.

Был национализирован и Русско-Азиатский банк — с одним, правда, существенным исключением: парижское его отделение осталось в целости и сохранности. Это отделение Путилов и возглавил, и провел во Франции остаток своей жизни, помогая белогвардейцам и несказанно жалея о старой России.

ДВОЙНИК

Эта история случилась в середине 1840-х годов с князем Петром Андреевичем Вяземским, другом Пушкина, поэтом и камергером двора.

«Однажды я ночью возвращался в свою квартиру на Невском проспекте у Аничкова моста и увидел яркий свет в окнах своего кабинета. Не зная, отчего он тут, вхожу в дом и спрашиваю своего слугу: «Кто в моем кабинете?»

Слуга сказал мне: «Там нет никого» — и подал мне ключ от этой комнаты. Я отпер кабинет, вошел туда и увидел, что в глубине этой комнаты сидит задом какой-то человек и что-то пишет. Я подошел к нему и, из-за плеча его, прочитал написанное, громко крикнул, схватился за грудь свою и упал без чувств; когда же очнулся, уже не видел писавшего, а написанное им взял, скрыл и до сей поры таю, а перед смертью прикажу положить со мной в гроб и могилу эту тайну мою. Кажется, я видел самого себя пишущего».

Мистический случай произошел в доме № 60 по Невскому проспекту, принадлежавшем в ту пору княгине Голицыной. Раз уж мы вспомнили о двойниках, то прибавим заодно, что и в «Двойнике» Достоевского господин Голядкин встречается со своим двойником на Невском — в одном из ресторанов. «В дверях, которые, между прочим, герой наш принимал доселе за зеркало, стоял один человечек, стоял он, стоял сам господин Голядкин, — не старый господин Голядкин, не герой нашей повести, а другой господин Голядкин, новый господин Голядкин»...

История дома № 60 небогата яркими событиями; помимо происшествия с Вяземским можно вспомнить лишь одно: на исходе 1913 года во дворе его открылся 800-местный кинотеатр «Пикадилли» — «первый в России по удобству, роскоши отделки синематеатр».

Владимир Набоков бывал в этом кинотеатре через год с небольшим после его открытия. Обширная, но весьма красочная цитата из его мемуаров достойна того, чтобы привести ее почти полностью.

«Под вечер мы часто скрывались в последний ряд одного из кинематографов на Невском, «Пикадилли» или «Паризиана». Фильмовая техника несомненно шла вперед. Уже тогда, в 1915 году, были попытки усовершенствовать иллюзию внесением красок и звуков: морские волны, окрашенные в нездоровый синий цвет, бежали и разбивались об ультрамариновую скалу... специальная машина занималась звукоподражанием, издавая шипенье, которое почему-то никогда не могло остановиться одновременно с морской картиной, а

Вид Невского проспекта и Аничкова дворца на Пасху 11 апреля 1848 года. Акварель В.С. Садовникова. 1848 г.

всегда продолжалось еще две-три секунды, когда уже мигала следующая: бодренькие похороны под дождем в Париже или хилые оборванные военнопленные с подчеркнуто нарядными нашими молодцами, захватившими их. Довольно часто почему-то названием боевика служила целая цитата, вроде «Отцвели уж давно хризантемы в саду», или «И сердцем, как куклой, играя, он сердце, как куклу, разбил», или еще «Не подходите к ней с вопросами» (причем начиналось с того, что двое слишком любознательных интеллигентов с накладными бородками вдруг вскакивали со скамьи на бульваре, имени Достоевского скорее чем Блока, и, жестикулируя, теснили какую-то испуганную даму, подходя к ней, значит, с вопросами). В те годы у звезд женского пола были низкие лобики, роскошные брови, размашисто подведенные глаза...»

Набоковский комментарий к старому немому кино можно пояснить и дополнить. Репертуар кинотеатров строился тогда примерно по одной схеме. В качестве познавательной части — документальный киножурнал. Гвоздь программы — «боевик», только не в нынешнем, а в былом понимании этого слова: художественный фильм, способный дать хорошие сборы. Пожалуй, чаще всего «боевиками» становились мелодрамы. А владельцы кинематографов анонсировали: «Редко драматические моменты и художественная игра артистов невольно заставляют зрителя с напряженным вниманием следить не отрываясь за всеми моментами». Яснее не бывает.

...Несмотря на машины для «звукоподражания», кинотеатры и тогда и позже не могли обойтись без таперов — пианистов-иллюстраторов. Большие кинотеатры (и «Пикадилли» в их числе) нанимали даже оркестры, приглашали хороших дирижеров. В «Пикадилли» однажды дирижировал директор консерватории Александр Глазунов.

В 1920-х годах довелось поработать в «Пикадилли» и студенту консерватории Дмитрию Шостаковичу: он играл в здешнем оркестре, подбирал для него музыку. Молодой композитор бедствовал тогда после смерти отца, а потому подрабатывал не только в «Пикадилли», но и в других кинотеатрах Петрограда — где оркестрантом, а где и тапером. Не обходилось без казусов: случалось, что его импровизации звучали столь авангардно, что отвлекали зрителей от экрана, и это вызывало недовольство киноделъцов...

Кинотеатр работает в доме № 60 и сегодня — только уже под названием «Аврора», полученным аккурат в 15-ю годовщину Октябрьской революции...

КРАСИВЫЙ ВИД, УЖАСНАЯ СМЕРТЬ

Гостиниц на Невском проспекте всегда было предостаточно. И отель «Бель-Вю», принадлежавший господину Ю. Ломачу и помещавшийся в доме № 58 по Невскому проспекту, не принадлежал к числу самых известных. Хотя считался заведением вполне изысканным, отчасти даже роскошным — тем более что и вид из окон заведения открывался замечательный, прямо на Александринский театр. В полном смысле слова Belle Vue (по-французски — красивый вид)!

Именно в этой гостинице случилось событие, долгое время обсуждавшееся всей петербургской прессой.

Начать можно традиционно: в полдень 19 сентября 1873 года в гостиницу «Бель-Вю» прибыл новый постоялец. Снял он номер на несколько дней, затем отправился в город, к вечеру вернулся, но уже не один — с дамой, которую называл своей женой.

А около полуночи в номере этого постояльца грянули выстрелы — и в коридор выскочила его окровавленная, тяжелораненая спутница. Коридорные поспешили на помощь, отвели даму обратно в номер — и обнаружили там застрелившегося мужчину. Вызвали полицию. Дама была еще в сознании. Тут только и выяснилось, кто были постояльцы. Он — 40-летний холостяк, кандидат права Тимофей Комаров. Она — 33-летняя Анна Суворина, жена знаменитого журналиста Алексея Суворина и мать пятерых детей, самому младшему из которых было 4 месяца.

Раненую отправили в Мариинскую больницу, но по дороге она умерла. Началось следствие. Начали свое расследование и журналисты — особенно из популярных «желтых» газет, которых и тогда в столице хватало. Внешние обстоятельства драмы выглядели вполне благопристойно: Комаров был другом семьи Сувориных и собирался отбыть надолго в Европу, в связи с чем решил устроить прощальный ужин. Алексей Сергеевич на этот ужин тоже собирался, но его задержали газетные дела. А когда он освободился, было уже поздно...

Такая версия, однако, устроила не всех — тем более что она никак не объясняла причины выстрелов. Проницательные умы предположили другое: между двумя погибшими была любовная связь. Энергичная газета «Новости» не преминула отдать этой версии должное. «Как сказал нам владелец гостиницы «Бель-Вю», г. Ломач, в нумере, который был занят г. Комаровым, в момент убийства все было в совершенном порядке и постели не тронуты». Вроде бы и опровержение дано, но и намек уж больно прозрачный...

Любовная версия, кажется, и утвердилась в качестве основной. А взволнованная пресса не ограничилась подробностями самого происшествия, но и ударилась в обобщения. Особенно долго рассуждали журналисты о самоубийствах. «Самоубийства у нас в последние годы — точно холера, забравшаяся в гнилое место, нарочно устроенное для ее постоянной поддержки».

Отдал дань этой теме и Алексей Суворин. Только не сразу, а через год, когда снова вернулся к активной работе журналиста.

Что же до дома № 58, то нынешний свой облик он приобрел позже — в самом конце XIX столетия, когда попал в руки Международного коммерческого банка.

САД, В КОТОРОМ ПЕЛА ШУЛЬЖЕНКО

Сад отдыха. Это простое название было знакомо не одному поколению ленинградцев: именно так четыре десятилетия именовался сад Аничкова дворца.

До революции этот сад служил только членам царской фамилии и их окружению. Александр II, например, любил прогуляться здесь по утрам со своей собакой и приезжал сюда даже из Зимнего дворца. Лишь иногда допускали в сад посторонних — как правило, «детей, сопровождаемых взрослыми». Разумеется, детей из приличных семейств...

Прочим детям сад стал доступен только с пришествием революции. В августе 1917 года Городская дума постановила принять его в ведение города — с тем как раз условием, что сад будет предоставлен «только для посещения детей».

Благое намерение! Только вот детский свой «профиль» сад сохранял недолго. Причиной тому стало... сложное экономическое положение питерской филармонии.

Открытая в 1921 году Петроградская филармония терпела поначалу серьезные убытки. Государство поддержать деньгами не могло: само было небогато. Выйти из тупика помог сад. Его предоставили филармонии для эксплуатации — с тем, чтобы она могла устраивать тут летние концерты и пополнять тем свой бюджет.

Филармония взялась за дело рьяно. В первый свой садовый сезон, летом 1923 года, она устроила тут сорок два концерта. Участвовали в них упомянутый недавно Александр Глазунов, популярный тенор Николай Печковский, другие звезды музыкального Ленинграда.

На следующее лето филармония не только провела новые концерты, но и возвела в саду крытый театр на 1300 мест — чтобы доходы меньше зависели от превратностей погоды. А дабы прибыль была еще стабильнее, решено было допустить в сад эстраду, а большой театр сдать в аренду «Музыкальной комедии».

Так начал свою жизнь Сад отдыха.

Из этого же самого времени — забавная деталь, подмеченная тогда журналом «Жизнь искусства». «На афише одного из концертов в Саду отдыха было напечатано: «Соло на апельсиновом рожке исполнит такой-то». Очевидно, речь шла об английском рожке». Опечатка вовсе не случайна: именно весной 1924-го впервые после революции апельсины заполонили город. «Теперь все едят апельсины, — писала вечерняя «Красная газета». — И едят их многие из тех, кто до сегодня никогда их не пробовал...»

...Со временем популярность Сада отдыха только возрастала. Публика встречала здесь звезд не только классической музыки, но и эстрады. Летом 1930 года, например, здесь выступали Исаак Дунаевский (дирижировал оркестром), Клавдия Шульженко (с «жанровыми песнями»), Александр Менакер (с «теа-фельетоном»). В том же году здесь впервые предстал перед ленинградской публикой прославленный кукловод Сергей Образцов...

Кто еще выступал в Саду отдыха — не только в 1930-м, но и в другие годы? Любовь Дельмас, знаменитая блоковская «Кармен». Молодой Аркадий Райкин. Леонид Утесов — и соло, и со своим оркестром.

Рождение Дворца пионеров Сад отдыха пережил благополучно. Был найден компромисс: днем в летнем театре шли детские концерты, а летними вечерами — представления для взрослых. Устраивались в саду и народные празднества — карнавалы, гулянья...

Лишь война заставила Сад отдыха смолкнуть. Но потом снова были концерты.

А в 1967 году (год 50-летия Октября) Ленгорисполком решил-таки окончательно отдать сад детям. Так Сад отдыха перестал существовать.

ПРЕДПРИИМЧИВЫЕ СУПРУГИ

Миновав сад Аничкова дворца, мы выходим на площадь Островского. Здесь есть на что бросить взгляд! В глубине площади стоит Александринский театр, в центре — Екатерининский сквер с памятником Екатерине II, а справа — здания Публичной библиотеки. Все достопримечательности достойны отдельных рассказов, а значит, на площади нам придется задержаться.

Очередной наш экскурс в прошлое начнем с цитаты.

«В тусклый, туманный октябрьский день 1845 года к скверу подъехала маленькая избушка на колесах, и из нее выскочила не старая-престарая баба-яга, а хорошенькая молодая голландка в национальном костюме. На избушке, которая остановилась посреди сквера, было написано большими буквами: «Голландские вафли», и молоденькая голландка стала печь эти вафли и предлагала их «скушать», приветливо улыбаясь. Эта затея пришлась по вкусу петербуржцам, и хорошенькая голландка Софья Тер-Реген, уроженка города Гроннинген в Голландии, торговала очень бойко, так что, по словам газеты того времени, с утра до вечера перед фургоном стояли экипажи, а в домик было трудно пробраться».

Так сообщает историк Петр Николаевич Столпянский. Сам он с голландкой знаком не был, а потому описывал ее внешность со слов современников. Скажем, чиновника Бутурлина, назвавшего Софью «весьма представительной и даже величавой» особой с руками «алебастровой белизны». Или другого петербуржца, который энергично написал: «Прекрасная, преаппетитная баба!» Только вот нюанс: величавая и аппетитная дама не обязательно является хорошенькой. Это, как говорится в Одессе, две большие разницы.

Софья Гебгардт. Гравюра по фотографии 1880-х гг.

Единственная сохранившаяся фотография Софьи со словом «красота» никак не сопоставима. Конечно, снимок сделан был в преклонные ее годы — но все ж таки следы былой красоты сохраниться могли. Но не сохранились. Единственное, что видно, — это что голландка и вправду была дамой представительной, статной.

Впрочем, довольно о внешних данных. Была или нет Софья Тер-Реген красавицей, на современников она произвела выгодное впечатление. В том числе на немца Юлиуса Гебгардта — купца второй гильдии, представлявшегося иногда еще и доктором зоологии.

Карьера Гебгардта до встречи с молодой голландкой была блистательна. Прославился он в России в качестве антрепренера Юлии Пастраны, знаменитой бородатой женщины. Лицо Юлии, сплошь поросшее густой шерстью, напоминало обезьянье — и охочая до диковин публика с восторгом созерцала это чудо природы. Роли «вожатого» бородатой дамы показалось, видимо, Гебгардту мало: он стал ее любовником. На беду, при родах Юлия умерла, а расстроенный Юлиус отдал ее тело (и тело мертворожденного своего ребенка) в один из московских музеев.

Неудача его не сломила. Шагом к новым свершениям стал брак с предприимчивой Софьей Тер-Реген. Теперь у них была одна общая карьера, и весьма успешная: чуть ли не каждый год супруги Гебгардты предлагали веселящимся петербуржцам что-нибудь новенькое. То театр, то танцклассы, манеж для верховой езды, то «анатомический музей».

А когда был выстроен на Невском роскошный Пассаж, Гебгардты открыли там небольшой зверинец — тот самый, который запечатлен в юмористическом рассказе Достоевского «Крокодил».

«Вступив в небольшую комнату, мы заметили, что в ней кроме крокодила заключаются еще попугаи из иностранной породы какаду и, сверх того, группа обезьян в особом шкафу в углублении. У самого же входа, у левой стены, стоял большой жестяной ящик в виде как бы ванны, накрытый крепкою железною сеткой, а на дне его было на вершок воды. В этой-то мелководной луже сохранялся огромнейший крокодил, лежавший, как бревно, совершенно без движения и, видимо, лишившийся всех своих способностей от нашего сырого и негостеприимного для иностранцев климата».

Этот свой рассказ Достоевский не завершил, но вообще-то действие его было весьма драматическое: крокодил проглотил одного из посетителей...

После зверинца в Пассаже Гебгардты решили поставить дело на широкую ногу и открыть в столице России большой зоопарк. Власти пошли навстречу: в Александровском парке у Невы супругам был бесплатно выделен участок, его обнесли забором — и стройка понеслась вперед. По слухам, с бесплатным участком особенно помог один из великих князей, который состоял с Софьей в связи. Некоторые кивали и на благосклонность императора Александра II: случайно ли он подарил новому зоопарку аж двух слонов?

Летом 1865 года заведение открылось. Пресса изливала восторги: «Все очень красиво и мило устроено, очень красивые и прочные домики для гусей, козлов, львов... У всех на дому есть подпись — кто тут живет. Нам понравился очень белый павлин и еще другой с ужасно длинным хвостом». В новый зоопарк переехал знаменитый пассажный крокодил. Потом Гебгардты купили медведей, тигров, львов, броненосца и многих других животных. Устроили молочную ферму с буфетом, возвели эстраду для оркестра. Словом, сделали все для привлечения публики.

Благополучие? Однако шесть лет спустя Софью ждало серьезное испытание: отправившись за животными в Германию, Юлиус подхватил холеру и умер. 60-летняя вдова горевала сильно. Но недолго. Брак с немцем Эрнестом Ростом, который был моложе ее ровно вдвое, вернул Софье покой. Тем более, что новый муж оказался вполне предприимчив и окончательно превратил зоопарк в процветающее заведение — не только зоологическое, но и развлекательное, с ресторанами, представлениями и выставками.

«В настоящее время зоологическая сторона этого увеселительного места как-то сама собой отошла в сторону... На открытой сцене здесь найдешь чего душеньке угодно. И японцы с веерами, и геркулесы, перебрасывающиеся слонами, как резиновыми мячиками, и страшно зубастый человек. Боже сохрани дать такие зубы теще! Но особенно увлекательны мимико-комические представления с колоссальными мордобитиями... Публика здесь избело серая. Гул лущимых «семячек» не смолкает. «Этими дамами» — хоть пруд пруди. Буфет торгует шибко». Так писал о зоопарке Гебгардт—Роста популярный в XIX веке юмористический журнал «Стрекоза».

До самой кончины Софья Гебгардт в согласии с Ростом управляла зоопарком. И, несмотря на развлекательный уклон, не стоит забывать: именно в их заведении жители столицы впервые увидели жирафа, орангутана, шимпанзе и муравьеда...

ВСТРЕТИМСЯ У КАТЬКИ

Памятник Екатерине II — особенный во многих отношениях. Единственный в старом Петербурге памятник монархине (монархи не в счет). Единственный, где первое лицо государства окружено своими многочисленными подданными. Один из немногих питерских монументов, не укрывавшихся в годы блокады.

Вот из воспоминаний писателя Льва Успенского: «Памятник этот не был в начале войны обложен мешками с землей, не был убран в какую-нибудь траншею. «Фелица» в своей тяжелой порфире осталась стоять под снегами и ветрами, под бомбежками и обстрелами сорок первого, сорок второго, сорок третьего годов. С Алексеем Орловым, с Безбородко, с миловидной Дашковой, сим любезным президентом Академии наук, с полководцами Суворовым, Румянцевым и светлейшим Потемкиным. Она освещалась то безжалостной блокадной луной, то холодным светом «люстр», которые немецкие разведчики подвешивали над городом перед бомбежками. И мы, блокадники, часто проходили у ее подножия. Из всех крупных скульптур Невского проспекта она единственная «не спустилась в убежище».

И это нравилось нам, блокадникам. Она жила вместе с нами».

...Вообще-то памятник Екатерине II хотели ставить еще в первые годы ее правления. Подобострастные сенаторы даже вынесли об этом особое решение, но «матушка» решительно наложила свое вето. Сочла, что время для монумента еще не пришло.

Да и в XIX столетии не все в судьбе памятника складывалось гладко. Вначале решили поставить бронзовую императрицу в Царском Селе — именно на этот случай молодой скульптор Михаил Микешин составил свой проект. Однако затем власти передумали: нашли более подходящим место перед Александринским театром. Пришлось Микешину переделывать проект. А потом переделывать еще и еще раз — у царского двора, у Академии художеств было множество ценных соображений, которые надлежало учесть.

Особые толки возникли вокруг списка екатерининских приближенных, коим дозволялось встать рядом с монархиней. Вначале спутников у царицы было пятеро — Державин, Григорий Орлов, Потемкин, Румянцев, Суворов. Потом Городская дума выдвинула кандидатуру Ивана Бецкого,

Памятник императрице Екатерине II. С открытки начала XX в.

создателя многих воспитательных заведений. Двору пришелся не по вкусу Григорий Орлов, и его заменили братом — Алексеем Орловым-Чесменским (альковные успехи того были не так велики, зато государственные — вполне ощутимы). Появились в окружении царицы и еще три персоны — Чичагов, Безбородко и Дашкова...

Десять с лишним лет длились обсуждения, дискуссии, переделки. Наконец осенью 1873 года памятник открыли — торжественно, под гром салюта.

С этой самой поры Екатерининский сквер стал излюбленным местом встреч петербургской публики. Притом публики самой разной. Известно, что в начале XX века здесь была постоянно действующая «выставка продажной красоты» — причем выставляли свою красоту особы как женского, так и мужского пола. Собирались здесь революционеры, назначали встречи обычные горожане...

Екатерининский сквер популярен и сегодня. Только зовут его обычно фамильярно — «Катькин садик». Так вот городской фольклор превратил императрицу Екатерину Великую в обычную Катьку.

ИМПЕРАТОРСКАЯ ДРАМА

Александринский театр. За 160 лет жизнь его изобиловала скандалами и шумными успехами, актерскими триумфами и провалами. Рассказать историю этого театра даже вкратце невозможно; напомним для начала, что строил его великий зодчий Карл Росси — и он же был создателем всей площади вокруг Александринки. Увы, замысел Росси не устоял перед натиском времени: прежде театр стоял в центре большой открытой площади, окруженный созвучными ему строениями, — а позже здесь пышно разросся сквер, появились памятник Екатерине и громоздкие здания в «русском» стиле. Что осталось от первоначального ансамбля? Театр, здание Публичной библиотеки, Театральная улица за театром да два небольших павильона в саду Аничкова дворца, которые так и принято называть — павильонами Росси.

Для Росси строительство Александринского театра было делом, полным волнений. На одном из этапов, например, возник спор о надежности металлических перекрытий, задуманных Карлом Ивановичем и инженером Кларком. Было устроено разбирательство, а взволнованный Росси давал письменные объяснения. Обещал, что «от упомянутой крыши не произойдет ни малейшего несчастья». И брал на себя всю ответственность: «В случае, когда бы в упомянутом здании от устройства металлических крыш произошло какое-нибудь несчастье, то в пример для других пусть тот же час повесят меня на одной из стропил театра». Но еще не скоро конструкциям России и Кларка был дан зеленый свет...

А когда Карл Иванович уже возвел театр, между ним и начальством случилась новая стычка. Накануне открытия Александринки театральная дирекция решила предоставить архитектору «безденежное кресло». Росси вознегодовал: «Как? Архитектору Модюи за возобновление Большого театра дали ложу, а мне — только кресло?! Не нужно мне кресла!» Об отказе доложили царю, который разрешил

Александринский театр.
Рисунок из книги «Живописная Россия»

предоставить и Росси «по смерть его» персональную ложу во втором ярусе.

Спустя много лет, когда зодчий постарел и нуждался в деньгах, он обратился к дирекции театров с просьбой: взамен ложи выдать ему некоторую сумму. Чиновники отказались. Росси начал было сам, через посредника, продавать билеты в свою ложу — но власти это заметили и сделали зодчему строгое внушение. Более того: предупредили, что за такую торговлю ложу могут отобрать вовсе.

Пришлось Росси отказаться от приработка, который сулил быть неплохим. Билеты на ходовые спектакли Александринки разлетались ведь стремительно; не случайно у Гоголя можно найти такое красочное описание:

«Если вы будете гулять по Невскому проспекту в свежее морозное утро... зайдите в это время в сени Александринского театра: вы будете поражены упорным терпением, с которым собравшийся народ осаждает грудью раздавателя билетов, высовывающего одну руку свою из окошка. Сколько толпится там лакеев всякого рода... Тут протираются и те чиновники, которым чистят сапоги кухарки и которым некого послать за билетом. Тут увидите, как прямо русский герой, потеряв наконец терпение, доходит, к необыкновенному изумлению, по плечам всей толпы к

Невский проспект в 1870 году.
Рисунок из книги «Живописная Россия»

окошку и получает билет. Тогда только вы узнаете, в какой степени видна у нас любовь к театру».

Любовь к театру у нас и вправду была сильна. Тем более, что императорская русская драма, размещавшаяся в Александринке, играла не только драматические, но и вполне комические спектакли — прежде всего водевили, которые были в большой моде. И хотя великосветские зрители предпочитали спектакли французской труппы, игравшей в Михайловском театре, была и в Александринке своя преданная публика — прежде всего купцы, средней руки чиновники. Но и другие горожане тоже, от писарей до камергеров двора.

Захаживали в этот театр и августейшие зрители — чаще всего в дни премьер. Николай I, например, смотрел здесь гоголевского «Ревизора» и остался весьма доволен. А после спектаклей Николай Павлович любил пройти в закулисье Александринки — и некоторые подробности этих его визитов запечатлел хронописец питерских театров Александр Вольф. Одна из историй связана с замечательным артистом Александринки Александром Мартыновым.

Портрет К.И. Росси. Художник Б. Митуар. До 1830 г.

«Покойный государь, — повествует Вольф, — любил Мартынова и заставлял его иногда представлять кого-нибудь из известных лиц. Один раз государь потребовал, чтобы Александр Евстафьевич его самого представил. Тот долго отнекивался, но наконец принял обычную позу государя, заложил большой палец правой руки за нижнюю пуговицу и громким голосом сказал стоявшему тут министру двора: «Волконский, дать Мартынову тысячу рублей из Кабинета за его ревностно-усердную службу». Эффект вышел поразительный! Все присутствующие переглянулись, не зная, как государь примет эту выходку, но его величество рассмеялся и, обращаясь к князю Волконскому, изволил сказать: «Исполнить в точности мое приказание, переданное тебе Мартыновым».

Таких «исторических анекдотов» тиражировалось прежде немало. Все они были добродушны, даже умильны: укрепляли любовь к монарху, показывая, как он прост в общении. Хотя доля правды в этих анекдотах не особенно велика: не случайно в точности такой же поступок приписывали другому корифею Александринского театра — Василию Каратыгину...

ОТЕЦ РОССИИ

Император Николай Павлович удостоился отчего-то небывалого числа «исторических анекдотов», в чем превзошел и своего великого пращура Петра Первого. И раз уж мы вспомнили один из таких анекдотов, расскажем заодно и другие, с театром не связанные.

«Прогуливаясь раз по Невскому, император встречает студента, одетого не по форме и возвращавшегося, как оказалось потом, с попойки. Шинель он накинул на плечи, шляпу ухарски сдвинул на затылок... Заметив столь неприятные ему признаки неряшливости, суровый государь остановил студента с вопросом:

— На кого ты похож?!

Студент же, с перепою не поняв сделанного ему вопроса, ответил робко:

— На маменьку!»

Другая история:

«На одной из гауптвахт Петербурга содержались за проступки два офицера: гвардеец и моряк. Первый из них, договорившись с караулом (где был его приятель), сбежал на несколько часов домой, а моряк остался в заключении. Недовольный и обиженный, он сделал донос об отпуске арестанта. Гвардейца и его приятеля предали военному суду, который приговорил их к разжалованию в солдаты. Но император Николай наложил на решение такую резолюцию: «Гвардейских офицеров перевести в армию, а морскому за донос дать в награду третное жалованье, с прописанием в формуляре, за что именно он эту награду получил».

Исторические анекдоты призваны были показывать отеческую суровость и милосердие монарха. Еще пример: перед самой императорской каретой Невский перебегает какой-то человек; его задерживают; оказывается, что он спешит к жене, трудно рожавшей; царь прощает и ободряет его. Вывод рассказчика: «Этот случай был началом счастья для новорожденного и всей его семьи». Таких историй рассказывалось множество.

Вот еще одна — в нашем рассказе последняя. «Государь посещал один из полков гвардии. На фланге стоял кадет головой выше императора. Николай Павлович обратил на него внимание.

— Как твоя фамилия? — спросил он у молодца.

— Романов, ваше величество.

— Никак родственник мне, — изволил пошутить государь.

— Точно так, ваше величество, — отрапортовал гвардеец.

— И в какой же степени? — Император пристально взглянул на отвечающего.

— Ваше величество — отец России, а я — сын ея!

Император, в умилении, изволил милостиво расцеловать своего «внука»...»

ДЕЛО БОГОСЛОВА ПИХЛЕРА

О Публичной библиотеке, фасады которой тянутся вдоль площади Островского, можно писать много. Хотя бы потому, что здесь — крупнейшее в мире собрание русских книг. Или потому, что в Публичке сорок лет проработал Иван Андреевич Крылов, великий баснописец и замечательный оригинал. Причин можно назвать множество, но мы все-таки не станем углубляться в дебри библиотечной истории, а ограничимся лишь одним сюжетом из нее.

Год 1869-й.

События начались таинственно. С полок библиотеки стали пропадать книги, причем их недосчитывались неожиданно и помногу. В один «прекрасный» день библиотекарь читального зала отправился за томом Вольтера и обнаружил, что все 70 томов вольтеровского собрания отсутствуют.

Версии выдвигались разные. Ходили даже слухи о привидениях, таскающих книги. Трудно было поверить, что

Невский проспект у Публичной библиотеки.
Гравюра С.Ф. Галактионова по рисунку П.П. Свиньина. 1810-е гг.

кто-то из читателей мог выносить бесценные издания в таких количествах. Впрочем, привидения как гипотезу решили все-таки сразу откинуть: надо было искать «книголюба» среди людей. И прежде всего сотрудников, некоторые из которых имели право брать книги на дом.

Заведовавший читальным залом Василий Иванович Собольщиков был проницательным человеком. Подозрения его сразу обратились на одного из сотрудников библиотеки, служившего в ней совсем недавно и отличавшегося странностями в поведении. Это был 36-летний доктор богословия, капеллан и член Мюнхенской академии наук Алоизий Пихлер.

«Человек выше среднего роста, брюнет, с симпатичной наружностью... держит себя развязно, объясняется чрезвычайно пространно, по временам входит в пафос» — такой портрет Пихлера оставил один из современников.

Доктор Пихлер происходил из очень бедной семьи, однако отличные способности позволили ему достичь успехов в богословии и положения по службе. А поскольку в печатных трудах Пихлера были замечены симпатии

Читальный зал в Императорской Публичной библиотеке. Рисунок из книги «Живописная Россия»

к православию, ученого немца пригласили на службу в Россию.

В Петербург Алоизий Пихлер прибыл летом 1869 года и сразу был принят в светском обществе. В Публичке ему предоставили сверхштатное место старшего библиотекаря по отделению богословия с жалованьем в 3000 рублей и с правом бесконтрольного пользования книгами.

Служба Пихлера началась; многие сослуживцы отзывались о нем в превосходных степенях. Директор библиотеки граф Делянов уверял, что доверяет Пихлеру, как самому себе. Да и как было не доверять человеку, выполнявшему тайные поручения Министерства внутренних дел России!

Но уже с августа 1869 года в поведении доктора Алоизия стали замечаться странности. Он входил в залы в пальто и калошах, жалуясь на холод; по нескольку раз в день отправлялся домой и возвращался обратно; книги не читал внимательно, а только просматривал. Коллеги поначалу относили это на счет творческой отрешенности от мира сего. Когда стали обнаруживаться пропажи, Пихлер был вне подозрений; он даже участвовал в поиске вора, называя возможные кандидатуры и уверяя, что такое может случиться только в России, где «книги можно вынести, как дрова».

Один Собольщиков предположил, что именно Пихлер замешан в краже. Его, однако, не слушали; директор, когда узнал о подобных подозрениях, был вне себя от гнева. Как можно провоцировать такой скандал: подозревать и обыскивать ученого с европейским именем!

Собольщиков отступил. Книги продолжали пропадать.

Выручил случай.

Неожиданно прорвало трубу водопровода, вода залила подвал, в котором находились квартиры сторожей, и тех временно перевели в канцелярию. В связи с этим библиотекари стали ходить не через черный ход с Садовой, а по парадной лестнице мимо швейцара.

Неутомимый Собольщиков поручил швейцару следить за Пихлером. Когда богослов выходил из библиотеки, швейцар бросился к тому со щеткой, выражая почтительное желание почистить ученому запылившийся сюртук. Пихлер уворачивался, швейцар не отставал. Ему удалось-таки коснуться одежды Пихлера раз-другой, и этого хватило: рука ощутила под сюртуком спрятанный фолиант. Богослова задержали и предложили «распаковаться»; в особом мешке, устроенном специально для выноса книг, оказался средневековый, в кожаном переплете, том сочинений святого Амвросия.

Даже тут Пихлер не смутился. Он принялся уверять, что спрятал книгу только из-за подозрительности сторожей, мешавших выносить нужные ему издания открыто. Число взятых им на дом томов доктор Алоизий определил в пять-шесть — и выразил готовность завтра же вернуть их в библиотеку.

Пихлеру не поверили; к нему на квартиру отправилась целая делегация. Квартира состояла из многих комнат, но жил богослов только в одной — в которой действительно лежали пять-шесть книг. Но когда открыли другие, якобы пустующие, там обнаружили целый склад книг, вырванных и вынутых гравюр, вырезок. Общее число найденных томов составило, судя по описи, 4478, а гравюр — 427.

Все это произошло 3 марта 1871 года; на следующий день Пихлер написал покаянное письмо директору библиотеки, признавшись в хищении книг.

Библиотекари тем временем приступили к возвращению в Публичку украденных сокровищ. Для этого потребовалось семь огромных возов! Пихлер крал со знанием дела, отбирал наиболее ценные книги и эстампы — так что стоимость похищенного составила несколько тысяч рублей серебром. Часть книг была уже упакована для отправки в Баварию, куда Пихлер собирался вернуться по завершении российской «карьеры». На многих книгах экслибрис Публичной библиотеки был вытравлен и заменен на другой: «Ex bibliotheca Pichleriana» («Из библиотеки Пихлера»).

Убедившись в неизбежности суда, Пихлер решил бежать за границу. Попытка не удалась: 10 марта он был арестован на Варшавском вокзале. 16 марта Пихлера уволили из библиотеки, еще через три месяца состоялся суд, на котором присутствовали члены царской фамилии. Доктора Алоизия защищал известный адвокат Арсеньев, пытавшийся доказать, что его подзащитный болен клептоманией и потому должен быть оправдан. Пламенная речь защитника длилась два с половиной часа! И все-таки вор был осужден, хоть и достаточно мягко: его приговорили к ссылке в Сибирь и взысканию 1703 рублей за поврежденные переплеты.

Но и этого наказания Пихлеру отбыть не довелось. По просьбе баварского правительства он был помилован и выслан на родину. Правда, соплеменники тоже не простили богослову его прегрешений. Мюнхенская академия была для него закрыта, да и в других местах знаться с ним больше не желали. Есть сведения, что он умер в нищете.

А точка в этой истории была поставлена все-таки не в Мюнхене, а в Петербурге. Печальная точка. Василий Иванович Собольщиков, на здоровье которого дело Пихлера отразилось весьма пагубно, скончался уже через год после разоблачения вора, осенью 1872 года. Ему было шестьдесят четыре.

НЕСЪЕДОБНЫЙ «ТОРТ»

Точно против Александринского театра стоит высокий пышный дом № 56 по Невскому, отделанный гранитом и стеклом. Это Елисеевский магазин, бывший торговый дом купцов Елисеевых.

Первый свой магазин основатель династии Петр Елисеев открыл еще в 1813 году — в начале Невского, в доме № 18, который еще встретится нам на пути. Продавал он там «иностранные вина» и «колониальные товары» (прежде всего экзотические фрукты). Век спустя уже четверть всех иностранных вин, ввозившихся в Россию, шла через фирму Елисеевых. А вдобавок к этому велась торговля бакалейными товарами, фруктами. У Елисеевых появилось в Петербурге несколько крупных магазинов, винные склады, кондитерская фабрика, водочный завод...

В начале XX века фирмой руководил уже Григорий Григорьевич Елисеев, внук основателя династии. Он поднял обороты своей фирмы до небывалой величины. И построил к 90-летию семейного дела дом на Невском, вызвавший в городе массу возмущенных высказываний. Критики именовали здание «кондитерским пирогом» или «тортом» — надо признать, не без некоторых оснований...

А в 1913 году праздновался уже вековой юбилей фирмы, и Григорий Григорьевич Елисеев ассигновал на торжества 100 тысяч рублей. Огромные деньги по тому времени! Только вот годом позже Григорий Григорьевич неожиданно для всех отошел от дел. История эта была весьма скандальная. Женатый пятидесятипятилетний купец влюбился в молодую купчиху и решил потребовать у жены развода. Супруга была в отчаянии. И в конце концов покончила с собой — как пишут, повесилась на собственной косе.

Всего через три недели Елисеев хладнокровно обвенчался с возлюбленной, которая к тому времени сама получила развод. После этого все пятеро сыновей Елисеева порва-

Дом и магазин Елисеевых. С открытки начала XX в.

ли с отцом отношения; некогда дружная семья распалась. На такой поворот событий хладнокровия Григорию Григорьевичу уже не хватило: он запил. Со временем, впрочем, ему удалось совладать с собой и вернуться к делам. Но тут уже надвигались революционные времена, елисеевское имущество было конфисковано, а Григорий Григорьевич отбыл в Париж, где спустя три десятилетия и окончил свои дни.

...Дом Елисеевых с первых своих дней был не только торговым, но и театральным центром: на втором его этаже, над магазином, был устроен театральный зал. Вначале там работал популярный театрик «Невский фарс», а после революции — не менее популярный Театр музыкальной комедии Михаила Ксендзовского. Последний, правда, окончил свои дни плохо: в 1929 году выяснилось, что Ксендзовский как руководитель театра постоянно нарушал законы, давал взятки и даже зал получил в аренду чуть ли не бесплатно — за мзду. Был громкий процесс, Ксендзовскому дали десять лет с конфискацией имущества, а в зале на Невском открылся Театр сатиры, позже ставший Театром комедии.

А еще через шесть лет в этот театр пришел новый руководитель — Николай Акимов, и его эпоха стала самой яркой, самой славной в истории здешнего театрального зала. Акимовский театр — это знаменитые премьеры спектаклей по Евгению Шварцу: «Тень», «Дракон», «Обыкновенное чудо». Это скрытая и постоянная нелюбовь властей. И триумф у зрителей.

Акимов ушел из жизни в сентябре 1968 года. Прощание с ним проходило в этом самом здании; в театр можно было войти лишь по спецпропускам — и у Елисеевского толпились печальные ленинградцы...

Театр комедии работает здесь и ныне. Только уже без прежней славы.

СЫР И СЫРОСТЬ В ЛАВКЕ КОБОЗЕВЫХ

За Елисеевским магазином к Невскому выходит Малая Садовая улица. Буквально несколько шагов по ней — и мы подходим к месту, оставить которое без внимания невозможно. Оно связано с поистине необыкновенной страницей истории партии «Народная воля».

Известно, что народовольцы не раз пытались убить Александра II. Однако попытки не удавались одна за другой; динамит не взрывался, царь менял маршруты. Наконец, изучив путь императора по городу, террористы решили действовать наверняка и устроить подкоп.

Как это сделать? Из всех улиц столицы, по которым ездил царь, требовалось выбрать самую узкую: здесь легче было довести подкоп до проезжей части. Искали и «базовый лагерь» — место, откуда подземный ход мог начинаться. После поисков остановились на Малой Садовой, на том ее отрезке, где она выходит к Невскому проспекту. Здесь стоял дом графа Менгдена — тот, что и ныне примыкает к Елисеевскому (правда, сегодня это здание выглядит иначе, чем при народовольцах: его перестроили все те же Елисеевы).

Народовольцы сняли лавку в полуподвальном этаже графского дома. Наружную стену лавки обшили для маскировки деревянной панелью — и начали подкоп. Работали ночью, по двое в смену. Вырытая галерея дошла в итоге до середины проезжей части и имела в диаметре меньше метра — ровно столько, чтобы можно было пролезть и заложить взрывчатку.

Днем владельцы лавки Евдоким и Елена Кобозевы (а на самом деле народовольцы Богданович и Якимова) торговали сыром. Правда, делали они это неумело, и соседи с приставом заподозрили неладное. По их сигналу в лавку зашел инженерный генерал, старший техник градоначальства Константин Мровинский и провел обыск «на предмет сырости». Однако ничего недозволенного не сыскал.

Подкоп не пригодился. В день покушения император изменил маршрут и через Малую Садовую не поехал. Но на набережной Екатерининского канала его ждали бомбометатели...

А уже через три дня подкоп все-таки обнаружили. Просто подозрительные «Кобозевы» скрылись вдруг неизвестно куда — и дворники не могли не заглянуть в лавку. Обнаружили следы «землекопания». Дальше — больше: «По прибытии на место судебного следователя из жилья, смежного с лавкою, под ближайшим к ней окном был обнаружен подкоп под улицу Малую Садовую».

...Читатель, должно быть, помнит: убийством императора руководила Софья Перовская. Несколько дней после взрыва она скрывалась от властей; по всей столице ее разыскивал околоточный надзиратель в сопровождении знавшей Перовскую лавочницы. Наконец, 10 марта около пяти часов вечера сыщики столкнулись с революционеркой близ лавки «Кобозевых», у Екатерининского сквера. Перовская была арестована.

Попал под следствие и генерал Мровинский, прошляпивший подкоп. Особое присутствие Сената приговорило его к ссылке. Так что дочь генерала, ставшая через несколько лет солисткой Мариинского театра, пела на сцене под псевдонимом — Мравина...

НА КРАЕШКЕ ЧУЖОГО ГНЕЗДА

Евгения Мравина была в свое время певицей известной, даже знаменитой. Но популярность ее не шла ни в какое сравнение со славой двух певиц, оставивших след в истории дома № 54 по Невскому проспекту. Обе они были звездами мировой величины.

Еще в 1841 году в этом доме (выглядевшем тогда иначе) открылись меблированные комнаты — Демидовская гостиница. Хозяйка их, подруга архитектора Монферрана Огюстин Шатильон, сдавала комнаты только заезжим артистам.

В 1843-м, в первый свой приезд в Петербург, здесь остановилась 22-летняя Полина Виардо, в то время уже несомненная прима европейской оперы. Один из театралов описывал впечатление от выхода ее на сцену: «Входит Розина: небольшого роста, с довольно крупными чертами лица и большими, глубокими, горячими глазами... «Некрасива!» — произнес мой сосед сзади. «В самом деле», — подумал я. Вдруг совершилось что-то необыкновенное. Раздались такие восхитительные бархатные ноты, каких, казалось, никто не слыхивал... По зале пробежала электрическая искра... Да, это была волшебница, и уста ее были прелестны. Кто это сказал: «Некрасива?» Нелепость!..»

Среди тех, кто ощутил на себе разряд «электрической искры», был чиновник и поэт Иван Тургенев. Вскоре Иван Сергеевич свел знакомство с мужем певицы Луи Виардо, побывал с ним на охоте. А 1 ноября того же года впервые встретился с самой певицей — в комнатах «на самом углу» дома № 54. Тургенев был представлен ей как молодой русский помещик, славный охотник, интересный собеседник и плохой поэт.

Это было начало любви. Вскоре Тургенев объяснился в своих чувствах. Виардо его выслушала и предложила остаться друзьями.

Так и было всю жизнь: любовь со стороны Тургенева и дружба со стороны певицы. Иван Сергеевич стремился быть ближе к возлюбленной, подолгу жил во Франции, в одном доме с ее семьей, — и это нередко вызывало непонимание современников.

Петр Ильич Чайковский — Надежде фон Мекк, год 1879-й: «Позвольте исправить одно Ваше заблуждение, разделяемое, впрочем, очень многими. Тургенев не женат и никогда не был женат на Виардо. Она замужем за Louis Viardot, здравствующим и теперь. Этот M. Viardot очень почтенный писатель и, между прочим, переводчик Пушкина. Тургенева с Виардо соединяет очень трогательная и совершенно чистая дружба, превратившаяся уже давно в такую привычку, что они друг без друга жить не могут. Это факт совершенно несомненный».

Известен и другой рассказ о жизни Тургенева во Франции, в более минорном ключе: он принадлежит перу плодовитого Анатолия Федоровича Кони. Тот побывал однажды в тургеневских комнатах дома Виардо — и его неприятно удивила царившая там «оброшенность». А потом между Тургеневым, Кони и одной их знакомой состоялся памятный разговор.

«Под конец наша собеседница как-то затронула вопрос о браке и шутливо просила Тургенева убедить меня наложить на себя брачные узы. Тургенев заговорил не тотчас и как бы задумался, а потом поднял на меня глаза и сказал серьезным и горячим тоном: «Да, да, женитесь, непременно женитесь! Вы себе представить не можете, как тяжела одинокая старость, когда поневоле приходится приютиться на краешке чужого гнезда, получать ласковое отношение к себе как милостыню и быть в положении старого пса, которого не прогоняют только по привычке и из жалости к нему. Послушайте моего совета! Не обрекайте себя на такое безотрадное будущее!» Все это было сказано с таким плохо затаенным страданием, что мы невольно переглянулись...»

Впрочем, в тех же воспоминаниях есть такие строки: «Когда, спускаясь с лестницы, мы стали приближаться к дверям бельэтажа, за ними раздались звуки сильного контральто... Тургенев вдруг замолк, шепнул мне: «ш-ш!» — и сменил свои тяжелые шаги тихой поступью, а затем остановился против дверей... и сказал мне, показывая глазами на дверь: «Какой голос! До сих пор!» Я не могу забыть ни выражения его лица, ни звука его голоса в эту минуту: такой восторг и умиление, такая нежность и глубина чувства выражались в них...»

Эта любовь, прошедшая через всю жизнь, получила начало на Невском — в Демидовской гостинице...

ДОЧЬ ИТАЛИИ, ЛЮБИМИЦА ПЕТЕРБУРГА

И снова музыкальная история, в которой соединились слава, страдания и любовь.

«За несколько минут до начала агонии по Невскому прогремел пожарный обоз. Все отпрянули к квадратным запотевшим окнам, и Анджиолину Бозио — уроженку Пьемонта, дочь бедного странствующего комедианта — basso comico, — предоставили на мгновенье самой себе.

Воинственные фиоритуры петушиных пожарных рожков, как неслыханное брио безоговорочного побеждающего несчастья, ворвались в плохо проветренную спальню демидовского дома. Битюги с бочками, линейками и лестницами отгрохотали, и полымя факелов лизнуло зеркала. Но в потускневшем сознании умирающей певицы этот ворох горячечного казенного шума, эта бешеная скачка в бараньих тулупах и касках, эта охапка арестованных и увозимых под конвоем звуков обернулась призывом оркестровой увертюры. В ее маленьких некрасивых ушах явственно прозвучали последние такты увертюры к «Duo Foscari», ее дебютной лондонской опере...

Она приподнялась и пропела то, что нужно, но не тем сладостным металлическим, гибким голосом, который сделал ей славу и который хвалили газеты, а грудным необработанным тембром пятнадцатилетней девочки-подростка, с неправильной неэкономной подачей звука, за которую ее так бранил профессор Каттанео.

Прощай, Травиата, Розина, Церлина...»

Это Осип Мандельштам, отрывок из «Египетской марки». Вообще-то Осип Эмильевич собирался писать целую повесть «Смерть Бозио», но замысел реализован не был — и сохранился от него только процитированный фрагмент...

Анджелине (у Мандельштама — Анджиолине) Бозио довелось выступать в России всего четыре сезона. Своим нежнейшим сопрано и изящной внешностью певица покорила петербургскую публику, а Виолетту в «Травиате» исполнила так, как, по общему мнению, до нее в столице никто не исполнял. Успех был ошеломителен. Отголосок ее славы проник даже в сумрачный роман «Что делать?» Чернышевского: Вера Павловна там сердится, что Кирсанов не достал билет на «Травиату». «Будто не знает, что когда поет Бозио, то нельзя в 11 часов достать билетов...» И тут сама Бозио предстает перед внутренним взором героини...

Ничто не предвещало трагедии. Но весенняя поездка в Москву, простуда на обратном пути, воспаление легких — и развязка оказалась неожиданно скорой. 13 апреля 1859 года 29-летняя певица скончалась в своей квартире в доме № 54 по Невскому проспекту.

Горе ее поклонников было велико. Они пристально следили за течением болезни певицы; газеты печатали бюллетени о ее самочувствии. Квартиру умирающей завалили цветами. Когда гроб с телом Бозио выносили из дома в костел Святой Екатерины на Невском, 30—32, провожать его собралась огромная толпа. Полиция приняла в день похорон Бозио особенные предосторожности: церковь была оцеплена, а траурную колесницу сопровождал до кладбища эскадрон жандармов, подкрепленный несколькими взводами городовых. Публики собралось много, но беспорядков не произошло.

Авдотья Панаева вспоминала о настроениях тех дней: «После смерти Бозио ее супруг сделал выгодную аферу, распродав все ее вещи по дорогой цене. Поклонники Бозио раскупали ее имущество нарасхват, и один мой знакомый, ее поклонник, но небогатый человек, купил сломанную гребенку Бозио за десять рублей и очень сердился, когда я доказывала ему, что аферист, муж Бозио, продал ему сломанную свою гребенку или ее горничной».

Где Панаева — там и Некрасов. В одном из его стихотворений есть такие строки:

Вспомним Бозио. Чванный Петрополь
Не жалел ничего для нее.
Но напрасно ты кутала в соболь
Соловьиное горло свое,
Дочь Италии! С русским морозом
Трудно сладить полуденным розам.
Перед силой его роковой
Ты поникла челом идеальным,
И лежишь ты в отчизне чужой
На кладбище пустом и печальном.
Позабыл тебя чуждый народ
В тот же день, как земле тебя сдали,
И давно там другая поет,
Где цветами тебя осыпали.

Николай Алексеевич не совсем справедлив: поклонники Бозио не забыли о ней «в тот же день». Слишком уж велика была к ней любовь! По крайней мере, любовь некоторых горожан. Красноречивое свидетельство на этот счет принадлежит перу театрального летописца Александра Вольфа: «На могиле Бозио сооружен был вскоре великолепный мраморный памятник иждивением одного престарелого князя, страстно влюбленного в артистку, разумеется платонически. Потеря любимой женщины окончательно помрачила разум старца, и он, подобно Навуходоносору, вообразил себя превращенным в животное, ползал на четвереньках и не хотел есть иначе, как из корыта; он не долго пережил предмет своей последней любви».

Бозио была похоронена на столичном Выборгском католическом кладбище, ныне уже не существующем; в советское время ее надгробие перенесли в Некрополь мастеров искусств в Александро-Невской лавре...

ВОРОБЬИНАЯ МУЗЫКА

Музыкальную тему вполне готов продолжить дом № 52, выходящий к Садовой улице. Он принадлежал до революции семейству Шредер и уже поэтому связан с музыкой. Шредеры владели крупной фортепианной фабрикой «К.М. Шредер», выпустившей за столетие больше 20 тысяч инструментов. На шредеровских роялях играли Лист, Рубинштейн, Прокофьев; последнему такой рояль был вручен как премия по окончании консерватории.

Вообще в столице было несколько крупных фортепианных фабрик; к числу крупнейших, кроме шредеровской, относилась фабрика «Якоб Беккер». И надо было такому случиться, что в 1903 году и эта фабрика перешла в руки семьи Шредер! Легенда гласит, что Карл Шредер выиграл у Беккера его заведение в карты. Красиво, но неточно: заведение Беккера давно уже не принадлежало своему основателю. Может быть, проиграл фабрику тогдашний ее хозяин? Как бы то ни было, с того времени две крупнейшие фабрики сошлись в одних руках.

После революции, правда, пути их снова разошлись: на шредеровской фабрике стали делать арфы, балалайки, гитары, а на беккеровской — известные пианино «Красный Октябрь». Не остался без дела и дом на Невском, где Шредеры в свое время устроили роскошный магазин с концертным залом на 300 человек. В этом зале стал работать Кружок друзей камерной музыки.

Несмотря на скромное название, это была вполне серьезная организация, регулярно дававшая концерты — правда, артистам за выступление гонорары не полагались. И все-таки здесь играли знаменитости, особенно молодые: пианисты Владимир Горовиц и Владимир Софроницкий, Дмитрий Шостакович...

Случались в кружке и несерьезные программы. Например, выступление обэриутов во главе с Даниилом Хармсом. А во время авторского вечера известного прежде композитора Михаила Чулаки приключилась история, рассказанная Никитой Богословским. Трое молодых композиторов — сам Богословский, Иван Дзержинский и Василий Соловьев-Седой — решили подшутить над Чулаки. Купили на базарах множество воробьев, посадили их в корзинку, пробрались во время концерта в зал и... выпустили птиц. Воробьи «летали по всему залу, чирикали во время исполнения произведений Чулаки и даже позволяли себе делать всякие плохие дела на головы публики и оркестрантов».

Концерт был сорван — к вящему удовольствию шутников. Репутация кружка, впрочем, от такого случая не пострадала; позже он был даже «повышен в ранге» — преобразован из кружка в общество.

Вечерний выпуск «Красной газеты» напечатал однажды фельетон о том, что друзья камерной музыки, входящие в этот дом, еще способны сказать, что нравится им именно камерная музыка. А вот когда выходят, представляются уже членами «Общества мамерной пузики». Проще говоря, лыка не вяжут. Намек понятен, хотя он и не совсем по адресу: популярнейший винный погребок, в который пущена стрела, находился не в доме № 52, а по соседству — в уже пройденном нами доме № 54. Правда, в той как раз части дома, что примыкает к бывшему шредеровскому владению.

Пик славы этого заведения, в котором можно было выпить сухое, десертное, крепленое вино, а то и рюмку коньяку, пришелся на послевоенное время. Как вспоминал университетский профессор Николай Полетика, в погребок «забегали по дороге или сговорившись заранее самые видные артисты, писатели, художники, музыканты, ученые. Это был клуб творческой интеллигенции. Здесь говорилось о театральных постановках, о распределении ролей, о судьбе кандидатских и докторских диссертаций, о доцентурах и профессурах и даже о премиях на выставке художников. Здесь бывал и директор Эрмитажа академик И.А. Орбели, и директора институтов... лауреаты Ленинских и Сталинских премий, известные артисты и певцы (басы — в особенности). А о профессорах и старых доцентах и говорить нечего...»

Этот погребок в конце концов уступил место не менее популярной мороженице. Но друзья камерной музыки печального для них события не застали: к тому времени общество их давно прекратило существование, а зал в доме № 52 перешел в распоряжение кукольного театра.

«ДВЕНАДЦАТЬ»

Мы дошли до Садовой улицы, одной из самых длинных магистралей города. В отличие от Невского, прозванного «улицей банков», Садовую по справедливости титуловали «улицей рынков». Здесь находились не только крупнейшие рынки столицы, но и многочисленные магазины, торговые центры.

А в той части Садовой, что прилегает к Невскому, всегда было много кафе, кондитерских, трактиров и увеселительных заведений. Одно из них — кафе «Рейтер» — помещалось в угловом доме (№ 50 по Невскому) и было весьма популярно. В его изящно отделанных интерьерах в начале XX столетия любили собираться шахматисты — и оттого «Рейтер» составил конкуренцию кафе-ресторану «Доминик», давно слывшему очагом шахматной игры. А в начале Первой мировой войны, когда патриотические толпы громили немецкие учреждения и фирмы, разбили и витрины «Рейтера». Погромщики, правда, не учли, что к немцам кафе не имело ни малейшего отношения: хозяином его был чех, женатый к тому же на русской дворянке. О чем эта дворянка, Варвара Николаевна Васильева, не преминула сообщить в петроградских газетах...

Популярные заведения находились и в доме № 12 по Садовой — втором здании на этой улице, считая от Невского. Дом этот называют иногда «домом с четырьмя колоннадами»: на его фасаде целых четыре портика с колоннами. В предыстории дома есть одна мрачная страница: при императрице Елизавете Петровне на месте его находилась Тайная канцелярия — контора, ведавшая политическим сыском. Позже при раскопках здесь обнаружили

Невский проспект. С открытки начала XX в.

потайной ход, застенок с «пытошными» устройствами и даже скелеты замурованных в стены людей. Жесток был восемнадцатый век!

А вот в начале XX столетия дом № 12 стал, наконец, центром развлечений. В залах нынешнего кинотеатра «Молодежный» работал тогда популярный «Павильон де Пари» — нечто среднее между театром миниатюр и кафешантаном. От театра здесь были популярные чтецы и эстрадные артисты, салонные танцоры, от кафешантана — цыгане, да и некая «босоножка» Черепенникова, произведшая настоящий фурор: она танцевала «в таком откровенном костюме, что мужчины потупили глаза».

Увеселительные заведения помещались в доме № 12 вплоть до нэповских лет. Кофейные «Ампир» и «Двенадцать» — весьма популярные. Театр «Вольная комедия». И открытое при этом театре ночное кабаре «Балаганчик», в котором выступал Сергей Мартинсон и пела Рина Зеленая:

В «Балаганчике» пою я —
Дело немудреное.
Никто замуж не берет,
Говорят: Зеленая!

ТОРГОВЛЯ «С ЗАПРОСОМ»

Сейчас Гостиный двор состоит из длинной цепочки магазинов, соединенных сквозными проходами чуть ли не по всему периметру здания. Раньше было не так: каждый магазин имел свое помещение, отделявшееся от других капитальной стеной. Всего в старом Гостином было почти 300 торговых заведений, и торговали они всеми возможными промышленными товарами — от ваксы до ювелирных изделий, от дешевых игрушек до роскошных книг.

Торговля в былом Гостином имела свои отличительные черты. У лавок непременно сидели зазывалы с зычными голосами: их задачей было заманить покупателя внутрь лавки. «Чего прикажете-с, чего угодно-с, есть лучшие товары-с, петинеты-с, шелковые материи-с, кружева-с». Или: «Красавица, заходите, специально для вас держим саки с аграмантами» (то есть сумочки с украшениями).

Если покупатель оказывался в лавке, начиналась вторая часть действа: «раскладка товаров». На прилавок выкладывались все новые и новые товары, причем вначале шли худшие по качеству и только потом (если худшие продать не удалось) — лучшие. При этом от покупателя требовалось умение «не показать ни голосом, ни движением, что вещь нравится, а не то тотчас же запросят в двадцать раз более настоящей цены».

Наконец, третья часть: собственно торговля. Цена в Гостином дворе всегда назначалась «с запросом», и после этого покупатель и купец вели долгий поединок. «Торгуются, складывают товары, опять раскладывают, то выпускают из лавки, то удерживают, то просят возвратиться». Умелым покупателям удавалось сбить начальную цену едва ли не в десять раз.

Иногда цену сбавляли и без особой торговли. Один такой случай описал журналист Фаддей Булгарин:

Невский проспект. 1860-е гг.
Рисунок из книги «Живописная Россия»

Невский проспект. Фото начала XX в.

Витрины магазинов на Невском проспекте.
Фото начала XX в.

Большой Гостиный двор.
С открытки начала XX в.

«Проходя по Зеркальной линии, увидел я в одной из лавок серебряную табакерку, имевшую вид собачки.

— Что хочешь за эту вещь? — спросил я приказчика или купца, не знаю.

— Тридцать пять рублей, — ответил купец.

— Дам пять, — сказал я в шутку и отошел. В двадцати шагах от лавки мальчик догнал меня и, подавая табакерку, сказал:

— Извольте-с! Пожалуйте пять рублей.

Я заплатил и ужаснулся: я предложил цену в шутку и угадал настоящую цену. Спрашиваю: сколько бы я потерял, если бы в этой пропорции ошибался по двадцать четыре раза в год, запасаясь всем нужным в Гостином дворе?»

Конец старому Гостиному пришел в советское время. Правда, в годы нэпа здесь еще работали некоторые купцы, но это были уже жалкие осколки прошлого. А после войны Гостиный был капитально реконструирован — и превратился в нынешний знакомый всем универмаг.

Кстати, в разгар реконструкции на Невской линии, под полом одного из помещений, был обнаружен клад — восемь золотых слитков весом больше ста килограммов. Спрятали его владельцы бывшего здесь до революции ювелирного магазина...

ПИРОЖКИ КАВАЛЕРА ПИНЕТТИ

И снова золото.

В один из осенних дней 1799 года публика, собравшаяся около Гостиного двора, была заинтригована необычным зрелищем. К торговцу, продававшему пирожки с лотка, подошел изящно одетый иностранец. Купив пирожок, он разломил его и... обнаружил внутри золотую монету. Купил еще пирожок — и чудесная находка повторилась. Еще несколько пирожков — и из каждого иностранец извлек по золотому. Потрясенный торговец, наконец, отказался продавать пирожки и принялся лихорадочно их разламывать. Увы, монет в них больше не оказалось...

Секрет разъяснился тут же. Галантный иностранец щедро расплатился с торговцем, объяснив публике, что это был всего лишь фокус. И представился: Жан-Жозеф де Вильдаль, кавалер Пинетти, маркиз де Мерси. Профессор и демонстратор физики, член многих академий, кавалер ордена Святого Филиппа, приближенный прусского двора. Все эти титулы Пинетти заработал своим блестящим искусством манипулятора и иллюзиониста. Иными словами — фокусника.

Необычный «дебют» Пинетти у Гостиного двора дал прекрасный эффект: слухи об удивительном кавалере распространились по Петербургу. И уже скоро не было отбоя от приглашений посетить частные дома. В рядах поклонников Пинетти оказался и император Павел Петрович, давно уже прослышавший о европейских успехах маэстро.

Новые выступления Пинетти не разочаровали публику. Даже полвека спустя о фокусах маэстро рассказывали как о петербургской легенде. Чем же восхитил петербуржцев маркиз де Мерси? Прежде всего стилем своей работы, до той поры небывалым. Пинетти создал образ салонного аристократа, занимающегося фокусами из интереса, — и светская публика принимала его «за своего».

А сами фокусы поражали воображение. Одним пистолетным выстрелом маэстро гасил три свечи и одновременно зажигал три другие. Стрелял в изображение голубя — и на сцену падал настоящий мертвый голубь. Демонстрировал удивительные автоматы: например, механического фазана, который без запинки насвистывал любые мелодии по заказу зрителей.

А однажды, как рассказывали очевидцы, Пинетти был зван ко двору к семи часам вечера, а явился к восьми. В ответ на недовольство предложил посмотреть на часы. У всех присутствующих часы показали семь. А еще через минуту, после извинений Пинетти, часы стояли на восьми.

Когда в 1800 году Пинетти отбыл из Петербурга, говорили, что он умудрился выехать одновременно из пятнадцати городских застав. И на всех пятнадцати оставил собственноручную подпись. Впрочем, это уже явная легенда...

ВЕРБНОЕ БАЛОВСТВО

Одной из примет дореволюционного Гостиного был весенний праздник вербы. Еще в 1831 году его причисляли к давним питерским обычаям. В четверг, пятницу и субботу Вербной недели галерея первого этажа и пространство около Гостиного заполнялись бесчисленными столиками с игрушками, сластями, цветами и фруктовыми деревьями и другими товарами.

«Среди невообразимой толкотни и выкриков продавали пучки верб и вербных херувимов (их круглое восковое личико с ротиком бантиком было наклеено на золотую или зеленую бумажку, вырезанную в виде крылышек), продавали веселых американских жителей, прыгающих в стеклянной трубочке, и неизбежные воздушные шары, и живых птичек (любители тут же отпускали на волю и птичек и шары), и было бесконечное количество всяких восточных лакомств, больше всего рахат-лукума, халвы и нуги» (вспоминает художник Мстислав Добужинский).

«Веселые американские жители», они же чертики, запомнились тогдашним детям больше всего. Анатолий Кони описывал их в своем рассказе о 1840-х годах: «Любимым развлечением для детей служат длинные узкие стеклянные трубки с водой и стеклянными же чертиками внутри, который опускается вниз при давлении на замыкающую трубку резинку». В начале XX века писательница Тэффи посвятила такому чертику целый рассказ. Владимир Набоков тоже вспоминал «американских жителей, поднимающихся и опускающихся в сиреневом спирту в стеклянных трубках, вроде как лифты в прозрачных, насквозь освещенных небоскребах Нью-Йорка».

А вот из его же стихов:

Вербное баловство

Колоколов напев узорный,
волненье мартовского дня,
в спирту зеленом чертик черный,
и пестрота, и толкотня...

Колокола здесь имеются в виду исаакиевские: во времена набоковского детства вербная торговля устраивалась уже не у Гостиного, а на Конногвардейском бульваре. Сохранилась «Верба» и в советские 1920-е годы, только снова переехала — на Малую Конюшенную улицу (в ту пору улица Софьи Перовской), к которой мы еще подойдем.

Вот что вспоминал об этой новой «Вербе» питерский старожил Павел Бондаренко: «Уже при подходе к Казанскому собору со стороны улицы Перовской слышишь букет звуков: веселый гул толпы, тонкое «пиу-пиу» свистулек, вставленных в разноцветные шарики, булькающие звуки «тещиного языка», зазывные крики продавцов товаров, прибаутки: «А вот мячик-раскидай, куда хочешь — туда и кидай». Пройдешь по бульвару — глаза разбегаются: мешки с орехами, пряники, «американская» сахарная вата, конфеты, изделия кустарей: деревянные игрушки и предметы домашнего обихода...

Ну что еще? Шарманщики (они, правда, и по дворам ходили), ученый попугай, вытаскивающий из коробки конвертики с предсказаниями судьбы. Можно проверить силу и нервы. Сила рук проверялась пружинным динамометром, сила удара — ударом деревянного молотка по устройству, подбрасывающему по вертикальной рейке ползун. Крепость нервов проверялась так: в руки надо было взять латунные трубки, подсоединенные через реостат к аккумулятору, а оператор, поворачивая рукоятку реостата, поднимал напряжение. Когда становилось невмоготу, кричишь: «Стоп». Сравнивали, кто больше выдержит.

Так много всего, и все по тем временам дешево, но дешевизна эта кажущаяся. Мне и брату родители могли выделить на вербное баловство по гривеннику: купишь раскидай, «американской» ваты, проверишь крепость нервов, вот, пожалуй, и все...»

КАКОЙ ПАССАЖ!

Единственный из магазинов Невского, который может соперничать по масштабам с Гостиным двором, — знаменитый Пассаж (дом № 48). Он куда моложе Гостиного, хотя и ему уже исполнилось полтора века.

До Пассажа здесь стоял двухэтажный дом, связанный с несколькими интересными именами. При императоре Александре Павловиче зданием владела княгиня Вяземская — «теща дипломатического корпуса», как прозвали ее в свете. Старая княгиня выдала двух своих дочерей за иностранных посланников — сардинского и датского.

От Вяземской дом перешел к ее внучке, графине Елене Влодек, пленившей некогда императора Александра. При ней квартиры дома стали сдаваться внаем.

В конце 1836 года во второй этаж дома въехал новый постоялец. Он превратил свои апартаменты в настоящий музей; знакомые вспоминали потом, что «квартира его была наполнена образцами старинного изделия и между ними действительно не имелось ни одной посредственной вещи».

Вместе с хозяином квартиры жил его приемный сын и, как говорили, любовник — «один из самых красивых кавалергардов и наиболее модных людей». В начале 1837 года молодой человек женился, и супруга его поселилась здесь же.

Хозяином квартиры (возможно, читатель уже догадался об этом) был голландский посланник барон Геккерен, его приемным сыном — Жорж Дантес, а супругой Дантеса — сестра Натальи Пушкиной Екатерина Гончарова. История этой семьи многократно описана в книгах, и повторять ее не будем. Напомним лишь, что венчались Дантес и Гончарова совсем неподалеку отсюда — в костеле Святой Екатерины, в доме № 30—32 по Невскому.

После истории с дуэлью Дантес был разжалован и покинул Россию. С ним отправилась и новоиспеченная «баронесса Екатерина Николаевна Геккерен, французская подданная» (она умерла за границей через шесть лет). Потом отбыл и старший барон Геккерен. Перед отъездом он устроил распродажу имевшихся у него вещей и раритетов. «Дом его превратился в магазин, среди которого он сидел, продавая сам вещи и записывая продажу. Многие воспользовались сим случаем, чтобы сделать ему оскорбления. Например, он сидел на стуле, на котором выставлена была цена; один офицер, подойдя к нему, заплатил ему за стул и взял его из-под него». Говоря проще — выдернул стул из-под барона.

Лет через десять после этой истории дом № 48 на Невском купил уже знакомый нам граф Яков Иванович Эссен-Стенбок-Фермор. Не для того, чтобы здесь жить, — чтобы построить нечто новое, невиданное в Петербурге: крытую проходную галерею между двумя улицами «для размещения в ней жилых покоев, всякого рода магазинов и торговых заведений, концертного зала, зимнего сада, хоров для музыки».

Открытие состоялось в солнечное майское воскресенье 1848 года. Молебен, водосвятие, завтрак для высоких гостей... Не обделили и строивших Пассаж рабочих: для них на верхней галерее поставили стол с вином, пивом, пирогами и закуской. Длина стола составила аж 130 метров!

Любопытная деталь: в первые три дня посетителей в Пассаж впускали не даром — за 50 копеек с человека. Зато и звучала в эти дни музыка сразу двух оркестров, струнного и духового, да пел хор московских цыган Ивана Васильева...

Увы, Пассаж не принес графу быстрых доходов. Журналисты, посетившие магазин вскоре после открытия, не преминули отметить «множество посетителей и пустые лавки». Стенбок-Фермор какое-то время боролся, пытался придать своему детищу должный размах, но долги вынудили его продать Пассаж.

А вот при преемниках графа дела понемногу начали поправляться. Обзавелся Пассаж не только многочисленными магазинами, но и другими достопримечательностями.

Пассаж на Невском проспекте.
Акварель В.С. Садовникова. 1840-е гг.

Здесь находились и рестораны, и выставки, и театральный зал, и разного рода диковины. Пели соловьи и скворцы, в особом помещении обитали два огромных крокодила, в «музее Лента» обитала девица «без нижней части туловища». В «туннеле» под магазином обосновались знакомые нам супруги Гебгардт со своим зверинцем. В Пассаж поэтому стекались не только за покупками, но и в жажде развлечений.

Шум, смех, «множество пышно разодетых дам легкого поведения в сопровождении кавалеров» — такими были черты старого Пассажа. В большом ресторане на втором этаже стояли семь бильярдов, посреди зала мерно журчал фонтан, столики блистали мрамором. Стекались сюда студенты, приказчики, отставные офицеры — и зал ресторана был насыщен табачным запахом, испарениями пива и разных вин. Светская публика сюда не заходила.

В начале XX века Пассаж перестроили, сделав его выше на этаж и заменив все оборудование; сразу после нового открытия здесь поместилось петербургское отделение французского банка «Лионский кредит». По-прежнему работали тут магазины, рестораны и кафе — и особенно популярна стала подземная кофейная, описанная хроникером: «Под Пассажем, во всю длину его, от Невского до Итальянской, тянется широкий подземный коридор, в котором устроилось популярное в Петербурге кафе. Днем сюда забегают биржевые зайцы выпить на скорую руку стакан кофе, пробежать газету и обменяться сведениями с нужным человеком. Перед вечером кафе пустеет, посещаемое в эту пору дня лишь случайной публикой. Но лишь зажгутся на улице фонари, подземное кафе начинает наполняться. Сюда стекаются «эти дамы» и кавалеры, нуждающиеся в их услугах. И до поздней ночи в подземелье стоит гул голосов, и в облаках табачного дыма и людских испарений носятся замученные лакеи. Кафе превращается в биржу продажной любви».

И до и после перестройки одной из главных достопримечательностей Пассажа был театральный зал. В него захаживали Горький и Чехов, здесь два сезона выступала Вера Комиссаржевская со своей собственной труппой — и имела громкий успех. «Вы присутствуете при переживаниях обнаженной женской души, начинает казаться, что игра артистки — не плод вдумчивой и упорной работы, а самый процесс переживания» — так оценивали критики игру Веры Федоровны в этом зале.

А в другие годы тут плясала и пела оперетта, которую временами сменяли театры фарсов. «999 рогоносцев», «Маленькая шоколадница», «Примадонна забавляется», «Брачные мостки», «Я не обманываю своего мужа» — репертуар их был самый веселый. По свидетельству современников, зрители здесь хохотали «заразительно, искренно, гомерически»...

Сейчас там, где пела оперетта и где работала Комиссаржевская, существует Театр имени Комиссаржевской. От остальных же развлечений Пассажа не осталось и следа: все заняли магазины. И любопытная параллель с Гостиным: в старом Пассаже тоже были разрозненные магазины, и их тоже в советское время соединили длинными анфиладами...

Пассаж. Фото начала XX в.

ОТ ГРАММОФОНА ДО ГРАФОМАНА

Среди многочисленных магазинов Пассажа был один, занявший особенное место в истории. Заведение купца первой гильдии Ипполита Рапгофа, открывшееся в 1902 году, торговало граммофонами и грампластинками. Именно этому магазину и его хозяину суждено было сломить недоверие питерцев к «механическому чревовещателю»!

Необычайным человеком был и сам Ипполит Павлович Рапгоф. Только начало его биографии было вполне заурядным: родился в Петербурге, учился в консерватории по классу фортепиано. Потом открыл вместе с братом Евгением «Высшие курсы фортепианной игры». Успех их предприятия был велик, и фамилия братьев приобрела заметный вес в музыкальном мире. Но недолго музыка играла: через несколько лет родственники рассорились. Курсы стали отныне «Музыкальными курсами Е.П. Рапгофа», а неутомимый Ипполит Павлович ввязался в соперничество с братом. Он возглавил частную музыкальную школу Ф.И. Руссо и отобрал при этом у брата некоторых учеников.

Таланты Ипполита Павловича заметил даже Рим: там его избрали членом Академии изящных искусств. В Петербурге тоже не дремали: педагогические курсы при Фребелевском обществе пригласили его на должность профессора. Правда, здесь он читал не музыкальный курс — психологию!

Перемены начались неожиданно: в Петербург привезли первый граммофон. И Ипполит Павлович понял, что за этим изобретением — будущее. Он решил бросить фортепиано и своими силами это будущее приблизить.

Чего он только не делал ради триумфа граммофона! Ездил по всей России, читал лекции об этом чуде техники, стал купцом и открыл магазин в Пассаже. А сколько сил отдал тому, чтобы убедить русских певцов впервые записаться на пластинки! Когда наконец самые податливые из знаменитостей сдались, Ипполит Павлович вывез их в Германию, где на свой страх и риск устроил студийную запись. Чуть позже запись случилась уже и в Петербурге. В первой группе записавшихся на пластинки россиян были знаменитый баритон Иоаким Тартаков, известный тенор Гавриил Морской, другие любимцы столичной публики. Неудивительно, что напетые ими диски — первые в России! — пользовались немалым успехом, а дело распространения граммофона двинулось вперед семимильными шагами.

Рапгоф победил: граммофон обрел права жизни в России. Но Ипполит Павлович, добившись этой победы, не знал уже покоя. Его манила литература.

Первые его писания были, конечно, о музыке. Но еще в те годы, когда он вывозил на запись русских певцов, Рапгоф состоял интервьюером «Петербургского листка». Был, выходит, в числе передовых журналистов: тогда жанр интервью только прививался в российской печати.

От газеты — путь к книгам. В 1898 году явился столичным читателям некто доктор Фогпари: «И. Рапгоф» наоборот. Доктор писал о «гигиене любви», размышлял о том, «как дожить до ста лет», учил магии, описывал рецепты вегетарианской кухни — словом, брался писать обо всем, что могло заинтересовать обывателя.

Следом за Фогпари (год уже 1904-й) вышел на авансцену новый сочинитель — граф Амори. И стал кумиром любителей бульварной литературы. Дебютировав с романом «Тайны японского двора», он в дальнейшем писал по нескольку романов ежегодно. Кроме излюбленных авантюрных сюжетов, это были и продолжения уже известных сочинений — например, купринской «Ямы». Каждый раз вокруг продолжений поднимался скандал, авторы кипятились, — а книги разлетались, принося издателям немалый доход.

Первая мировая провела черту: Рапгоф, повсеместно уже известный как граф Амори, переехал на жительство в Москву. В старой столице он отдал дань другому чуду техники, не шедшему с граммофоном ни в какое сравнение, — кинематографу. Любовь была взаимной: по сценариям Амори сняли два десятка фильмов — таких же авантюрно-приключенческих, как его романы. Кое-что по мотивам Достоевского и Мопассана, кое-что об Азефе, о событиях 1905 года...

А затем были новые революции.

И была последняя часть его жизни — самая загадочная.

Документальных сведений о том, как и где умер Рапгоф-Амори, не существует. Однако историки цитируют одного мемуариста, который сообщает историю удивительную. Якобы Амори в последний раз блеснул талантами в 1918 году: во главе небольшого отряда он захватил городское управление Ростова-на-Дону и объявил анархическую республику. Через день причудливое государство было свергнуто, а его основателя расстреляли...

Эффектный финал, но недостоверный. Графа Амори видели в Москве еще в 1920 году: об этом вспоминает знакомец Сергея Есенина Матвей Ройзман. Он сам встречался с графом, о чем и рассказал поэту в таких выражениях:

«Ко мне подошел напоминающий провинциального актера мужчина среднего роста, с брюшком, рыжий, с невыразительным лицом и хитрыми серыми глазками. Глядя на мои сборники и книжечки, он спросил, не пишу ли я стихи. Услыхав утвердительный ответ, мужчина отступил на шаг, отвесил церемонный поклон и представился:

— Продолжатель сенсационных романов — граф Амори.

— Ах, сукин сын! — воскликнул Есенин так непосредственно и весело, что мы захохотали».

...Согласно семейному преданию, после этой встречи граф Амори прожил еще полтора десятилетия: ушел он из жизни в 1935 году. Если так, то нет никакого сомнения, что в последние годы он изрядно томился — его энергии и талантам в новых условиях не было применения...

«МЕНС САНА ИН КВИСИСАНА»

Второго августа 1762 года «Санкт-Петербургские ведомости» поместили объявление: «Граф Растрелли с фамилиею своею едет отсюда на некоторое время в свое отечество; и имеющие до него какое дело явиться могут в доме его, что на Невской першпективой против гостиного двора». Дом этот — поясним сразу — стоял на месте нынешнего дома № 46 по Невскому.

Чуть больше месяца прошло тогда со времени печального события в Ропше: императора Петра III убили дюжие гвардейцы, и на престол взошла Екатерина II. Она горестно сожалела о «геморроидальных коликах», якобы сведших ее мужа в могилу.

Новое правление принесло новые порядки. Начальствовать Канцелярией от строений был назначен Иван Иванович Бецкой, а обер-архитектора двора графа Растрелли перевели Бецкому в подчинение. Зодчий взбунтовался: прежде он подавал проекты на утверждение лично императрице и рассчитывал впредь действовать тем же порядком. Его почтительное письмо царице содержало просьбу восстановить старый порядок или уволить его в отставку. Отставка последовала немедленно: Бецкой был дороже Екатерине, нежели итальянец-архитектор.

Расстроенный Растрелли покинул Петербург, но ненадолго: в следующем году он возвратился, надеясь на перемену участи. Однако, наоборот, был уволен ото всех дел «в рассуждении старости и слабого здоровья». Конечно, особенно здоров Растрелли не был: ведь стукнуло ему уже шестьдесят три года, — но все же год назад он руководил гигантской стройкой Зимнего дворца, и здоровья хватало.

До сих пор неизвестно, как в точности прошли последние годы Растрелли и где он умер — в Петербурге, как пишут современные историки, или в Лугано, как утверждал некогда авторитетный исследователь П.Н. Петров...

А растреллиевский дом дожил до начала XX столетия, и в его истории нашлось место еще одному знаменитому мастеру. Не зодчему — портному.

Прославленное ателье «Н. Норденштрем», основанное в 1821 году, занималось шитьем военных мундиров. Здесь, на Невском, 46, шили мундиры для Александра III, великих князей, принцев Ольденбургских; сюда ездили и многие гвардейцы. Вот что вспоминал блестящий кирасир В.С. Трубецкой: «Ежедневно после учений я ездил в Петербург, где первым делом посещал почтенного Норденштрема — знаменитого петербургского военного портного, одевавшего весь цвет гвардейских щеголей, и в том числе молодых «высочайших особ»...

В просторном, светлом и солидно обставленном ателье Норденштрема на Невском кипела работа нескольких опытнейших мастеров под зорким и неустанным наблюдением самого хозяина — сурового, важного и хромого тучного старика, справедливо считавшегося королем российских военных портных.

Дорого брал за свою работу старик Норденштрем, однако он был истинным художником в своем деле. Иные неказистые и неуклюжие фигуры, облекаясь в мундиры и сюртуки его работы, вдруг, как по волшебству, приобретали стройность, изящность и благородство осанки...»

Стоит заметить: старик Норденштрем — не сам основатель династии, к тому времени давно уже почивший, а его потомок и преемник Карл Норденштрем...

Уже перед самой своей кончиной растреллиевский дом успел еще разок попасть в историю. В мае 1896 года в одной из находившихся тут лавок открылся первый в нашей стране кинотеатр — временный, наскоро устроенный предприимчивым хозяином. Показанные ленты были просты: прибытие поезда на станцию, игра детей, ссора мужчин, выход рабочих с фабрики Люмьеров — изобретателей кино. Сеансы длились всего 15—20 минут, но публика была в восторге.

Первый кинематограф недолго оставался единственным; уже скоро в столице открылись десятки подобных заведений. А в начале XX века начали возводить и особые помещения для кинотеатров — некоторые из которых мы повстречали по пути...

Нынешнюю свою внешность, с гранитными фасадами, дом № 46 приобрел в самом начале XX века — по заказу Московского купеческого банка. После этого в доме разместились сразу несколько заведений «сферы обслуживания».

Например, весьма солидный магазин оптики «Мильк»; он давно находился в этой части Невского и лишь вернулся после ремонта на знакомое место. Фирма Милька делала и сложные оптические приборы, и обыкновенные очки — в том числе для императора Александра II.

А самым популярным заведением в доме Московского купеческого банка стала знаменитая «Квисисана» — ресторан, известный среди прочего своим буфетом-автоматом и вошедший даже в городской фольклор: «Менс сана ин Квисисана»! Иными словами, в «Квисисане» — здоровый дух. Находилось заведение на первом этаже, слева от арки — за большими окнами...

Репутация «Квисисаны» была столь прочной, что и после революции она продолжила существование и значилась даже в справочниках конца 1940-х — пока борьба с космополитизмом не превратила ее в кафе «Театральное».

А потом это помещение отдали знаменитой кондитерской «Север», и здесь довольно долго работало кафе «Север». Впрочем, история этого заведения относится больше к соседнему дому — № 44 по Невскому проспекту.

ОБРАТИТЕСЬ К ЛОРУ

Роскошный гранитный дом № 44 был построен в начале XX века для еще одного банка — Сибирского торгового. Но, как и в соседнем доме, да и других подобных зданиях, находился здесь не только сам банк. О кондитерской Андреева, располагавшейся на Невском, 44 еще в XIX столетии, мы уже упоминали: в ней встречались народовольцы. Прибавим к тому, что Перовская, Гриневицкий и Рысаков — трое главных убийц Александра II — отправились «на дело» именно из этой кондитерской. И из-за сильного волнения «один только Гриневицкий мог спокойно съесть поданную ему порцию».

Булочная-кондитерская Андреева существовала в этом доме долго и до самой революции сохраняла имя своего основателя — хотя принадлежала уже другим людям. В начале XX века, например, владельцем кондитерской Андреева был купец Крымзенков; он запомнился горожанам тем, что сам стоял за кассой, причем одет был в извозчичью куртку с шарфом и валенки. Выручка кондитерской, носившей тогда и второе имя — «Централь», — была весьма солидной, 500 рублей в день и больше, и это было едва ли не самое успешное такое заведение на Невском...

Столь доходное предприятие не могло исчезнуть и после революции — правда, имени Андреева кондитерская тогда уже не носила, а принадлежала известному в ту пору семейству Лор.

Это была не просто известная — знаменитая, даже легендарная фамилия! Не случайно, как вспоминает современник, если на домашних праздниках 1920-х годов и угощали пирожными, «то старались купить их у Лора — знаменитого частника на Невском». На Невском, но не только: у господ Лор было несколько кондитерских в разных частях города. Само же семейство жило на Среднем проспекте Васильевского острова (где находилось одно из заведений) — и, может, потому именно в василеостровском фольклоре их кондитерские оставили след. Вадим Шефнер вспоминает:

«На углу Среднего проспекта и Восьмой линии была кондитерская Лора, славившаяся вкусными пирожными. Рассказывали, что как-то одна дама, купив там пирожное эклер и немедленно приступив к его съедению, обнаружила в нем запеченного таракана. Она немедленно кинулась с этой находкой к продавцу...

— Милая, вы ошиблись! Никакой это не таракан, это — изюминка! — ласково возразил ей продавец и, выковырнув из «эклера» эту «изюминку», с явным аппетитом разжевал ее и проглотил. Так была спасена репутация славной кондитерской Лора».

История, конечно, апокрифична: нечто подобное приписывали еще знаменитому до революции булочнику Филиппову...

Что же до кондитерской на Невском, 44, то она благополучно пережила очередных своих хозяев; ленинградцам она больше знакома под названием «Норд» или «Север». Здесь бывали многие городские знаменитости, и в их числе Михаил Зощенко. В одной из книг Валентина Катаева есть красочный и довольно пространный рассказ о том, как в начале 1950-х они с Зощенко (в тексте — «штабс-капитан») побывали в этой кондитерской.

Реклама кондитерских Лора. 1920-е гг.

«Я предложил ему по старой памяти заехать на Невский проспект в известную кондитерскую «Норд», ввиду своего космополитического названия переименованную в исконно русское название «Север», и напиться там кофе с весьма знаменитым, еще непереименованным тортом «Норд».

Он встревожился.

— Понимаешь,— сказал он, по обыкновению нежно называя меня уменьшительным именем,— в последнее время я стараюсь не показываться на людях. Меня окружают, рассматривают, сочувствуют. Тяжело быть ошельмованной знаменитостью,— не без горькой иронии закончил он, хотя в его словах слышались и некоторые честолюбивые нотки...

Я успокоил его, сказав, что в этот час вряд ли в кондитерской «Север» особенно многолюдно. Хотя и неохотно, но он согласился с моими доводами.

Оставив машину дожидаться нас у входа, мы проворно прошмыгнули в «Север», где, как мне показалось, к некоторому своему неудовольствию, имевшему оттенок удовольствия, штабс-капитан обнаружил довольно много посетителей, которые, впрочем, не обратили на нас внимания.

Мы уселись за столик во второй комнате в темноватом углу и с удовольствием выпили по стакану кофе со сливками и съели по два куска торта «Норд».

Мой друг все время подозрительно посматривал по сторонам, каждый миг ожидая проявления повышенного интереса окружающих к его личности. Однако никто его не узнал, и это, по-моему, немного его огорчило, хотя он держался молодцом.

— Слава богу, на этот раз не узнали,— сказал он, когда мы выходили из кондитерской на Невский и сразу же попали в толпу, стоявшую возле нашей машины и, видимо, ожидавшую выхода опального писателя.

— Ну я же тебе говорил,— с горькой иронией, хотя и не без внутреннего ликования шепнул мне штабс-капитан, окруженный толпой зевак.— Просто невозможно появиться на улице!..

Я провел его через толпу и впихнул в машину. Толпа не расходилась. Мне даже, признаться, стало завидно...

— Товарищи,— обратился я к толпе, не дававшей возможности нашей машине тронуться.— Ну чего вы не видели?

— Да нам интересно посмотреть на новую модель автомобиля. У нас в Ленинграде она в новинку. Вот и любуемся. Хорошая машина! И ведь, главное дело, своя, советская, отечественная!

Шофер дал гудок. Толпа разошлась, и машина двинулась, увозя меня и штабс-капитана, на лице которого появилось удовлетворенно-смущенное выражение...

Мы переглянулись и стали смеяться».

Существует кондитерская в этом доме и сегодня...

ПРОДАВЕЦ АЛМАЗА «ОРЛОВ»

Армянская церковь стоит в глубине квартала, между домами № 42 и 40. И сам храм, и оба дома обязаны рождением придворному ювелиру, армянину Ивану Лазареву.

Армянская церковь. С открытки начала XX в.

А также Екатерине II: именно к ней обратились питерские армяне во главе с Лазаревым, прося об одном — разрешить строительство в столице армянской церкви. Императрица дозволение дала, и благодарные армяне освятили свой храм именем Святой Екатерины.

Два дома на Невском, принадлежавшие лично Лазареву, выросли параллельно с возведением церкви.

Примечательно, что в те же годы, когда велось строительство, придворный ювелир сыграл ключевую роль в приобретении Россией алмаза «Орлов». Легенды о происхождении этого знаменитого камня причудливо сочетают правду и вымысел. Утверждали, к примеру, что Лазарев купил его в Персии, а шах принуждал ювелира продать алмаз ему, — на что «Лазарев, сделав разрез в ляжке, спрятал туда бриллиант, и так как бриллиант у него не был найден, то его наконец выпустили на свободу. Он приехал в Петербург, где, по просьбе его, сделали ему операцию». Романтическая история — но вымышленная.

Достоверно известно, что до Лазарева алмазом владел его дядя, купец Григорий Сафрас. Потом Сафрас продал племяннику за 125 тысяч рублей «половинную долю» бриллианта, и тот стал искать покупателей на диковину. Таковой благополучно нашелся: князь Григорий Орлов согласился приобрести алмаз за 400 тысяч. В 1773 году в день именин Екатерины II Орлов преподнес камень императрице — «вместо букета», и «камень этот был выставлен в этот день при дворе».

В выигрыше оказались все. Екатерина II получила алмаз. Орлов был увековечен в названии алмаза и притом нисколько не разорился на его покупке: необходимые деньги на самом деле выплатила императрица. Но тайно — должно быть, ей не хотелось афишировать такое мотовство в разгар борьбы с Пугачевым, долгой и дорогостоящей.

И в двойном выигрыше оказался Лазарев: он не только хорошо заработал на алмазе, но и получил от благодарной императрицы дворянский титул.

ТАЙНА ЦАРСКОГО ЧАСА

Мемориальная доска на доме № 42 напоминает, что здесь жил Федор Иванович Тютчев: поэт и дипломат провел тут восемнадцать лет. Вспоминают, что он часто сиживал на дворницкой скамейке перед домом, читая свежие газеты. И именно в эти годы — не в этом ли самом доме?! — написал знаменитейшее:

Умом Россию не понять,
Аршином общим не измерить:
У ней особенная стать —
В Россию можно только верить.

...Задолго до Тютчева, в пушкинские годы, в этом доме жил Михаил Михайлович Сперанский, создатель Полного собрания законов России и вообще ярчайший из политиков своего времени. О деятельности его до сих пор есть разные мнения. Некоторые считают его смелым реформатором, планы которого были сорваны недоброжелателями. А мечтал он о многом: двухпалатный парламент, свобода крестьян, суд присяжных...

Михаил Михайлович Сперанский

Но вот мнение историка Ключевского: когда Сперанский «приступил к перестройке русского государственного порядка, он взглянул на наше отечество, как на грифельную доску, на которой можно чертить какие угодно математически правильные политические построения».

Что ж, обычная беда кабинетных реформаторов! Мы видели такое и в недавние времена: берутся с виду привлекательные идеи и переносятся на совсем не подходящую для них почву. Итог оказывается плачевным...

Впрочем, нас больше интересует сейчас не Сперанский, а живший здесь же его давний сотрудник Гавриил Степанович Батеньков.

Это был очень непростой человек! Неоднозначный, двойственный. Во власти, например, он сумел стать ближайшим сотрудником двух антиподов — реформатора Сперанского и консерватора Аракчеева. Состоя в тайном сообществе декабристов, Батеньков и в нем вел свою игру. Человек скрытный и властолюбивый, он надеялся в случае успешного переворота занять видное положение. Но в событиях 14 декабря 1825 года участия не принимал, даже наоборот: присягнул в этот день на верность императору Николаю. Тогда как его товарищи стояли на Сенатской...

Двойственность не спасла Батенькова от тюрьмы. И вот тут все повернулось самым загадочным образом. В одиночном заключении он провел не год, не два — почти двадцать! Его товарищи по заговору давно отбывали каторгу в Сибири, а Батеньков, приговоренный к пятнадцатилетней каторге, все томился в одиночке Петропавловской крепости. Двадцать лет взаперти, практически без общения с людьми: за это время он почти разучился говорить, одичал...

Почему с ним обошлись столь сурово? На этот счет есть масса предположений, от курьезных до вполне разумных. Но истина, по всей видимости, печальна: Батеньков был близок к сумасшествию. Даже больше: «был доказан в лишении рассудка». Этому имелись и некоторые предпосылки — двадцатый ребенок в семье, он рос нервным и впечатлительным, был склонен к религиозной экзальтации, а во время победоносного шествия русской армии по Европе чудом избежал смерти. Врачи насчитали на теле Батенькова десять штыковых ранений, была пробита шея — и эти тяжкие раны до конца жизни кровоточили и мучили Гавриила Степановича...

Посмертная врачебная экспертиза назвала наиболее вероятный его диагноз: истерический реактивный психоз, начавшийся сразу после следствия и продолжавшийся много лет. Впрочем, он не был все время невменяем: иногда Батеньков рассуждал и вел себя вполне здраво. Но иногда...

В 1835 году Батеньков взялся за перо и написал несколько писем императору Николаю I — смесь безумия, нравоучительных советов и мыслей о государстве и о себе. Вот коротенький отрывок:

«Лез Маяста — вот какой ето род дел:

1. Превысить Царя Словом и делом.
2. Похитить Тайну Царского Часа.
3. Вступить с Царем в родство по крови и телу...»

Таких текстов Батеньков написал много — и в том году, и позже. Называл их «изъяснениями». Комментарии тут вряд ли нужны — хотя некоторые считают, что эти нескладные мысли обладают какой-то высшей, непонятной нам логикой. Что ж, просветление и сумасшествие — два близких состояния: вспомним прорицателей-юродивых.

Сам Батеньков, однако, безумцем себя не считал — ни во время своего беспримерного заключения, ни позже, уже оказавшись на свободе. И писал, например, о том, как на него в тюрьме снизошло однажды «откровение»: «Простоял я на коленях целый месяц. Не знаю уже как, но стража совсем ничего не примечала; но действия ее также были необыкновенны, и я... точно, полно и ясно видел, что это действие Божие». Стоит ли говорить, что охрана и вправду ничего не приметила: ни один документ не подтверждает слов о столь долгом стоянии на коленях...

Случайность помогла Батенькову выйти на свободу. Новое жандармское руководство заинтересовалось узником Петропавловской крепости, о котором все давно забыли. Император не был против освобождения, но только если Батеньков окажется здоров. Врачи обследовали узника — и неожиданно его здоровье оказалось удовлетворительным. Сам он объяснял этот факт, по обыкновению, мистически: «В 845 году я закончил мое изъяснение... и мне нечего было больше там делать. И хотя располагался 846 год весь пробыть... но почувствовал крайнюю усталость... Это заставило меня в Генваре уже настоять об отправлении в Томск. В два дня все и кончили».

Его действительно отправили в Томск; там он скоро восстановил свои навыки и умения. И постоянно помнил о тех двадцати годах, «которые необходимо должны были очистить душу и освятить» — так он писал в одном из посланий...

ОТ ИЗЛЕРА — «НА ЗДОРОВЬЕ»

В пушкинские времена в доме № 40 находилась популярная кондитерская Андре Амбиеля; чуть позже ее купил Иоганн Люций Излер, служивший у Амбиеля «первым гарсоном», — и сумел поднять заведение на новый уровень.

В этой кондитерской сходились петербуржцы 1840-х годов, и основной приманкой для публики служили знаменитые излеровские пирожки. В обычные дни выпекалось по четыре сорта пирожков, в зависимости от дня недели. Каж-

И. Излер со своими артистами в 1852 году. Рисунок

дому из этих сортов давались оригинальные шутливые названия. На вторник, например, приходились такие: «Просто прелесть!», «Мал золотник, да дорог!», «С вариациями», «На здоровье». А в Великий пост у Излера пекли аж 28 сортов пирожков. Стоили все эти чудеса кулинарии 5 или 10 копеек за штуку.

Пирожками Излер, впрочем, не ограничивался. Заботился, например, и о мороженом — да так, что в 1845 году получил патент на машину для приготовления мороженого. А попутно Иоганн Люций, по-русски Иван Иванович, занимался рекламой своей кондитерской. Вот что писала о его заведении — с подачи, разумеется, хозяина — «Северная пчела»: «Как здесь все превосходно устроено, как все приноровлено к потребностям холостяка. В первой комнате — магазин конфект. Для табачных курильщиков — особое отделение. Для желающих выпить чашку кофе или шоколада, покушать мороженого — особо прекрасная комната, а для обеда, завтрака или ужина в большой зале поставлены отдельные столики. Прислуга исправная, одетая однообразно, чисто, в платье особого покроя. Отличный повар поддерживает честь заведения, вина — лучшие, и все по цене самой умеренной, так что холостяк может... насладиться за безделицу всем, что доставляет у себя дома огромное богатство... Ресторан г. Излера посещается людьми образованными, и вы можете услышать здесь толки о литературе, художестве и театре...»

К перечню излеровских сервисов стоит причислить еще один: как и в других подобных заведениях, здесь можно было почитать свежие номера российских, французских, немецких, английских газет и журналов. Небогатые студенты активно пользовались этой возможностью, просиживая у Излера за чтением по три-четыре часа (и заказав при этом лишь чашку кофе)...

Добившись благополучия для своей кондитерской, Излер решил расширить деятельность. Он стал известным в столице антрепренером, содержал Заведение искусственных минеральных вод, устраивал увеселения в Полюстрове и Новой Деревне, где выступали гимнасты и акробаты, ставились оперетты и пускались в небо воздушные шары. Все это опять же сопровождалось обильной рекламой, и об этом напоминает эпизод «Преступления и наказания», когда Раскольников ищет в газете строки о своем преступлении: «Излер — Излер — Ацтеки — Ацтеки — Излер — Бартола — Массимо — Ацтеки — Излер... фу, черт!»

Впрочем, самый расцвет Излера стал началом его конца. И загородные его заведения, и кондитерская начали понемногу терять популярность, теснимые конкурентами. Так что пришлось Ивану Ивановичу в итоге продать свои «Минводы», а затем и вовсе отойти от дел...

КОРИФЕЙ ГАЗЕТНОЙ БРАНИ

Одна интересная, нерядовая жизнь связана одновременно с обоими домами Армянской церкви — № 40 и 42.

Когда престарелый уже Батеньков (напомним, жилец дома № 42) был амнистирован, он сблизился с одним молодым архитектором: тот работал в имениях, принадлежавших родственникам декабристов. Архитектор увлекался литературой, переводил революционных поэтов и даже помогал Некрасову собирать материалы для поэм. Были 1850-е годы...

Строительное дело недолго занимало нашего нового героя, хотя он поспел еще побывать помощником инженера-архитектора при столичной клинике Виллие. Но затем молодой человек ушел в журналистику и прославился своими едкими фельетонами и пародиями. Активно сотрудничал в гремевших тогда либеральных «Санкт-Петербургских ведомостях», затем стал завсегдатаем консервативного «Нового времени» — газеты, контора которой помещалась в доме № 40 по Невскому.

Скончался же этот журналист не в Петербурге — в Ленинграде, летом 1926 года. Было ему 85.

Прежде наш герой в представлениях не нуждался, но нынешнему читателю представить его необходимо. Итак: Виктор Петрович Буренин. Ценители литературы вспомнят, может быть, стихотворение язвительного Дмитрия Минаева:

Бежит по Невскому собака,
За ней Буренин, тих и мил.
Городовой, смотри, однако,
Чтоб он ее не укусил!

Минаев в своем отношении к Буренину не одинок. Дорошевич свой фельетон о Викторе Петровиче озаглавил куда резче — «Старый палач». Не восторженными были и многие другие заголовки, посвященные журналисту: «Под маской культурности», «Неизлечимый», «Старейший порнограф». А Блок назвал Буренина «корифеем газетной брани»...

Чем же разгневал Буренин коллег? Как сказали бы теперь, своей «отвязностью». Виктор Петрович мог высмеять кого угодно — Толстого, Чехова, Бунина, Горького. При этом он «только и делал, что выискивал, чем бы человека обидеть». Понятно, что коллегам ядовитые статьи и пародии радости не приносили.

Случались даже вызовы на дуэль. Один из них нашумел особо: Буренин хлестко отрецензировал очередной роман Всеволода Крестовского, автора «Петербургских тайн», а писатель вскипел и вызвал критика на поединок. Буренин,

Невский проспект. Фото начала XX в.

впрочем, счел за благо от выяснения отношений уклониться. В собрании сочинений Козьмы Пруткова есть посвященные этому строки:

> Не дерись на дуэли, если жизнь дорога,
> Откажись, как Буренин, и ругай врага.

И все-таки в высказываниях о Буренине много наносного. Знавший его много лет Алексей Суворин записал о Буренине в дневнике: «Он действительно добрый человек. Злой в критике, но необыкновенно добрый и деликатный человек в жизни. Я много раз это испытал». Алексею Сергеевичу можно поверить.

Что же до самого Суворина, то, хотя он уже встречался нам на пути, здесь не вспомнить о нем нельзя. Потому что именно он был главой «Нового времени», издателем и редактором этой газеты. Выдающимся редактором: не случайно его газету читали и друзья и враги. Последние, конечно, ругали «Новое время» без оглядки, называя «блудливейшей из русских газет», — но этим тоже подтверждали ее особый статус. А вот взгляд со стороны: великой газетой назвала «Новое время» великая газета другой державы — лондонская «Times».

Издательская деятельность Суворина не ограничивалась газетой. Популярный журнал «Исторический вестник» тоже издавался под суворинской эгидой. Были и другие журналы, был ежегодный справочник «Весь Петербург», доныне удивляющий своим объемом и точностью. Все они продавались в доме № 40 по Невскому проспекту: тут находился первый и крупнейший из суворинских книжных магазинов...

ОТ КЭРРОЛЛА ДО КАРАЯНА

Михайловская улица выходит к Русскому музею и к площади Искусств (прежде тоже Михайловской). Музей мы видим в створе улицы; эту эффектную перспективу задумал и воплотил великий Карл Росси — до него улицы здесь не было. Запомним заодно местоположение площади: в нашем рассказе мы еще вернемся к ней, ведь здесь был смертельно ранен шеф жандармов Мезенцев...

Гранд-отель «Европа» занимает всю левую сторону Михайловской улицы. Гостиница на этом месте существовала с 1820-х годов — с того момента, как улица была проложена. На Невский, правда, отель тогда не выходил: стоял на углу Михайловских улицы и площади.

Владели той гостиницей француз Кулон, а затем немец Клее, называлась она громко: «La Russie» («Россия») — и пользовалась немалым успехом. «Гостиница «Россия» величиной с Лувр в Париже — ее коридоры длиннее многих улиц, и, пока их пройдешь, можно порядком притомиться» — это из записок француза Теофиля Готье. Более пренебрежительно писал другой француз, желчный маркиз Астольф де Кюстин: «снаружи дворец, изнутри позолоченная, обитая бархатом и шелком конюшня». Особенно он жаловался на обилие клопов в гостинице, цитируя при этом слова Кулона, что-де «в Петербурге без клопов я поме-

*Вид на Католическую церковь и Михайловскую улицу.
Литография Ж. Жакотте, Регаме
с оригинала И.И. Шарлеманя. 1850-е гг.*

щения не найду». И признавая все-таки, что «гостиница его считается лучшей в Петербурге»...

Постояльцем гостиницы был и Льюис Кэрролл, прибывший в Россию вместе со своим другом преподобным Лиддоном. Впечатления его от гостиницы нам неизвестны. Зато известно, что в отношении Невского проспекта он разделил восхищение Гоголя: это, «по моему мнению, одна из красивейших улиц мира». И еще Кэрролл записал, как он торговался с извозчиком, чтобы тот отвез его в гостиницу.

«*Я*. Гостиница Клее. (Gostinitia Klee.)

Кучер (быстро произносит какую-то фразу, из которой мы смогли уловить последние слова). Три гроша. (Три гроша = 30 копеек.)

Я. Двадцать копеек? (Doatzat Kopecki.)

К. (негодующе). Тридцать!

Я. (решительно). Двадцать.

К. (с убедительной интонацией). Двадцать пять? (Doatzat pait?)

Гостиница «Европейская».
С открытки начала XX в.

Я. (с видом человека, сказавшего свое последнее слово и не желающего больше иметь с ним дело). Двадцать.

С этими словами я беру Лиддона под руку, и мы отходим, не обращая ни малейшего внимания на крики кучера. Не успели мы отойти на несколько ярдов, как услышали сзади стук экипажа: кучер тащился вслед за нами, громко окликая нас.

Я (мрачно). Двадцать?

К. (с радостной улыбкой). Да! Да! Двадцать!

И мы сели в пролетку».

«Россия» славилась рестораном, в котором бывали не только постояльцы гостиницы, но и горожане — Герцен, Белинский, Шевченко, Тургенев, Достоевский. И все бы хорошо, но в 1871 году в гостинице случился сильный пожар. А после него решено было не просто восстановить отель: создать новый, роскошный, во всю длину Михайловской улицы.

С первых своих дней новая «Европейская» гостиница получилась весьма и весьма фешенебельной. Когда в 1875 году отель открыли, в его роскошных номерах были не только ковры и ванны, но и рояли, а у дверей висели редкие по тому времени электрические звонки. Хозяева «Европейской» обзавелись также собственными кондитерским и коптильным производствами, хлебопекарней, винным погребом; в гостинице работали магазины и ресторан.

Неудивительно, что с первых дней гостиница принимала богачей и знаменитостей. Ее гостями были в разные годы шведский король Густав V и миллиардер Джон Пирпонт Морган, певец Элтон Джон и английский принц Чарльз, писатели Бернард Шоу и Рабиндранат Тагор, экс-президенты США Ричард Никсон и Джеймс Картер, многие другие правители. А также великие музыканты — Чайковский, Шаляпин, Прокофьев, Стравинский, Дунаевский, Караян...

Правда, в революцию гостинице пришлось пережить трудные времена. Актер Мамонт Дальский руководил отсюда бандой петроградских анархистов. Потом работал здесь приемник-распределитель для беспризорников. Какое-то время был даже жилой дом — для руководящих, естественно, работников. И только через пять лет все вернулось на круги своя...

КАПИТАН КОПЕЙКИН ПРОШЕЛ МИМО

По другую сторону Невского Михайловскую улицу продолжает Думская. Она названа так потому, что в обширном угловом здании находилась прежде Городская дума — выборный орган, ведавший в столице городским хозяйством и транспортом, школами и торговлей, медициной и налогами. А башня Думы, построенная по проекту итальянца Джакомо Феррари, — одно из тех зданий Невского, не заметить которые нельзя.

Еще ранней весной 1800 года на месте этой башни стояли скромные одноэтажные лавки купцов, но потом император Павел распорядился снести их «по случаю начатия постройки вновь Ратгауза и башни» — да «так, чтоб ни

Башня Городской думы. С фотографии 1870-х гг.

малейшей в производстве строения остановки последовать не могло».

Без «остановок», однако, дело не обошлось: строилась башня несколько лет и завершена была лишь при императоре Александре.

Силуэт думской башни органично вписался в панораму Невского проспекта. К ней привыкли быстро — и столь же быстро стали считать ее одной из примет города. Со временем «невская башня» вошла даже в фольклор, откуда позже перекочевала в поэму Блока «Двенадцать»:

> Не слышно шуму городского,
> Над невской башней тишина,
> И больше нет городового —
> Гуляй, ребята, без вина!..

Надо сказать, что свой первозданный, «от Феррари», вид башня сохраняла не слишком долго. Уже в конце 1830-х годов ее дополнили особым завершением — металлической конструкцией, которая играла вполне практическую роль. А именно: башня стала одной из передаточных станций оптического телеграфа, бравшего начало в Зимнем дворце. Именно с той поры башню Феррари стали именовать еще и Телеграфной башней.

Оптический телеграф работал полтора десятилетия. Но и потом для башни нашлось дело: она стала служить своего рода пожарной каланчой. С думской башни, конечно, не осматривали город в поисках огня и дыма, но именно на ней вывешивали сигналы для горожан — где именно горит. Это были шары: они укреплялись по два или по три

Николаевский зал Санкт-Петербургской Городской думы.
С гравюры начала XX в.

В Александровском зале Городской думы.
Фото начала XX в.

Невский проспект у Городской думы.
Гравюра Л. Тюмлинга. 1830-е гг.

на длинных веревках — в разных сочетаниях, с разным расстоянием между шарами. Сведущие петербуржцы сразу понимали смысл сигналов: сочетание шаров указывало на ту или иную часть города.

Пишут, кстати, что на башне какое-то время вывешивались и другие сигналы — о наводнениях, о высоте воды в Неве, о температуре воздуха. И круглосуточно дежурил на ней дозорный: он отвечал за оперативность сигналов...

К башне Думы примыкает корпус бывших Милютинских, или Серебряных, рядов — еще одно знаменитое торговое сооружение Невского. О нем есть упоминание в гоголевских «Мертвых душах» — произведении вообще-то не петербургском. Капитан Копейкин ходит там по столице без гроша в кармане и страдает: «Пройдет ли мимо Милютинских лавок, там из окна выглядывает, в некотором роде, семга эдакая, вишенки — по пяти рублей штучка, арбуз-громадище, дилижанс эдакой, высунулся из окна, и, так сказать, ищет дурака, который бы заплатил сто рублей, — словом, на всяком шагу соблазн такой, слюнки

У Перинной линии. Фото начала XX в.

текут». Гоголю вторит Салтыков-Щедрин: «У Милютиных лавок мы отдохнули и взорами и душою. Апельсины, мандарины, груши, виноград, яблоки. Представьте себе — земляника! На дворе февраль, у извозчиков уши на морозе побелели, а там, в этой провонялой лавчонке, — уж лето в самом разгаре!»

Интересна Думская улица и еще несколькими достопримечательностями. Во-первых, на ней стоит портик Перинной линии, более известный как портик Руска. Это вообще-то не тот портик, что строил когда-то знаменитый итальянец Луиджи Руска. Тот снесли при строительстве метро вместе со всей примыкавшей к портику Перинной линией. Потом, спустя несколько лет, портик восстановили — но с изменениями в облике.

А вот одно строение, стоявшее перед портиком Руска, восстанавливать вряд ли будут. Почти семьдесят лет здесь высилась часовня, построенная на деньги купцов Петровых. Храм был особенно популярен среди гостинодворцев и их покупателей, а потому приносил немалые доходы.

Часовня перед Городской думой. Фото начала XX века

После революции эта часовня подкрепляла бюджет религиозной группы «Живая Церковь». Время тогда было смутное, русская церковь раскололась на два лагеря — тех, кто желал сотрудничать с новой властью (обновленцев), и тех, кто был против. В обновленческом лагере особенно заметна была группа «Живая Церковь» во главе с протопресвитером Владимиром Красницким.

Любопытнейшая это была персона — Владимир Дмитриевич Красницкий! До революции священник, черносотенец, автор антисемитских статей. В 1917-м яростный критик большевиков, потом слушатель партшколы, красноармеец, лектор по земельной политике и, наконец, снова священник. Уже в последнем качестве он выступал с горячей апологией новой власти: «Слово благодарности и привета должно быть высказано нами единственной в мире власти, которая творит, не веруя, то дело любви, которое мы, веруя, не исполняем, а также вождю Советской России В.И. Ленину».

Показная лояльность не принесла «Живой Церкви» благополучия. После кратковременного взлета популярность ее пошла на спад, и у нее остались лишь считаные храмы. В том числе часовня у Гостиного двора, которой «Живая Церковь» заправляла несколько лет, получая на этом 400—500 рублей в месяц.

А потом часовню закрыли как «уродливую» — и снесли.

КОРОЛЕВСКИЕ ПОЧЕСТИ

Между домами № 32 и 34, в глубине квартала, находится католический храм — костел Святой Екатерины. Читатель уже знает, что именно здесь венчались Жорж Дантес и Екатерина Гончарова, сестра Натальи Пушкиной, здесь отпевали Анджелину Бозио.

Художник Александр Бенуа, в детстве посещавший в костеле вечерние занятия по катехизису, вспоминал: «Шум Невского проспекта не проникал к нам особенно после того, как установился санный путь, а вся эта громадная и темная храмина, в которой при свете лампад едва блестела позолота обрамлений алтарных картин и мерещились белые фигуры исполинских ангелов, отважно, под самыми сводами, восседающих на карнизах, казалась полной какой-то своей жизни. Совершенно особое чувство я испытывал, когда... топтал плиты, под которыми были похоронены последний король польский и «знаменитый французский полководец» генерал Моро».

Это еще одна примечательная страница истории: и в самом деле в костеле Святой Екатерины были погребены два выдающихся человека — Станислав-Август Понятовский и Жан-Виктор Моро.

Биографии их полны ярких событий и неожиданных перемен. Взлет Понятовского начался в те годы, когда небогатый, но красивый и умный поляк служил секретарем английского посла в Петербурге. На какое-то время ему посчастливилось завладеть сердцем великой княгини Екатерины Алексеевны. Взойдя на трон, Екатерина II одарила престолом и бывшего фаворита: выборы короля Поль-

Костел Святой Екатерины. С открытки начала XX в.

ши проходили под присмотром русских, и исход их был предопределен. Королем Понятовский оставался тридцать один год, а потом отрекся от короны — и приют бывшему монарху предложила опять Россия.

Павел I предоставил Станиславу-Августу два дворца: Мраморный для зимнего пребывания и Каменноостровский для летнего. Там Понятовский писал мемуары, подготовил проект возрождения Польши. И вел расточительный образ жизни, из-за которого основательно влез в долги. Пишут, что ростовщики не слишком охотно кредитовали бывшего короля и доверяли лишь его камердинеру, некоему господину Риксу. Был этот Рикс, не в пример Понятовскому, богат, и кредиторы подшучивали: Рикс, мол, внушает больше доверия, чем «Рекс» (Rex — король).

Привольная жизнь Понятовского в Петербурге длилась меньше трех лет. В начале 1798 года он неожиданно умер при весьма неясных обстоятельствах. Подозревали отравление.

При похоронах Понятовскому были отданы королевские почести. А уже в XX столетии прах последнего польского короля был отправлен из костела Святой Екатерины на родину, в Польшу...

Не меньше перемен выпало на долю Моро. Сподвижник Бонапарта, он однажды встретился в бою с самим Суворовым. Ту битву проиграл, но многие другие выиграл — и прослыл самым блестящим генералом Республики.

А вот когда Бонапарт стал императором Наполеоном, Жан-Виктор Моро оказался в лагере молчаливой оппозиции. И хотя никаких явных интриг не плел, император счел за благо обвинить генерала в заговоре. И выслать бывшего соратника из Франции.

Несколько лет Моро обитал в Северной Америке, а потом получил приглашение прибыть в Россию — чтобы встретиться в бою уже с Наполеоном. Александр I прочил генерала на пост главнокомандующего всеми союзными армиями. Однако случилось иначе. В первом же крупном сражении, под Дрезденом, Моро получил ужасающее ранение: французское ядро «оторвало у него правую ногу, пролетело сквозь лошадь, вырвало левую икру и повредило колено». Через две недели генерал умер. Есть легенда, что именно Наполеон в бинокль заметил Моро и приказал артиллеристам обстрелять его.

Хоронили Моро торжественно. А Наполеон, будучи уже в изгнании, не раз вспоминал о генерале. Он говорил: «Меня огорчает слава Моро, который нашел смерть в рядах неприятеля. Если бы он умер за родину, я завидовал бы такой судьбе». И еще: «Мне ставили в вину его изгнание; так или иначе — нас же было двое, тогда как нужен был только один».

НАСТОЯЩИЕ ИЕЗУИТЫ

Император Павел I сразу полюбил этого человека. И было за что! 59-летний Гавриил Грубер исцелил от сильнейшей зубной боли супругу Павла Петровича, а попутно продемонстрировал императору другие свои таланты: кулинарные (Грубер приготовил для императора вкуснейший шоколад), музыкальные. А еще Грубер прекрасно

Гавриил Грубер.
С гравюры начала XIX в.

знал физику и химию, был одаренным математиком и механиком, вполне профессионально владел кистью...

Восхищенный Павел разрешил Груберу доступ в свой кабинет в любое время. А попутно подписал указ, которым ордену Иисуса дозволялось совершать в Петербурге богослужения. Для этой цели ордену отдали костел Святой Екатерины на Невском проспекте. Дотоле храм принадлежал доминиканцам.

Орден Иисуса: именно так именовались иезуиты. Легендарная организация была тогда в полуподпольном состоянии (Ватикан распустил ее еще в 1773 году). Иезуиты скитались по Европе в поисках приюта, пока им не оказала покровительство Екатерина II: она дозволила им обитать в западных землях России. Павел I, шедший часто вразрез с решениями матери, продолжил ее линию.

Гавриил Грубер был негласным главой иезуитского ордена, — и его близость к Павлу дала иезуитам новые надежды. Грубер даже составил проект о соединении православной церкви с католической — но идея эта, по счастью, была отвергнута. А вот иезуитский пансион в российской столице Грубер открыл успешно, и это заведение быстро обрело славу. Воспитательная система иезуитов стояла на высоте, а потому многие сановники отдавали в этот пансион своих детей. Только вот незадача: многие из учеников, окончив пансион, перешли в католичество. Какое-то время власти это терпели, но в итоге указали ордену Иисуса на дверь: император Александр I особым указом закрыл пансион и изгнал иезуитов из столицы.

Впрочем, вряд ли это сильно их огорчило: за год до изгнания очередной папа восстановил иезуитский орден в правах. Так что в поддержке России они теперь не особенно нуждались.

А вот Гавриил Грубер не стал свидетелем всех этих перемен. Избранный в 1802 году генералом ордена Иисуса, он через три года погиб при таинственных обстоятельствах — во время пожара Дома иезуитов в Петербурге. Поговаривали, что он был убит.

ЗА ПРИЛАВКОМ — ЖЕНЩИНА!

Дом № 32 вполне может занять место в летописях женской эмансипации. И даже должен его занять. Это сегодня в магазинах и аптеках за прилавками стоят, как правило, женщины — а когда-то продавцами и приказчиками были исключительно мужчины.

Впервые русская женщина встала за прилавок в 1861 году: это случилось в книжном магазине Николая Серно-Соловьевича, находившемся на Невском, 24. Его конторщицей и приказчицей стала «молодая, красивая женщина в синих очках» — 26-летняя Анна Энгельгардт, жена артиллерийского офицера, ставшего позже известным ученым и публицистом. Такой дерзкой новацией петербуржцы были изумлены; даже либеральный журнал «Современник» особо отметил это событие: «В магазине г. Соловьевича конторскими текущими делами будет, между прочим, заниматься дама, принадлежащая к обществу, которая, отвергнув общественные предрассудки, решилась взять на себя эту обязанность»...

Лиха беда начало: женщины за прилавком воспринимались со временем все более обыденно. А летом 1901 года случилось еще одно этапное событие: в доме № 32 по Невскому открылась первая в России женская аптека. Газета «Новое время» сообщила своим читателям: «Весь состав служащих аптеки женского пола, за исключением одного мужчины на случай щепетильных разговоров с покупателями мужского пола».

Заведующая аптекой Антонина Лесневская выдержала серьезную борьбу за то, чтобы ее заведение дозволили открыть. Пять раз она получала отказы от городских властей, потом немало намучилась с подбором персонала. В итоге даже создала при аптеке специальную школу для подготовки «лекарских помощниц».

Что ж, труды ее в конце концов увенчались успехом. А от тружениц первой аптеки ведут, можно сказать, свою родословную и все нынешние аптекарши.

БОГАТЫЕ ДОМОВЛАДЕЛЬЦЫ И «ХРАМ ОЧАРОВАНИЙ»

Дом под номером 30, стоящий на углу проспекта и канала Грибоедова (прежде Екатерининского), — одно из самых примечательных петербургских зданий. Красной нитью через всю его историю проходят две темы: музыка и публичные увеселения...

Уже в конце XVIII столетия здесь устраивались концерты и маскарады — весьма популярные. Время от времени случались тут и представления необычайные, из ряда вон. Одно, например, состоялось в 1806 году, и газетное объявление о нем было столь красочно, что привести его можно почти полностью:

«Итальянец Иосиф Солларо уведомляет почтеннейшую публику, что привезены им: I. Американец, родившийся с большим, на груди висящим зобом и одаренный в груди такою силою, что может одолевать самых сильных зверей. II. Жена его, которой от роду 20 лет, ростом в три фута, также имеет зоб, прибавляющийся вместе с летами, грудь же имеет однокостную. Дитя, рожденное от нее на дороге из Амстердама до Утрехта, умерло; но она теперь вторично беременна. Оба сии Американца питаются одною только сырою говядиною и сырыми травами и кореньями... а одеты в платье обычаю их земли свойственное. III. Молодой мущина, родом из Брабанта, восемнадцати лет, имеющий три руки и одну ногу. Он большой искусник и делает разные штуки, как то: 1. Играет на скрыпке третьею рукою, а правою попеременно держит то пистолет, то саблю. 2. Ест и пьет третьею рукою столько же искусно, как и проворно. 3. Держа табакерку, насыпает табаком трубку и раскуривает ее тою же третьею рукою. 4. Тою же третьею рукою берет пистолет, заряжает и стреляет. 5. Всеми тремя играет на двух инструментах, под музыку которых оба Американца вместе пляшут. 6. Троерукой аккомпанирует четырьмя тарелками марш, играемый музыкантами. Представление будет всякой день с трех часов пополудни до девяти часов вечера».

В эти годы владельцем здания был богатейший откупщик Михаил Кусовников — личность яркая и по-своему примечательная. Добродушный и веселый человек, он слыл при этом неисправимым чудаком. После службы во временной милиции (ополчении) в 1807 году Кусовников получил право носить особый мундир — кафтан и треугольную шляпу с зеленым пером. В них и разгуливал по улицам Петербурга. За ним иногда тянулась колоритная пара сопровождающих: лакей, вязавший на ходу какой-то чулок, и конторщик со счетами, пером и чернильницей. Если Кусовникову в голову приходил какой-то выгодный коммерческий расчет, конторщик тут же проверял его на счетах и записывал...

В другие дни Кусовников любил разыгрывать из себя сказочного Гарун-аль-Рашида. Он заходил в богатые лавки, одетый в длиннополый зипун и лапти. Приказчик смотрел с удивлением на «мужика», а Кусовников уверенно распоряжался.

— Эй, малый, — кричал он, — подай бутылку мне шампанского!

Малый, однако, не спешил за бутылкой и объяснял покупателю, что бутылка эта стоит целых три рубля.

— Три рубля? — переспрашивал Кусовников. — Что ж, недорого. Подай, пожалуй, две бутылки.

Приказчик бежал к хозяину, рассказывал ему о странном мужике. Лавочник распоряжался подать шампанское,

Панорама Невского проспекта, левая сторона. Фрагмент — от костела Св. Екатерины до дома Энгельгардта на углу Екатерининского канала. Литография П.С. Иванова с акварели В.С. Садовникова. 1835 г.

проследив только, чтобы мужик не ушел, не заплатив деньги.

Малый подавал бутылку Кусовникову, пристально глядя за ним. Тот усмехался:

— Что смотришь? Сам, видно, шампанского хочешь? Ну, неси стакан, я уж тебя попотчую.

Изумленный приказчик открывал одну из бутылок, выпивал стакан шампанского вместе с покупателем.

— Правда твоя, хорошо шампанское, — говорил Кусовников и доставал деньги. Но и тут не обходился без шутки: целая куча червонцев была сложена в большую кожаную рукавицу, и он просто высыпал монеты из нее на стол.

А пока удивленный слуга проверял червонцы, вертя их в руках, к лавке по знаку «мужика» подъезжал роскошный, запряженный цугом экипаж, куда и садился Кусовников. И такие сценки повторялись неоднократно, благо лавок в Петербурге было много...

Иногда для полноты маскарада он брал в руки бочонок с сельдями или лукошко яиц — и шел к ювелиру, требуя показать ему что-нибудь дорогое, непременно с бриллиан-

тами. После долгих сцен изумления и недоумения следовал тот же финал: откуда-то извлекались золотые деньги, и «мужик» отбывал в собственном экипаже...

Дом на Невском принадлежал Кусовникову тридцать лет; в эти годы здесь помещалась, среди прочего, прославленная книжная лавка Ивана Сленина. Именно в ней впервые появился в продаже пушкинский «Евгений Онегин»!

А потом дочь Кусовникова, Ольга, вышла замуж — и здание было отдано за ней в приданое. Так владельцами дома на углу проспекта и канала стали супруги Энгельгардт: Ольга Кусовникова связала свою жизнь с Василием Энгельгардтом, отставным полковником и с молодых лет приятелем Пушкина.

После устроенного супругами капитального ремонта здание приобрело свой нынешний облик, а жизнь его стала еще оживленнее. Здесь проходили знаменитые «энгельгардтовские» маскарады, описанные Лермонтовым в драме «Маскарад». А с самого начала XIX века и до 1840-х годов тут устраивались концерты крупнейших музыкантов России и Европы. «Торжественная месса» Бетховена была исполнена здесь полностью впервые в мире!

Но разве только маскарадами и концертами славился этот дом? Одну из ярких страниц вписал в его летопись

Антон Маркович Гамулецкий де Колла. В дом Энгельгардтов он переехал уже старичком — живым, веселым и седым как лунь. Жители столицы хорошо знали его по прежней службе: в самом конце XVIII века Гамулецкий состоял брандмайором и как-то отличился при пожаре дачи графа Безбородко, за что был пожалован повышением по службе и денежной премией.

А в доме на Невском Гамулецкий устроил «Храм очарований, или Механический, физический и оптический кабинет». По тому времени это было нечто невероятное! На верхней площадке лестницы, ведшей в «храм», посетителей встречал парящий позолоченный ангел. Когда гость оказывался на площадке, ангел поднимал руку, в которой держал валторну, и начинал играть. Пораженные посетители могли убедиться, что ангел висит совершенно свободно, без подпорок и тросов. Изобретательный Гамулецкий использовал для этого фокуса магнит (сам он вспоминал: «десять лет я трудился, чтобы найти точку и вес магнита и железа, чтобы удержать ангела в воздухе»).

Пройдя лестницу, гости входили в комнаты, анфилада которых казалась бесконечной (эффект усиливали зеркала). Из диковин, представавших перед их глазами, самой простой был «самоигральный диван»: когда на него садились, включалась музыкальная шкатулка. С величайшим искусством были сделаны разнообразные автоматы — амур, играющий на арфе; двигавшиеся петух, собака и кошка; змея, ползущая по полу; подававший напитки «араб, чистой воды африканец».

Кульминацией зрелищ была огромная голова чародея, стоявшая на зеркальном столе. Она отвечала на любые вопросы — причем на том же языке, на котором вопрос задавался. Присутствие спрятавшегося под столом человека было исключено: голову брали в руки и переставляли с места на место, и она отвечала так же спокойно...

В доме Энгельгардтов маг жил пятнадцать лет и за это время обрел славу лучшего в мире конструктора подобных машин и автоматов. Разумеется, «Кабинет» его считался важной достопримечательностью столицы; в нем бывали и члены царской семьи. Гамулецкий охотно показывал свой кабинет редкостей «не только коротким приятелям, но и всякому шапочному знакомцу». Так что историк Пыляев справедливо замечает, что «в Средние века он бы сильно рисковал попасть на костер инквизиции»...

ПОЗНАВАТЕЛЬНОЕ ЧТЕНИЕ ОТ ЖОРЖА БОРМАНА

У Аркадия Аверченко есть такой забавный диалог:

« — Слушайте... Ведь вам ваша вывеска на ночь, когда вы запираете лавку, не нужна? Дайте мне ее почитать на сон грядущий — не могу заснуть без чтения. А текст там очень любопытный — и мыло, и свечи, и сметана — обо всяком таком описано. Прочту — верну.

— Да... Все вы так говорите, что вернете. А намедни один тоже так-то вот — взял почитать доску от ящика с бисквитами Жоржа Бормана, да и зачитал. А там и картиночка, и буквы разные... У меня тоже, знаете ли, сын растет!»

Жорж Борман — это имя сегодня почти забыто. Хотя когда-то оно не нуждалось в пояснениях. Детская дразнилка «Жорж Борман — нос оторван» лишний раз напоминает, насколько велика была слава кондитера. В детский фольклор не всякому предпринимателю суждено было попасть!

Вообще-то Жорж Борман официально звался проще: Григорий Николаевич (именно Григорий, хотя Жоржу вообще-то больше соответствует Георгий). Сын столичного фармацевта, он в 1862 году открыл свой первый магазин с «ручною машиною для выделки шоколада». Десятилетие спустя эта скромная машина переросла в целую «Фабрику шоколада и конфект», а еще чуть погодя Борман стал поставщиком двора его императорского величества.

Одним из качеств, отличавших Бормана от многих его коллег, было внимание к техническому прогрессу. Он первым внедрил паровые машины в производство шоколада. Не боялся весьма смелых экспериментов. Например,

На шоколадной фабрике Ж. Бормана в Санкт-Петербурге

в 1888 году поставил на Невском, у Надеждинской улицы, первый в России торговый автомат.

По тому времени это было нечто удивительное! Металлическое устройство высотой около 170 сантиметров имело на себе надпись: «За опущенную в аппарат 15-ти копеечную монету (не пробитую) полагается плитка шоколада; просят не опускать других монет, кроме 15-ти копеечных — при других монетах аппарат не действует, а монета не возвращается».

Это «не действует» оказалось для автомата роковым. Потому что простые петербуржцы засовывали в него не только монеты самого разного достоинства, но и купюры. Вынести такого обращения нежная машина не смогла. Неудивительно, что и планы Бормана поставить аж сорок таких автоматов не исполнились...

Впрочем, неуспех с автоматом не остудил тягу Бормана к техническим новинкам. Известно, что первое в Рос-

Кафе «Рабон».
С открытки начала XX в.

сии частное автохозяйство было создано именно на фабрике «Жорж Борман». А когда грянул бум граммофонов, именно Борман первым в России стал делать пластинки съедобные — из шоколада...

Но и обычная бормановская продукция была популярна у покупателей. Шоколад «Триумф», «Миньон», «Грибочки», «Русское войско», «Двенадцатый год», «Сельский быт». Пастила и мармелад. И конечно, конфеты, которых у Бормана было более двухсот сортов — в том числе «Жорж», «Лоби-Тоби», «Реванные головки», «Цукатики», «Сампьючай». А еще Борман выпускал печенье, вафли. И бисквиты.

Диалог, записанный Аверченко, вовсе не случаен. И совсем даже не фантастичен. Потому что бормановскую «доску от ящика» и впрямь можно было зачитать: на упаковках монпансье, бисквитов, шоколада печатались портреты великих русских писателей, цитаты из них, прочие полезные сведения.

Борман вообще уделял оформлению товара огромное внимание. «Фирма Жоржа Бормана расходует громадные суммы на изготовление различных этикетов, приобретение художественных, изящных картинок, коробок, оберток». На упаковку шли бархат, атлас, шелк... В рекламе отдельно оговаривалось: «все необходимые для завертывания и укупорки товаров этикеты, ящики, коробки и жестянки... изготовляются для нее русскими мастерами. Эта потребность вызвала даже учреждение отдельных мастерских и фабрик».

В начале XX века у «Жоржа Бормана» были на Невском проспекте три магазина. Крупнейший — здесь, в доме № 30. Находился он на первом этаже, в угловой части здания — там, где расположен сейчас вход в метро...

Кстати, заведение Бормана было тогда не единственной «сладкой» достопримечательностью дома. Здесь же находилась знаменитая кондитерская «Рабон», принадлежавшая в начале XX века Марии Мадлене Буше. От ее фамилии произошло название столь популярного доныне пирожного...

А еще в бывшем доме Энгельгардтов торговала живыми цветами известная всему городу фирма Германа Эйлерса, которую в эмигрантских виршах воспел Николай Агнивцев:

Букет от «Эйлерса!»... Вы слышите мотив
Двух этих слов, увы, так отзвеневших скоро?..
Букет от «Эйлерса», — того, что супротив
Многоколонного Казанского собора!

...Сейчас в старом доме — Малый зал Петербургской филармонии.

«КАНАЛЬЯ ТЫ, А НЕ КАНАЛ»

Новая водная преграда на нашем пути — канал Грибоедова (Екатерининский) — отделяет нас от самой фешенебельной части Невского проспекта. Облик самого канала, однако, не всегда соответствовал окружению. Переустроен-

Так выглядел проспект императора Александра II согласно проекту подполковника Мюссара и его товарищей. С гравюры 1870-х гг.

ный из речки Кривуши (берега ее были спрямлены и вычищены), канал долго оставался одной из неприглядных водных артерий столицы. Это только у Гоголя можно прочесть про «Екатерининский канал, известный своею чистотою», а пресса в 1850-х годах утверждала, что эта протока «давно уже служит предметом, возбуждающим ропот местного населения столицы» и «заражает воздух зловонием от застоя нечистот». Говорилось все это к тому, что канал необходимо засыпать.

В 1869 году был опубликован проект засыпки всего канала, одобренный Александром II. В обосновании этого проекта говорилось снова: вода канала загрязнена до невозможности — и это плохо влияет на санитарное состояние столицы. «Что доказывается на самом деле и бо́льшим числом заболеваний между живущими по Екатерининскому каналу, чем в других местностях города».

Авторы проекта — военный инженер подполковник Мюссар, архитектор Бенуа, инженеры Повалишин и Буров — предложили устроить на месте водной глади проспект императора Александра II. Замысел у них был феерический! От начала протоки до Невского (то есть вправо от нас) должна была появиться аллея памятников правителям России начиная с Рюрика. Бюстов императоров и правителей предполагалось установить шестьдесят четыре, а перспективу бульвара должен был замыкать грандиозный монумент под громким именем «Апофеоз России».

Мюссар и его товарищи подумали не только о монархах, но и о народе: бульвар должен был стать «длинным, кипучим жизнью и деятельностью, народом и движением базаром». По сторонам бульвара стояли бы художественно оформленные киоски для продажи разных вещей. Киоск учебных пособий, например, намечалось украсить вполне подобающим случаю панно: «Ангел ведет за руки ребенка».

Как нередко бывает в России, проект создали, а вот о деньгах подумали в последнюю очередь. Даже специально созданная комиссия не смогла изыскать финансы для превращения канала в проспект. Так что проект был похоронен.

А Мюссар, как писал современник, «очень скоро оказался душевнобольным, и только не могли выяснить, заболел ли он вследствие неудачи своего проекта или этот проект был уже плодом душевной болезни».

В начале XX столетия проект засыпки канала снова всплыл на свет. Правда, тогда предлагали устроить бульвар поскромнее — «всего лишь» от начала канала до Невского проспекта. Проводниками этой идеи были городские власти, а пресса принялась обсуждать замысел на все лады. На этот счет есть красочные воспоминания писательницы Тэффи:

«Я тогда только начала печататься. Печатали меня «Биржевые ведомости». Газета эта бичевала преимущественно «отцов города, питавшихся от общественного пирога». Я помогала бичевать. Как раз в то время злобой дня был план городского головы Лелянова — засыпать Екатерининский канал. Я написала басню «Лелянов и канал».

Свой утренний променад однажды совершая,
Лелянов как-то увидал
Екатерининский канал.
И говорит: «Какая вещь пустая!
Ни плыть, ни мыть, ни воду пить.
Каналья ты, а не канал.
Засыпать бы тебя, вот я б чего желал».
Так думал голова, нахмурив мрачный лоб,
Вдруг из канала вынырнул микроб
И говорит: «Остерегись, Лелянов,
Ты от таких величественных планов» и т. д.

Государь был против леляновского проекта, и басня ему очень понравилась».

При таком накале страстей и при таких оппонентах понятно, что и этот проект благополучно погиб. А Тэффи с того момента стала одной из любимых писательниц Николая II...

РУБЛЬ, ПОДПИСАННЫЙ БРУТОМ

Мы переходим канал по Казанскому мосту — одному из самых широких в городе. По обе стороны канала видны эффектные сооружения: справа храм Спаса на Крови, возведенный на месте гибели Александра II; слева — Банковский мостик, один из немногих сохранившихся в городе цепных мостов. Назван этот мостик по зданию бывшего Ассигнационного банка, вблизи которого он находится.

С этим банком связана одна примечательная история, случившаяся в самом начале 1915 года.

Дореволюционные купюры перед выходом в обращение подписывали два должностных лица: управляющий банком и один из кассиров. Подписи эти затем тиражировались на всех ассигнациях и отличались в зависимости от серии.

Служил в Государственном (Ассигнационном) банке кассир с необычной фамилией: Брут. Он тоже подписывал купюры — отчего-то только рублевые.

Брутовский рубль

Трудно сказать, как складывалась жизнь Брута. Наверняка ему пришлось претерпеть немало — в том числе и из-за своей фамилии. Не раз, должно быть, выслушивал кассир одну и ту же шутку: «И ты, Брут!»

Шутки шутками, а жизнь однажды показалась Бруту невыносимой. И он повесился.

Пресса мельком сообщила об этом печальном событии, читатели узнали о несчастном кассире и почти тут же забыли его. Но через несколько дней случилась в одном из петербургских игорных домов удивительная история. Некий посетитель проиграл за вечер почти все свои средства, и остался у него только один рубль. Подписанный Брутом. И вот, глядя на последнюю свою купюру, игрок вспомнил о недавнем самоубийстве Брута. А ведь веревка повешенного издавна считалась добрым талисманом для игрока. Вдруг рубль Брута поможет?

Помог! Игрок начал выигрывать, и полоса везения длилась ни много ни мало — несколько дней. Он не только вернул свой проигрыш, но и остался в большом плюсе.

Приятелям удачливый победитель признался в причине успеха. Даже показал талисман: вот он, брутовский рубль.

И начался ажиотаж!

Рубли с подписью Брута разыскивали по всей столице, скупали по нескольку штук, запасаясь чудодейственным талисманом. Лихорадка вышла даже за пределы столицы: в Москве брутовские рубли можно было приобрести вначале по трешке, потом по пятерке, по червонцу, по четвертному...

Брутовский рубль. Фрагмент

В конце концов на шумиху обратили внимание власти. Они опубликовали обращения к «лицам, скупающим «брутовские рубли», — где уверяли, что «Государственный банк по-прежнему выпускает такие, имеющиеся у него в наличности, рубли и не берет за них ни одной лишней копейки». На ажиотаж, впрочем, это сообщение появлияло не слишком сильно.

Энтузиазм заядлых игроков умерил лишь 1917 год с его революциями. В грозовые дни публике стало не до игры и не до талисманов. И о брутовском рубле забыли.

А может, зря?

«КАЗАНСКИЕ» ЛЕГЕНДЫ

Во времена Петра I Казанского собора, разумеется, еще не существовало. Стояли в этих краях домишки Переведенской слободы, и жили в них работные люди, присланные в Петербург из разных губерний. А рядом находилась обширная березовая роща — один из многочисленных лесов тогдашней столицы.

Петр I относился к этим лесам очень рачительно и не раз издавал суровые указы, запрещая рубку деревьев «под опасением смертныя казни». Однако соблазн и нужда были велики — и мужики повадились в березовую рощу за дровами.

Траурный кортеж с гробом фельдмаршала М.И. Кутузова. С гравюры М.Н. Воробьева. 1814 г.

Заметив однажды свежие пни, Петр пришел в ярость и потребовал найти виновных. Сыскали тех быстро, только вот оказалась их не одна сотня, отчего Петр решил смягчить наказание: распорядился «по жеребью каждого десятого вешать», а остальных подвергнуть лишь телесным наказаниям. Но тут, как гласит легенда, за мужиков вступилась императрица Екатерина I. В итоге виселица была вовсе отменена, а все мужики подверглись битью батогами и шпицрутенами.

Конечно, и после этого наказания выживали не все. Но все же милосердие было проявлено. А экзекуция состоялась как раз на том месте, где находятся сейчас Казанский собор и Казанская площадь...

Только во времена Анны Иоанновны появилась здесь церковь Рождества Христова: легкая архитектура раннего барокко, высокий шпиль, чем-то похожий на знаменитый шпиль Петропавловки. С этим храмом связана еще одна легенда — на сей раз из жизни императрицы Екатерины II. Она питала к церкви Рождества особые чувства, ведь именно здесь ее провозгласили императрицей, — и

Казанский собор.
Литография Л.-Ж. Арну. 1840-е гг.

бывала здесь регулярно. А в торжественные дни «приносила моление и благодарение Господу Богу».

В один из ее визитов небогатая прихожанка с плачем пала на колени перед образом Богородицы и положила к иконе бумагу. Заинтригованная императрица послала узнать, в чем дело. Бумагу подали ей; там содержалась жалоба на имя Божией Матери о несправедливом решении суда, утвержденном Екатериной. Императрица приказала просительнице через три дня явиться во дворец. Изучив дело, она убедилась в ошибке; вердикт был отменен. Так находчивость была вознаграждена...

Нынешний Казанский собор возвел зодчий Андрей Никифорович Воронихин. Завершилось строительство перед самой Отечественной войной, в 1811 году, — а уже через два года в соборе решили похоронить скончавшегося в прусском городе Бунцлау фельдмаршала Кутузова.

Останки фельдмаршала привезли вначале в Стрельну, а оттуда торжественно доставили их в Казанский собор. У границы города «благодарные сыны российские» выпрягли лошадей из траурной колесницы — и повезли «на своих плечах драгоценный прах спасителя Отечества к месту грустного назначения». Через два дня состоялись похороны — под грохот троекратного салюта...

А через некоторое время родился слух, будто сердце Кутузова извлекли из тела при бальзамировании и захоронили в Бунцлау. Легенда проникла даже в печатные труды, хотя не имеет под собой никаких оснований: достоверно известно, что сердце хранится в склепе Михаила Илларионовича в Казанском соборе. Но слухи есть слухи!

...Памятники Кутузову и Барклаю-де-Толли, второму из главнейших полководцев Отечественной, появились перед собором спустя четверть века после смерти Михаила Илларионовича. А вот сквер был разбит здесь еще несколькими десятилетиями позднее. Причиной его появления стали бесчисленные волнения и сходки у собора, вызванные то опять же легендами и слухами, то революционными настроениями...

Первое такое сборище случилось в 1825 году: по Петербургу вдруг прошел слух о священнике, у которого выросли рога. Молва то приписывала его к штату Казанского собора, то уверяла, что привезли «попа с рогами» из Костромской губернии. Народ тревожился. В июле толпа собралась близ Аничкова моста — «по вздорному слуху, попа с рогами будто повезут в крепость». Публику разогнали. Но в сентябре снова: «Поп с рогами, мнимо будто бы везенный, расстригаемый в Казанском соборе, собрал людей более 10 000» (это свидетельство современника, чиновника Александра Сулакадзева).

А ночью распространился слух, что несчастного попа успели тайком перевезти в Александро-Невскую лавру. Разгоряченная ожиданием толпа отправилась от Казанского собора туда и к утру наэлектризовалась настолько, что уже собралась выламывать лаврские ворота. К счастью, подоспели пожарные — и «потоки холодной воды остудили разгоряченных обывателей». А некоторым из них пришлось познакомиться с кутузкой. Слухи держались еще некоторое время и вскоре затихли.

Невский проспект и Казанский сквер.
С открытки начала XX в.

От рогатого священника недалеко уже до других диковин. И вот в 1835 году из одной рукописи публика узнала, что в Казанском соборе видели живой нос. Был он одет в шитый золотом мундир с большим стоячим воротником; в храм прибыл в собственном экипаже. А там «с выражением величайшей набожности молился». Майору Ковалеву, подошедшему с разговором, нос отвечал сухо, и беседы между ними не получилось. Между тем несчастный Ковалев и был владельцем носа, и ходил в отсутствие его с местом между глазами гладким, «как будто бы только выпеченный блин».

Однако что это за шутки: нос в храме? Цензура, читавшая рукопись с двойным вниманием, запретила сцену в Казанском соборе и распорядилась перенести ее в Гостиный двор. В таком виде повесть Гоголя «Нос» и была напечатана в пушкинском «Современнике». Только в XX веке этот эпизод в повести восстановили...

Перед Казанским собором сходились не только зеваки, но и революционеры. Крупная демонстрация состоялась в

1876 году, и на ней впервые выступил молодой Плеханов — будущий теоретик социал-демократии. Такие акции разгонялись полицией с применением силы, да и обычными горожанами воспринимались не особо сочувственно. Анатолий Федорович Кони пересказывал диалог с одним питерским купцом: «Вышли мы с женой и дитей погулять на Невский; видим, у Казанского собора драка... я поставил жену и дите к Милютиным лавкам, засучил рукава, влез в толпу и — жаль только двоим и успел порядком дать по шее... торопиться надо было к жене и дите — одни ведь остались!»

Еще более яркую зарисовку волнений, происходивших у Казанского на исходе XIX столетия, оставил Осип Мандельштам: «Дни студенческих бунтов у Казанского собора всегда заранее бывали известны. В каждом семействе был свой студент-осведомитель. Выходило так, что смотреть на эти бунты, правда на почтительном расстоянии, сходилась масса публики: дети с няньками, маменьки и тетеньки, не смогшие удержать дома своих бунтарей, старые чиновники и всякие праздношатающиеся. В день назначенного бунта тротуары Невского колыхались густою толпою зрителей от Садовой до Аничкова моста. Вся эта орава боялась подходить к Казанскому собору. Полицию прятали во дворах, например во дворе Екатерининского костела. На Казанской площади было относительно пусто, прохаживались маленькие кучки студентов и настоящих рабочих, причем на последних показывали пальцами. Вдруг со стороны Казанской площади раздавался протяжный, всевозрастающий вой, что-то вроде несмолкавшего «у» или «ы», переходящий в грозное завывание, все ближе и ближе. Тогда зрители шарахались, и толпу мяли лошадьми. «Казаки, казаки», — проносилось молнией, быстрее, чем летели сами казаки. Собственно «бунт» брали в оцепление и уводили в Михайловский манеж, и Невский пустел, будто его метлой вымели».

После всех этих волнений власти и устроили около собора сквер. Впрочем, и он не всегда спасал от эксцессов. А иногда даже помогал революционно настроенным гражданам. Скажем, 9 января 1905 года, в Кровавое воскресенье, «толпа... мгновенно снесла в одно место и поставила поперек Невского все скамейки с бульвара у Казанского собора, сделав таким образом баррикаду». А ведь не было бы сквера — не было бы и скамеек для этой баррикады, одной из первых в городе...

Но пора прощаться с Казанским собором: истории, связанные с ним, бесконечны. Мы даже не упомянули о знаменитой иконе Казанской Божией Матери, чья слава связана с этим собором. Но о ней читатель без труда узнает в других книжках — а нам надо продолжать путь...

«ЗИНГЕР» — ОПОРА ШПИОНАЖА?

Высокое здание Дома книги было сооружено в начале XX века и сменило собой вполне рядовой дом в стиле классицизма. Именно в том, прежнем доме долго работало знаменитое ателье «Светопись» — «дагеротипное заведение» первого русского профессионального фотографа Сергея Левицкого...

И сколько было шума и негодования, когда старое здание пошло на слом! Особенно заволновались горожане, когда выяснилось: американская компания «Зингер» решила построить здесь, в самом центре Петербурга, типичное для тогдашних Штатов конторское здание.

Газеты с оттенком ужаса пересказывали детали: «Одна промышленная компания, возводящая в Петербурге на Невском, против Казанского собора, грандиозный восьмиэтажный дом с башней, хлопочет, чтобы ей было разрешено открыть на крыше дома кофейню — на время летних месяцев».

Однако какие восемь этажей, какая кофейня? Петербургские строительные правила оговаривали строго: в столице нельзя строить дома выше Зимнего дворца! Так что пришлось фирме «Зингер» умерить аппетиты. Хотя обойти правила она с помощью архитектора Павла Сюзора все-таки смогла. На углу Невского и Екатерининского канала выросло здание максимально допустимой высоты, увенчан-

Дом компании «Зингер». Невский, 28.
С открытки начала XX в.

Деталь фасада

Барельеф на фасаде дома

Подъезд

ное вдобавок выразительной башней. Высоту таких надстроек правила не ограничивали. Так и вознесся над Невским проспектом глобус, опоясанный лентой со словом «Singer». Иными словами — «Зингер» покоряет мир!

В этом горделивом утверждении не было большого преувеличения. Швейные машинки «Зингер» действительно пользовались спросом, и в России в том числе. Сеть магазинов компании раскинулась по всей империи, агенты «Зингера» бывали в самых глухих уголках страны: торговля шла успешно!

Впрочем, эта успешная торговля вызвала вдруг подозрение у... российской контрразведки. Слишком уж широко работала фирма, слишком уж ретиво собирали ее агенты сведения о населении.

Так «Зингер» заподозрили в шпионаже. В том, что эта фирма — база немецкой шпионской сети. Тему подхватила пресса: Первая мировая уже разгорелась, немцы стали врагами номер один. В один из летних дней 1915 года в конторах и магазинах фирмы провели обыски. Итоги, однако, оказались скромными: подозрительную информацию хоть и нашли, но довоенную, да и в весьма малых количествах. И никаких доказательств того, что фирма жила на дотации немецкого Генштаба...

Между прочим, американская компания «Зингер» существует и по сей день. И выпускает она те же швейные машины. А вот слово «Зингер», написанное когда-то на глобусе, давно исчезло. О нем напоминают лишь старые фотоснимки да стихотворение Николая Заболоцкого:

Там Невский в блеске и тоске,
в ночи переменивший кожу,
гудками сонными воспет,
над баром вывеску тревожил;
и под свистками Германдады,
через туман, толпу, бензин
над башней рвался шар крылатый
и имя «Зингер» возносил.

«ЖАРЕНАЯ РЫБКА, ДОРОГОЙ КАРАСЬ...»

Стихи Заболоцкого — хороший повод напомнить о судьбе дома компании «Зингер» в советские годы. Вскоре после революции здание это стало Домом книги — не только магазином, но и центром литературной жизни города. Здесь находилось городское отделение Госиздата, а рядом с ним и другие, более скромные издательства.

И кто здесь только не бывал! Чуковский и Тынянов, Маршак и Житков, Заболоцкий и Шварц, Хармс и Бродский... Все они приходили сюда по делам: кто издавал тут книги, кто редактировал журналы или печатал в них статьи, рассказы и стихотворения.

Даниил Хармс, например, сотрудничал в легендарных детских журналах «Еж» и «Чиж», редакции которых помещались в Доме книги. Вот что вспоминал о быте этих журналов и вообще детского отдела Госиздата Николай Чуковский: «То была эпоха детства детской литературы, и детство у нее было веселое. Детский отдел помещался на шестом этаже Госиздата, занимавшего дом бывшей компании Зингер, Невский, 28; и весь этот этаж ежедневно в течение всех служебных часов сотрясался от хохота. Некоторые посетители Детского отдела до того ослабевали от смеха, что, кончив свои дела, выходили на лестничную площадку, держась руками за стены, как пьяные... Ежедневно приходили в Детский отдел поэты — Введенский, Хармс, Заболоцкий — люди молодые, смешливые... При Детском отделе издавались два журнала — «Чиж» и «Еж». «Чиж» — для совсем маленьких, «Еж» — для детей постарше... Никогда в России, ни до, ни после, не было таких искренне веселых, истинно литературных, детски озорных детских журналов. Особенно хорош был «Чиж»,— каждый номер его блистал превосходными картинками, уморительными рассказиками, отточенными, неожиданными, блистательными стихами».

Среди стихов, написанных в ту пору, были шедевры Хармса — «Иван Иваныч Самовар», «Врун» и многие другие, сегодня широко известные. А также знаменитое стихотворение Николая Олейникова, посвященное редактору детского отдела Наталье Болдыревой:

Жареная рыбка,
Дорогой карась,
Где ж ваша улыбка,
Что была вчерась?

Помню вас ребенком:
Хохотали вы,
Хохотали звонко
Под волной Невы.

Карасихи-дамочки
Обожали вас —
Чешую, да ямочки,
Да ваш рыбий глаз.

Жаль, не процитировать это стихотворение целиком — очень уж оно длинное!

«НЕ ГОВОРИТЕ УХОМ...»

Дом № 26 на углу Малой Конюшенной внешне ничем не примечателен. Но именно здесь летом 1882 года открылась первая в столице телефонная станция, построенная Международной компанией телефонов Белла. А годом позже здесь же заработал первый телефонный переговорный пункт.

Станция на Малой Конюшенной была, разумеется, ручной — и телефонисткам приходилось трудиться в поте лица. Девять лет спустя пресса констатировала: «Несмотря на большую нужду, редко кто из телефонисток был в состоянии долго выносить эту тяжелую работу. Нервные припадки нередко заставляли бедную работницу отказаться от места».

Но и на такую работу брали не всех женщин — только молодых, здоровых, с хорошими зрением и слухом, внятным произношением, причем ростом не меньше 165 сантиметров. И обязательно незамужних: «дабы лишние думы и заботы не приводили к лишним ошибкам при соединениях». Лишним — потому, что и так ошибок случалось много, а соединения абоненты ожидали иногда подолгу.

Первым абонентам тоже приходилось несладко. Трубки телефонов имели тогда всего одну часть, служившую попеременно для говорения и для слушания, — и поэтому рядом с ними висели напоминающие таблички: «Не слушайте ртом и не говорите ухом!» Кроме того, связь стоила дорого. Один разговор обходился абоненту в 25 копеек (для сравнения: рюмка водки стоила тогда в дорогих заведениях 10 копеек, в более скромных — вдвое дешевле).

Но никакие трудности не могли остановить триумф нового вида связи. В момент открытия станция имела 128 абонентов, осенью 1882 года их стало вдвое больше, к завершению 1885 года — уже около тысячи. 21 процент телефонов принадлежал тогда частным лицам, 37 процентов — банкам и конторам и всего-то 2 процента — тор-

Телефонная станция на Невском, 26.
Гравюра из журнала «Иллюстрированный мир», 1885 г.

говым заведениям. Велось тогда в столице около 350 телефонных разговоров в сутки — и самая скромная доля их приходилась, как ни странно, на журналистов и чиновников.

К началу XX века телефоновладельцев в столице было четыре тысячи с лишним. А дальше рост пошел лавиной. Дело в том, что 20-летняя концессия компании Белла подошла к концу и власти устроили конкурс между желающими обеспечивать в столице телефонную связь. Условие было одно: максимально снизить абонентскую плату. Всех скромнее оказались питерские городские власти: они оказались готовы сбавить плату почти в пять раз. И победили в конкурсе!

Дальнейшая история питерского телефона не имеет уже никакого отношения к дому № 26. Но это не значит, что жизнь дома стала менее насыщенной. Здесь и помимо телефонной станции находили приют множество разных заведений — от зубоврачебной клиники Елены Францевны Вонгль до магазина табачной фабрики «Лаферм».

Особенно стоит отметить финские мотивы в истории здания. Мало того что здесь помещался магазин известного ювелира, придворного поставщика Александра Тилландера, финна по национальности, — здесь еще до революции находился Финляндский магазин, потом Финляндский банк, а какое-то время после революции — еще и финское консульство...

ECAILLUS МЕЖДУ ДВУМЯ КОНЮШЕННЫМИ

Если есть Малая Конюшенная, как не быть Большой! Следующая улица, выходящая к четной стороне Невского, и есть Большая Конюшенная. Между двумя родственными улицами целый квартал занимают здания лютеранской церкви Святых Петра и Павла. Нечто схожее мы уже видели у костела Святой Екатерины и у Армянской церк-

Лютеранская церковь. С открытки начала XX в.

ви: два однотипных дома и между ними, в глубине квартала, — храм.

Лютеранская церковь Святых Петра и Павла, построенная Александром Брюлловым, братом знаменитого Карла, претерпела в советские годы много бед. Размещенный в ней бассейн немало способствовал разрушению здания. Сейчас храм возвращен лютеранской общине, но далеко еще не восстановлен в первоначальном виде.

Дома возле лютеранской церкви всегда были доходными — то есть отдавались под квартиры, лавки и другие заведения. Съемщиков в этих домах перебывало множество, и вспомнить всех даже самых заметных нелегко. Но есть среди них и такие имена и названия, которые никак нельзя оставить без внимания.

В доме № 24 долгое время — вплоть до советских 1920-х! — находилось знаменитое кафе-ресторан «Доминик». Названо оно было по имени первого хозяина, швейцарца Доминика Риц-а-Порта, и пользовалось огромным успехом. Бывал здесь Пушкин.

«Однажды пригласил он несколько человек в тогдашний ресторан Доминика и угощал их на славу. Входит граф Завадовский и, обращаясь к Пушкину, говорит: «Однако, Александр Сергеевич, видно, туго набит у вас бумажник!» — «Да ведь я богаче вас, — отвечает Пушкин, — вам приходится иной раз проживаться и ждать денег из деревень, а у меня доход постоянный с тридцати шести букв русской азбуки».

Чем угощал Пушкин гостей, неизвестно, но в одном из путаных сочинений Чернышевского есть перечень того, что подавали у Доминика парой десятилетий позже. Список не особенно велик: кофе, разное спиртное, пирожки (тоже в ассортименте) и пирожные, из которых особо выделены миндальное и «из фруктов в сахаре». А также некий загадочный ecaillus — блюдо из птицы, напоминающее по вкусу рыбу.

Есть у Чернышевского и описание заведения Доминика. «Кондитерская Доминика имеет три комнаты рядом, выходящие окнами на Невский проспект. В первой комнате — собственно кондитерская... вторая комната — газетная... В третьей, последней комнате, бильярдной... по всем трем другим стенам идет неширокий турецкий диван, обитый красным бархатом... С этих диванов, довольно высоких, прекрасно видны шары и удары».

Уже из описания видно, что у Доминика можно было почитать свежие газеты и журналы, а также сразиться в бильярд. Последнее обстоятельство было весьма важно: именно здесь собирались лучшие бильярдисты столицы. И страсти временами накалялись до такого градуса — возможно, под влиянием алкоголя, — что приходилось даже вмешиваться полиции.

«Доминик» сыграл исключительную роль и в истории русских шахмат. Особенно полюбилось шахматистам это заведение с 1860-х годов — и до самого начала XX века «Доминик» был вне конкуренции. Здесь обучался игре в шахматы Михаил Иванович Чигорин, здесь играли все сильнейшие шахматисты России. В отличие от клубов в «Доминик» допускались и учащиеся, и юнкера. Опытные шахматисты играли на деньги; «пижонам» часто давали крупную фору. В Петербурге создавались и гибли шахматные собрания, а «Доминик» на протяжении полувека оставался единственным постоянным островком в мире шахмат...

Были знаменитые обитатели и в другом доме лютеранской церкви — № 22. В пушкинские годы здесь работала прославленная книжная лавка Александра Филипповича Смирдина — не только торговца, но и издателя, впервые в России платившего высокие гонорары и помогавшего тем самым появлению у нас профессиональных литераторов.

Открытие смирдинской лавки в этом доме было отмечено торжественным обедом с участием Пушкина, Крылова, Булгарина и других тогдашних звезд литературы. А затем участники застолья «скинулись» своими произведениями на альманах «Новоселье». «Охотников подписаться на новое издание появилось у магазина Смирдина такое множество, что для водворения порядка в толпе потребовалось вмешательство полиции»...

В том же доме и в ту же пору работала первая в городе косметическая лавка Ивана Герке. Она была особенно примечательна поначалу, когда над ней висела курьезная вывеска: «Лавка от пудры и помады для Иван Герке».

Грамматическая оплошность лавочника, впрочем, никого особо не удивила — в столице хватало нелепых вывесок и реклам. Современник Пушкина удивлялся: «Признайтесь, можно ли равнодушно читать: «вход врастерацыю», «мелашная лафка», «гофинтенданская магазейны», «магазея Курта», «здесь прадаются» и тому подобное». А вот еще несколько вывесок, радовавших глаз петербуржцев XIX столетия: «Здесь бреют и крофь а творяют»,

«Продажа разных мук», «Портной Иван Доброхотов из иностранцев», «Авошенная лавка»...

Хватало и оплошностей другого рода. Одной из них невольно дал начало император Николай Павлович — человек, любивший порядок и дисциплину. Проезжая как-то по улицам Петербурга, монарх остался недоволен неряшливой вывеской над одной из мелочных лавок. И тут же распорядился, чтобы была сочинена образцовая вывеска для всех мелочных лавок столицы. Быстро набросали эскиз и на представленном императору образце написали цифру — № 1. Николай Павлович остался разработкой доволен и соизволил ее «аппробовать», то есть разрешить к серийному производству. Но «аппробовал» — с цифрой. А живописцы не рискнули ослушаться высочайшей воли, да так и проставили на всех вывесках: № 1. Какое-то время все мелочные лавки города шли под «номером первым». И только когда император заметил эту оплошность, она была исправлена.

А вообще старинные вывески делались довольно однотипно и обычно подчинялись устоявшимся традициям. Над чайным магазином рисовали китайцев; на вывеске портного буквы составлялись из модных картинок; кондитеры рисовали у входа вазы, полные лакомств. А многие торговцы вывешивали металлические изображения своей продукции: перчаток, кренделей, сапог...

ТОРГОВЛЯ НАПРОТИВ БУЛЬВАРА

«Тут где-то, мне говорили, есть мебель мастера Гамбса,— сообщил Ипполит Матвеевич, — туда, пожалуй, отправимся».

Если вывести за скобки несовпадение времени, места, да и самого действия, то отправиться Ипполит Матвеевич Воробьянинов мог бы и на Невский. Именно здесь, в доме Еропкиных, помещался когда-то магазин знаменитого мебельщика Генриха Гамбса. Владение Еропкиных давно уже снесено, но помещалось оно на месте дома № 25 по Невскому — углового, выходящего к Казанскому собору и одноименной улице.

Мастер Гамбс достойно открывает отрезок Невского, чуть ли не всецело посвященный торговле.

Вот дом № 23: он вошел в историю рекламного дела XX столетия. Причем, в отличие от других зданий, где знамениты были квартиры, залы, иногда подвалы, в доме № 23 прославилась... крыша. На ней в 1912 году была установлена первая в Петербурге электрическая световая реклама. Экран ее состоял из 1760 ламп по 10 ватт каждая. Увы, неизвестно, какую именно фирму рекламировал диковинный экран.

А ниже, в бельэтаже здания, находился тогда известный часовой магазин «Павел Буре». Существовал он в столице еще с пушкинских времен, когда швейцарец по рождению Павел Буре открыл свое дело. Он не изготавливал часы сам, а покупал их партиями в родной Швейцарии и затем продавал под своим именем. Бизнес оказался успешным, и Буре стал «поставщиком императорского двора». А к началу XX века, когда уже работал магазин на Невском, часы «Павел Буре» были известны в России больше любых других...

Торговое прошлое имеет и соседний дом с большими стеклами, стоящий в створе Большой Конюшенной улицы (№ 21 по Невскому). Он был возведен в начале XX столетия для крупного коммерсанта, торговца мехами Ф. Мертенса. Тут Мертенс и торговал своим товаром.

Да и дом № 19, построенный когда-то придворным поваром Шестаковым, был некогда примечателен своими торговыми заведениями. Прежде всего табачным магазином петербургской фабрики «Саатчи и Мангуби». Сегодня это название никому ничего не скажет, а когда-то оно было знаменито. Папиросы от Саатчи и Мангуби любил Федор Михайлович Достоевский, а Мстислав Добужинский особо запомнил их рекламу в трамваях — «с изображением усатого турка»...

«Г. Деньер» — еще одно полузабытое имя из истории дома № 19. Генрих (Андрей Иванович) Деньер тоже был своего рода коммерсантом. Он содержал весьма популярное фотоателье в Пассаже, потом здесь — на Невском, 19. Но сегодня он памятен не как предприниматель, а как фотограф. Именно деньеровские снимки заставили русских художников смириться с фотографией: до этого они питали к ней сильное недоверие.

Многие снимки Деньера стали классикой. Особенно известны фотопортреты Тараса Шевченко, Федора Тютчева, Николая Некрасова и Ивана Крамского — их без преувеличения можно назвать классическими. А Крамской написал — видимо, в качестве ответа — портрет Деньера, теперь тоже широко известный...

«ДЕМУТОВА БИРЖА»

И снова небольшой экскурс в сторону от Невского. Театр эстрады расположен на Большой Конюшенной, в трех домах от проспекта. Театр достаточно молодой, как и само понятие «эстрада», — а вот здание ему досталось с историей. Здесь с давних пор помещался Демутов трактир с гостиницей — заведение, прославленное и в быту, и в литературе. Ему нашлось место в биографиях Пушкина, Грибоедова, Гоголя, Мицкевича, да и многих других великих. Достаточно хотя бы того, что этот дом — первый петербургский адрес Пушкина; здесь он жил с дядей, приехав поступать в Лицей.

В биографии Демутова трактира был и примечательный эпизод, связанный с биржевой лихорадкой 1860-х годов. В ту пору российская промышленность стремительно развивалась, возникали все новые акционерные общества — а значит, все большее значение приобретали биржи и биржевая игра.

Как вспоминал современник, «в 1868—1869 годах Петербург, Москва, Одесса — одним словом, все главные города — увлеклись биржевой игрой до нездоровых размеров. Весь народ, даже неграмотный, усвоил себе понятие о процентных бумагах, свободно обращающихся на биржах, о разных акциях, облигациях и т. д.». Насчет неграмотных, конечно, тут есть преувеличение, но в числе биржевых игроков была и вправду пестрая публика, включая даже дам. Их привлекало одно: цены на акции постоянно росли, а значит, можно было рассчитывать на существенную прибавку к своим доходам.

Однако такой ажиотаж привел к тому, что цены на акции стали вести себя непредсказуемо: то росли, то неожиданно падали. А потому 104 крупнейших питерских финансиста решили создать теневую биржу, которая бы еще до торгов устанавливала курсы ценных бумаг — и пресекала тем самым неожиданные перепады курсов.

Биржа эта разместилась в «Демуте» — и гостиница стала настоящим штабом биржевых спекуляций. Репортер «Санкт-Петербургских ведомостей» писал: «В Демутовом отеле собирались представители разных общественных слоев и положений: маклера, банкиры, генералы, чиновники. Они собирались утром от $1^1/_2$ до $2^1/_2$ часов и за бокалами шампанского гнали вверх бумаги, без всякого разбора... Установив цены, члены отеля отправлялись на биржу».

Влияние «Демутовой биржи» было так велико, что с ней считалось и правительство. Особенно влиятельной фигурой среди демутовцев был их негласный глава Альфред Бетлинг, 25-летний коммерсант, владелец полуторамиллионного состояния, доставшегося ему от отца. Именно он во многом определял погоду на бирже. Состояние позволяло ему играть не только на повышение, но и на понижение: скажем, предлагать какие-нибудь акции по явно заниженной цене. Такая продажа самим своим фактом роняла цены на эти акции, а Бетлинг быстро скупал их по новой цене. Поэтому биржевые маклеры знали: если Бетлинг со своими демутовцами играет на повышение, биржа будет спокойной, если на понижение — жди треволнений.

Легкие деньги столь же легко тратились. Еженедельно демутовские биржевики устраивали себе широкие развлечения. «На эти праздники уходили сотни тысяч рублей так же быстро, как быстро они приобретались. Разгул устраивался обыкновенно по субботам, после недели, принесшей громадные барыши. Сначала обед с возлияниями и какой-нибудь Альфонсиной или Сюзеттой... После обеда, который продолжался по-римски — несколько часов, компания отправлялась к Излеру, где артистки служат ей предметом развлечений... Восходящее солнце застает их измятыми, изможденными, но еще бодрствующими».

Первый звонок прозвучал в марте 1869 года, когда цены ненадолго обвалились, но затем снова поднялись. Но настоящий крах биржи наступил через полгода, когда банки неожиданно отказались давать биржевым спекулянтам ссуды. Поскольку цены на акции были уже очень высоки, дальнейшая их массовая покупка стала невозможной. Началась паника, цены стали падать стремительно и бесконтрольно. В полной растерянности были и демутовцы. К 4 сентября на бирже не осталось покупателей: все только продавали акции. Но продавали, разумеется, безуспешно.

Многие биржевики тогда разорились — в том числе и Альфред Бетлинг, признанный по суду несостоятельным должником. «Демутова биржа», правда, пыталась еще собираться — но прежнего влияния на события уже не имела. И вскоре ей пришел конец.

...А в начале XX века в этом доме, уже перестроенном, разместился ресторан «Медведь», весьма респектабельный и притягивавший самых разных посетителей. Уже не раз упомянутый здесь Феликс Юсупов шокировал однажды публику, явившись в ресторан с приятелем в женских платьях. В 1916 году тут же привлекал всеобщее внимание Григорий Распутин, чем вызвал тревогу владельца ресторана Алексея Акимовича Судакова. Монолог ресторатора записал близкий ко двору священник Георгий Шавельский: «Посоветуйте, что делать! — обратился он ко мне. — Повадился ездить в мой ресторан этот негодяй — Распутин. Пьянствует без удержу. Пусть бы пил, — черт с ним. А то, как напьется, начинает хвастать: «Вишь, рубаха... сама мама (т. е. царица) вышивала. А хошь, — сейчас девок (царских дочерей) к телефону позову» и т. д. Боюсь, как бы не вышло большого скандала: у меня некоторые лакеи, патриотически настроенные, уже нехорошо поговаривают. А вдруг кто из них размозжит ему бутылкой голову, — легко это может статься... Его-то головы мне не жаль, но ресторан мой закроют».

Смерти в ресторане Распутин благополучно избежал — но вообще-то жить ему оставалось недолго...

Напоследок — строки из воспоминаний Ивана Бунина о Максиме Горьком. Время действия — весна 1917 года. «Мы с ним, Шаляпиным и А. Н. Бенуа отправились в ресторан «Медведь». Было ведерко с зернистой икрой, было много шампанскаго... Когда я уходил, он вышел за мной в коридор, много раз крепко обнял меня, крепко поцеловал...»

«Медведь» существовал и после революции — пока в его зале не открыли театр...

КОНЕЦ НЕУЛОВИМОГО ЛЕНЬКИ

За Большой Конюшенной улицей по четной стороне Невского весь квартал до Мойки занимает длинный дом № 20. Собственно, это даже не дом, а три здания сразу: в центре его находилась Голландская церковь (в ней сейчас библиотека), а по бокам — два доходных корпуса, отдававшиеся внаем. Магазины, редакции газет и журналов, библиотеки, выставки — чего только не было в этих корпусах!

Есть в прошлом «тройного» дома и один примечательный криминальный эпизод; он красноречиво напоминает о разгуле преступности в начале 1920-х. Время тогда было непростое, особенно вольготно чувствовали себя налетчики. В городе пустовали целые дома, в которых устраивались «малины»; на Крестовском острове бандиты организовали даже «базу» для обучения стрельбе и пристрелки оружия.

Особенной известностью пользовался тогда Ленька Пантелеев, чья «трудовая биография» была окружена легендами. Основной его специализацией считались грабежи, а так-

Известный в 1920-х гг. питерский налетчик Ленька Пантелеев

же налеты на квартиры и конторы нэпманов. Причем этот хитрый и жестокий бандит всегда умело уходил от преследования.

На счету у неутомимого налетчика были сотни ограблений и краж. За один из месяцев Пантелеев с двумя своими сообщниками совершил десять убийств, около двадцати уличных грабежей и пятнадцать вооруженных налетов. Немудрено, что милиция просто мечтала арестовать бандита.

Помог милиционерам случай. 4 сентября 1922 года в магазин «Петрокожтреста», находившийся в доме № 20, вошли двое посетителей. Намерения у них были самые мирные: они попросили принести ботинки для примерки. Ботинки, к слову говоря, были фабрики «Скороход»: другими трест не торговал. Один из посетителей, одетый в кожаную фуражку и тужурку, начал примерять обувь. Очевидно, пришлась она как раз впору, так что продавщица начала выписывать чек.

Мирная картина? Но еще при входе в магазин кто-то опознал в покупателях Леньку Пантелеева и его подручного Митьку Гаврикова. И когда примерка закончилась, в магазин вошли два милиционера. Раздалась команда: «Руки вверх!» — Пантелеев опустил руку в карман, раздались выстрелы...

Вооруженных покупателей удалось задержать. Через три недели начался суд. Но Пантелеев и на сей раз сумел обмануть правосудие: в глухую ноябрьскую ночь он сбежал из заключения.

После этого началась настоящая облава на бандита. В городе были устроены двадцать засад, которые поджидали

Пантелеева. Наконец, в феврале 1923 года он попался в одну из них и был застрелен. На следующий же день газеты сообщили эту радостную для горожан новость. Но нэпманы, запуганные бесконечным пантелеевским террором, никак не могли поверить в его окончание. Власти поступили просто: выставили тело Леньки на всеобщее обозрение в покойницкой Обуховской больницы...

БАРОККО И ЖИЗНЬ

Строгановский дворец, выходящий к Мойке на другой стороне Невского (дом № 17), был возведен знаменитым зодчим Растрелли всего за шесть недель в конце 1753 года. Это был настоящий рекорд скоростного строительства!

Долгие годы хозяином дворца был граф Александр Сергеевич Строганов — человек богатый, одаренный и небезразличный к искусствам. Он возглавлял Академию художеств и Публичную библиотеку, руководил постройкой Казанского собора. Тяга к искусствам проявилась и в том, что Строганов собрал поистине выдающуюся коллекцию живописи: в ней были Боттичелли, Рубенс, Веласкес, Ван Дейк, Тинторетто. Все это богатство хранилось здесь, в Строгановском дворце.

А вообще этот богатейший человек был поистине неутомимым эпикурейцем и наслаждался жизнью, насколько позволяли средства. Позволяли же они многое; недаром Екатерина II, представляя Строганова австрийскому императору, сказала: «Вот вельможа, который целый век хлопочет, чтобы разориться, но не может».

Пиры, задававшиеся Строгановым в своем дворце, вошли в легенду. Столовая, где хозяин принимал гостей, была убрана коврами, и обедающие возлежали за столами, опираясь при этом на мягчайшие пуховые подушки. Столы были из мрамора с мозаикой или из дорогих пород дерева. Блюда подавались самые разнообразные, и в том числе лосиные губы, жареная рысь, разварные медвежьи лапы, налимьи

Александр Сергеевич Строганов. С портрета Ж.-Л. Монье. 1804 г.

молоки, соленые персики, ананасы в уксусе, варенные в меду кукушки...

Если гость преждевременно чувствовал себя сытым, ему дозволялось прибегнуть к радикальному средству: пощекотать у себя в горле пером, вызвать таким образом тошноту и — «дать место для новой пищи». Средство это было в ходу и повторялось за время пира не раз. А чтобы выпить побольше изысканных вин, использовали средство попроще: перед трапезой ходили в баню, где ели паюсную икру или пили толченую пемзу. Этим вызывалась длительная жажда...

Вообще таких гурманов, как Строганов, в среде вельмож было немало. Один из графов Завадовских, например, жарил себе дичь на корице и гвоздике, используя их вместо дров. Он же по мере сил налегал на ананасы: у него их шинковали, как капусту, хранили в кадках и варили из них борщ и щи...

В 1767 году, когда Строгановский дворец был еще совсем молод, он стал местом весьма примечательного события. Здесь прошел первый этап первых выборов в петербургское городское управление. Вначале именитые жители столицы выбирали 105 избирателей, а уже потом те выбирали из себя городского голову.

«Январское утро (15 января 1767 года) только что забрезжило, только стал загораться ярким красным сиянием восток. Морозило. В тихом предутреннем воздухе звучно раздавались шаги одиноких прохожих... Было половина восьмого утра, и, несмотря на такой ранний час, широкий высокий подъезд графского Строгановского дома на Невской перспективе у Полицейского моста был уже раскрыт настежь. К подъезду одна за другой подъезжали кареты цугом. Форейторы с гиком останавливали цуг кровных рысаков, с запяток поспешно соскакивали рослые гайдуки, отворяли вызолоченную с резьбой снаружи (и с живописью буколического сюжета — изнутри) дверь кареты и, бережно поддерживая под локти, взводили владельца кареты на ступеньки подъезда. Дверь кареты захлопывалась, медленно поворачивался цуг, пищали колеса по снегу, и экипаж, не спеша, заворачивался на нынешнюю Мойку, тогдашнюю Мью, где и становился в очередь. Вскоре вся набережная Мойки была заполнена ожидающими экипажами».

Так описал съезд петербуржцев на первые выборы Петр Николаевич Столпянский.

Войдя во дворец, гости проходили в большую залу, низко кланялись портрету императрицы Екатерины II и рассаживались на стульях и скамьях. На столе под портретом императрицы стояли ящики, а рядом с ними, в больших вазах, были сложены шары для баллотировки: черные и белые...

В тот описанный Столпянским день были определены избиратели от первой Адмиралтейской части столицы, а первым из них был назван граф Алексей Орлов — будущий победитель боя при Чесме. А через двенадцать дней избиратели всего Петербурга назвали городского голову. Им стал генерал-майор Николай Иванович Зиновьев, до той поры столичный обер-комендант. Власть осталась в прежних руках...

«ЗДЕСЬ БЫЛ ВАСЯ»

Невский пересекает Мойку, последнюю водную преграду на нашем пути, по Полицейскому мосту (он же Зеленый). В истории этой переправы немало примечательных подробностей: можно начать хотя бы с того, что это первый в России чугунный мост и возведен он был в первые годы XIX века (до того обходились деревянной переправой). А в 1844 году часть переправы покрыли пробной мостовой из невиданного дотоле асфальта, и Фаддей Булгарин, живший рядом, восхищенно писал в «Северной пчеле»: «Асфальт, вылитый в кубическую форму, выдерживает самую жестокую пробу».

Из числа курьезов эпизод, относящийся к 1870 году. Купец Герман Молво подал в Городскую думу свое предложение перестроить мост и устроить по обе его стороны теплые павильоны «для торговых помещений и теплых ватерклозетов». Хотя ватерклозетов в столице традиционно не хватало, Дума отказалась от купеческого проекта.

Решение это, судя по всему, было ошибочным. Воспоминания художника Юрия Анненкова упоминают о последствиях отказа от ватерклозетов. Ранним октябрьским утром голодного 1919 года Анненков и Андрей Белый возвращались с вечеринки.

«На мосту, над каналом — пронзительный снежный ветер, снежный свист раннего утра, едва успевшего поголубеть. Широко расставив ноги, скучающий милиционер с винтовкой через плечо пробивал мочой на голубом снегу автограф: «Вася».

— Чернил! — воскликнул Белый. — Хоть одну баночку чернил и какой-нибудь обрывок бумаги! Я не умею писать на снегу!

Седые локоны по ветру, сумасшедшие глаза на детском лице, тряпочки: худенький, продрогший памятник у чугунных перил над каналом.

— Проходи, проходи, гражданин, — пробурчал милиционер, застегивая прореху.

Записки мечтателей...»

В прошлом моста — и два драматических эпизода.

...В тот осенний день 1866 года Петербург был оживлен: великий князь Александр Александрович встречал свою невесту, датскую принцессу Дагмару. Город был иллюминирован; толпы народа высыпали на Невский. В какой-то момент особенно много публики скопилось на Полицейском мосту. И тут — перила не выдержали, упали в прохладные воды Мойки, и вслед за ними в воде очутилась масса людей. Официально сообщалось, что вытащить удалось всех — но кто знает, насколько точны эти дан-

Полицейский мост. Гравюра Б. Патерсена. 1810-е гг.

ные? Никому ведь не хотелось омрачать царский праздник человеческими жертвами...

Вторая история последовала без малого сорок лет спустя.

Павел Александрович Крушеван, издатель из Кишинева, приехал в Петербург в 1903 году и принялся выпускать здесь газету «Знамя». Поселился он в Большой Морской улице, а обедать ходил в знакомый уже нам ресторан «Медведь». Путь его пролегал как раз через Полицейский мост.

Обычная жизнь обычного издателя. Необычной была лишь сама личность Крушевана — злостного антисемита, чьи статьи спровоцировали однажды еврейский погром, стоивший жизни 45 кишиневцам. Эта-то его слава и стала причиной происшествия.

4 июня 1903 года Крушеван привычно направлялся в ресторан «Медведь», но на Полицейском мосту ему преградил дорогу молодой человек. Это был киевский студент Пинхас Дашевский. Крушеван не успел даже толком разглядеть студента, когда тот вынул нож и ударил издателя в шею. Крушевану повезло: лезвие скользнуло по крахмальному воротничку и рана оказалась невелика. Дашевского схватили, Крушевана повели в аптеку за первой ме-

дицинской помощью. Узнав, что аптекарь — еврей, издатель от помощи отказался: побоялся, что отравят.

24-летнего студента приговорили к пяти годам арестантских рот. Через три года он был выпущен на свободу досрочно. Мягкость императора подправил позже «вождь народов»: уже в советское время Дашевского обвинили в сионизме и отправили в лагерь, где тот и умер.

А что же Крушеван? Его антисемитский пыл от происшествия на мосту только вырос. Через полтора месяца после покушения его «Знамя» впервые напечатало знаменитую фальшивку «Протоколы сионских мудрецов», озаглавив ее по-своему: «Программа завоевания мира евреями». С этого момента издатель жил с оружием в руках и всюду возил с собой собственного повара, боясь отравления. И неудивительно, что умер он от сердечного приступа...

ПЕТЕРБУРГСКОЕ АУТОДАФЕ

И еще одно драматическое событие еврейской истории случилось близ Полицейского моста. Было это во времена Анны Иоанновны, когда дома № 15 по Невскому, в котором находится нынче кинотеатр «Баррикада», не было в помине. На месте его стоял Мытный двор, только-только пострадавший от сильнейшего пожара. И отчего-то именно здесь решили развести новый огонь.

В один из майских дней 1738 года близ Мытного двора приготовили место для казни. От Адмиралтейства пригнали служилый люд. Впрочем, народ подтягивался и сам: все-таки зрелище, какое-то разнообразие в монотонной трудовой жизни. Приговоренных вели солдаты; после пыток они шли с трудом. Один подбадривал другого, совсем павшего духом. Наконец, их возвели на костер, пламя зажгли — и далеко разнеслись искры, свидетельствуя о том, какое просвещение принесла в Россию императрица Анна Иоанновна.

В чем же были виновны два человека, сожженные 15 мая 1738 года? Торговец Борох Лейбов часто ездил по своим делам в Москву и там познакомился с отставным капитаном-поручиком Александром Возницыным. Они сблизились. А потом капитан-поручик тайно поехал с Лейбовым в Польшу, где сделал обрезание и принял иудаизм. Хотя это было строго запрещено российскими законами.

Тайну заподозрила жена Возницына, Елена: ее муж стал вдруг молиться, повернувшись лицом к стене, да и за столом ел не все. А однажды капитан-поручик повыбрасывал все иконы из домашней часовни в реку. Такого святотатства жена стерпеть не могла. Донос сделал свое дело; преступников арестовали и доставили в Петербург. Возницына пытали. «Жидовская ересь» вызывала опасение в верховных кругах; повелено было поэтому отнестись к «преступникам» со всей строгостью. Что и последовало.

А в выигрыше оказалась жена капитан-поручика — вернее, уже вдова. Она получила мужнино имение, да еще и сто душ с землями — в вознаграждение за «правый донос».

«СУМАСШЕДШИЙ КОРАБЛЬ» В ДОМЕ ПОЛИЦМЕЙСТЕРА

При императрице Елизавете Петровне на месте Мытного двора вырос деревянный Зимний дворец. Собственные покои в этом огромном здании были отведены наследнику Петру Федоровичу и его супруге Екатерине Алексеевне — будущим Петру III и Екатерине II. Легенда гласит, что именно из окон своих покоев Екатерина впервые увидела статного гвардейца Григория Орлова, жившего в доме напротив. Орлов стал вскоре любовником Екатерины, а затем вместе с братьями активно помог ей взойти на престол...

Зимний дворец, построенный для Елизаветы Петровны, стал и свидетелем ее смерти: случилось это в декабре 1761 года. Сам дворец ненадолго пережил свою хозяйку — Екатерина II, заняв престол, поспешила избавиться от здания, с которым было связано слишком много воспоминаний...

Сохранившийся до наших дней дом № 15 построил петербургский генерал-полицмейстер Николай Иванович Чичерин: сам он поселился в парадных комнатах третьего этажа, а остальные помещения сдавал в аренду.

Чичерин был весьма примечательной личностью. Вспоминают, что городом он управлял весьма строго и даже возил в своей карете плети с железными наконечниками — «подлинники». Без дела эти «подлинники» не лежали, а жалобы наказанных полицмейстер оставлял без внимания: ему покровительствовала сама Екатерина II.

Конец покровительству пришел в 1777 году: столицу тогда постигло сильнейшее наводнение, а растерявшийся Чичерин не принял никаких мер к спасению людей. Императрица вызвала его во дворец, поклонилась ему в пояс и сказала: «Благодарствуй, Николай Иванович! По милости твоей погибло несколько тысяч моих добрых подданных». Это была опала.

Лишившись должности, Чичерин заболел, потом умер, — и здание стало менять хозяев одного за другим. Очередным из них стал богатейший подрядчик и откупщик Абрам Перетц, заработавший целый капитал на торговле солью (о нем шутили: «Где соль, там и Перетц»). Один из сыновей откупщика, Григорий Перетц, стал позже единственным евреем среди декабристов и первым евреем среди русских революционеров. Другой сын, Егор Перетц, дослужился до поста государственного секретаря России.

При Абраме Перетце, однако, самым приметным жильцом дома был не он сам и не кто-либо из членов его семьи. Перетцы жили достаточно скромно, занимали лишь часть дома, а вот парадные комнаты были сданы генерал-губернатору столицы графу фон дер Палену.

Современник описывал Палена так: «При высоком росте, крепком телосложении, открытом, дружелюбном выражении лица он от природы был одарен умом быстрым и легко объемлющим все предметы. Эти качества соедине-

Угол Невского и набережной Мойки.
Литография К.П. Беггрова по рисунку В. Форлопа. 1820-е гг.

ны были в нем с душою благородною, презиравшей всякие мелочи... Всегда казалось, что он говорит то, что думает, выражений он не выбирал...» Исторические события, однако, рисуют совершенно иной образ Палена. Он участвовал в заговоре против Павла I и вел себя осторожно и хитро. В его квартире на Невском не раз собирались заговорщики, обсуждая свои планы.

В этой квартире Пален пережил и все последовавшие события: гибель Павла, восшествие на престол его сына, свою неожиданную опалу. Отсюда он и отбыл в курляндские имения: новый император не желал видеть рядом с собой убийц отца...

После Палена парадные комнаты дома занял уже сам Абрам Перетц. А несколько лет спустя, когда дела откупщика пошатнулись, он продал свое здание другому знаменитому откупщику Андрею Косиковскому, сделавшему состояние на поставках продовольствия для армии в 1812 году. Косиковский владел домом довольно долго — почти всю первую половину XIX века. И продолжал сдавать помещения жильцам и прочим другим арендаторам.

В пушкинское время в доме работал знаменитый ресторан «Talon», упомянутый в «Евгении Онегине». Позже «Talon» сменился рестораном француза Фельета, в котором Пушкин тоже бывал. А в меблированных комнатах здесь жили многие знаменитости, и в их числе француженка Жорж, ярчайшая звезда тогдашнего театра. Эта выдающаяся актриса снискала славу не только талантом, но и обстоятельствами своей личной жизни...

29 ноября 1802 года в одном из парижских театров давали «Ифигению» — старую пьесу классического репертуара. К началу спектакля прибыл первый консул Республики, генерал Бонапарт. Он не собирался сидеть в театре долго, но неожиданное обстоятельство помешало ему уйти. В этот день играла четырнадцатилетняя дебютантка, красавица Маргерит Жозефин Жорж, — и играла так, что пресса назвала ее успех «чудовищным». С этого дня генерал Бонапарт стал поклонником юной актрисы. И скоро, как утверждают современники, добился взаимности. Журналисты подали новость претенциозно: «Спутник Марса стал спутником Венеры».

Увы, переменчивое сердце генерала недолго принадлежало юной звезде. А расставание омрачилось грубым поступком Бонапарта, успевшего уже стать императором. Жорж попросила у бывшего возлюбленного на прощание его портрет. «Вот, возьми, — ответил Наполеон, протягивая актрисе золотую монету со своим изображением. — Говорят, я тут похож!»

Впрочем, слишком долго Жорж не тосковала. Молодой флигель-адъютант русского двора Александр Бенкендорф стал ее новым покровителем. Парижская публика еще ждала появления Жорж на одном из спектаклей, а она уже мчалась в почтовой карете в Петербург...

В российской столице Жорж ждали новые победы. Публика рукоплескала ее успехам на сцене. Мужчины были от нее без ума. Бенкендорф оказался лишь первым в списке ее российских увлечений; венцом же списка, по утверждению одного современника, был император Александр I...

Начавшаяся вскоре Отечественная война изменила ее планы: Жорж решила вернуться во Францию. Однако разрешение на выезд было получено уже после поражения Наполеона. Актриса все-таки вернулась в Париж, но там ее карьера быстро закатилась. Лет через тридцать ее видел во Франции князь Вяземский, спешивший встретиться со знаменитой красавицей. «Увидев ее, я внутренне ахнул... Теперь предстала передо мной какая-то старая бабаяга, плотно оштукатуренная белилами и румянами, пестро и будто заново подмалеванная древняя развалина...»

Но при чем же здесь дом Косиковского? Именно в нем жила Жорж накануне своего возвращения во Францию, и именно этот дом как бы подвел черту под ее славой и успехами. Петербуржцам запомнилось, что в дни празднования победы над Бонапартом, когда вся столица была иллюминирована, одна только квартира выделялась темными окнами. Это была квартира Жорж в доме на Невском...

Еще один иностранец, снискавший в Петербурге известность и славу, появился в доме Косиковского в июне 1825 года. Это был венецианец Антонио Росси — возможно, родственник великого Карла Росси, но скорее его однофамилец. Под руководством итальянца пятьдесят пять мастеров соорудили модель Петербурга в масштабе 1:240, на которой были изображены мельчайшие детали облика города. Дома делались из картона, крыши из свинца, мосты и колонны из дерева, Нева и каналы из белой жести, скульптуры из алебастра. Предусмотрительный Росси сделал свой макет складным: город был разделен на несколько квадратов, каждый из которых изготовлялся на отдельной доске. Их можно было собрать и разобрать.

Когда модель была почти полностью готова, Антонио выставил ее в одном из залов дома Косиковского. Увы, предприимчивому итальянцу не повезло: скоро начался процесс над декабристами, обществу стало не до развлечений, и зрителей нашлось не слишком много. Поэтому Росси уже через год отправился с макетом по Европе. Побывал в Берлине, Гамбурге, Париже — везде с успехом. Конец его пути теряется в тумане; есть лишь предположение, что макет его попал в конце концов в Британский музей...

О доме № 15 можно рассказать многое. Упомянем еще несколько подробностей. В XVIII веке здесь находился первый в столице Музыкальный клуб. В пушкинские годы в доме работал типограф Адольф Плюшар, издатель знаменитого «Энциклопедического лексикона» — первой, хотя и незавершенной русской энциклопедии. Тогда же в доме помещалась «Контора частных должностей» — своего рода биржа труда, на которую сходились гувернеры, архитекторы, переводчики, костоправы, бухгалтеры со всей столицы.

После наследников Косиковского домом владели купцы Елисеевы — а в начале советского времени в трехэтажной елисеевской квартире, да и в других помещениях дома расположился знаменитый ДИСК — Дом искусств, коммуна писателей и художников. «По вечерам зажигались многочисленные огни в его окнах — некоторые были видны с самой Фонтанки, — и весь он казался кораблем, идущим сквозь мрак, метель и ненастье...» — это из воспоминаний Владислава Ходасевича. А вот о самом Ходасевиче пишет Нина Берберова: «Его окно в Доме искусств выходило на Полицейский мост, и в него был виден весь Невский. Это окно и его полукруглая комната были частью жизни Ходасевича: он часами сидел и смотрел в окно, и большая часть стихов «Тяжелой лиры» возникла именно у этого окна, из этого вида»...

Ольга Форш, как и Ходасевич, назвала ДИСК кораблем, только в более ироничной интонации: ее книга «Сумасшедший корабль» описывает колоритный быт Дома искусств. А жили тут не только Ходасевич и Форш, но и Осип Мандельштам, Александр Грин, Николай Гумилев, Михаил Зощенко, да и многие другие. Здесь создавались знаменитые произведения — например, Грин закончил свои «Алые паруса».

Ну а самое приметное из заведений нынешнего дома — кинотеатр «Баррикада» — открыто было в 1920-х годах под названием «Светлая лента».

БОЕВАЯ ВЫЛАЗКА В ЛЕНИНГРАД

В те же 1920-е в доме № 15 случилось происшествие, потрясшее весь город. Вечером 7 июня 1927 года в находившемся тут Центральном партийном клубе взорвалась бомба.

В тот день в одной из комнат клуба заседал кружок по историческому материализму; как сообщалось в газетах, присутствовали при этом около сорока человек. В десять часов вечера в комнату вошли неизвестные. Бросив бомбу, а затем вторую — к счастью, не разорвавшуюся, — они бежали. При отступлении отстреливались, а потому задержать их не удалось...

Тринадцать человек были ранены взрывом. Сильно пострадала комната: «Вся мебель разворочена. Обрушилась штукатурка, повреждены простенки». Вопиющее преступление всколыхнуло ленинградцев — тем более что в тот же самый день в Варшаве был убит советский посол Войков. А ведь след и из Ленинграда вел за границу: на месте преступления нашли заграничный плащ-макинтош и брошенный преступниками портфель иностранного производства...

Увы, преступников милиция не нашла. Но они объявились сами, находясь уже за границей. Их было трое — Виктор Ларионов, Дмитрий Мономахов, Сергей Соловьев, — и все они состояли членами известной эмигрантской организации, Российского общевоинского союза. Предводитель бомбометателей, Ларионов, написал позже о теракте записки под громким именем: «Боевая вылазка в СССР». Воспоминания эти полны гордости за сделанное — и несомненного самолюбования.

«Нет ни страха, ни отчаяния, ни замирания сердца... Впечатление такое, точно я на обыкновенной, спокойной, неторопливой работе».

Рассказ о самом взрыве не лишен картинности. Вот, например, решающий момент:

«Бомба пропищала и замолчала. Еще секунда тишины, и вдруг страшный, нечеловеческий крик:

— А... а... а... а... Бомба...»

И далее:

«По всему дому несутся дикие крики, шуршание бегущих ног и писк, такой писк — как если бы тысячи крыс и мышей попали под гигантский пресс».

А вот побег бомбометателей:

«Я побежал навстречу милиции, размахивая руками... Какой-то человек выскочил за нами из двери клуба — весь осыпанный штукатуркой, как мукой, обогнал нас и кричал впереди:

— У... у... у... у...

— Что вы здесь смотрите? — закричал я на советскую милицию. — Там кидают бомбы, масса раненых, бегите скорее...»

Виктору Ларионову взрыв на Мойке принес славу: это была самая громкая акция Российского общевоинского союза. Но смысла в теракте было немного; он ничего не изменил, да и изменить не мог. Только пропускной режим в ленинградских учреждениях стал построже...

Впрочем, Ларионова столь скромные результаты не смутили. Он не оставил своих трудов по «спасению России». А в годы Великой Отечественной стал участником Комитета освобождения народов России — одной из власовских организаций...

ГИТАРЫ ИЗ БЕЗЕ И ПИРОЖНОГО

В XVIII столетии нынешнего желто-белого дома № 18 по Невскому проспекту не было и в помине; стоял здесь куда более скромный дом портного Неймана. Именно в нем открылся первый в России кабинет восковых фигур. Хозяева кабинета представляли публике «персон» из европейских царских семей и особо подчеркивали, что изваяния одеты в подлинные одежды августейших особ, любезно пода-

Кондитерская С. Вольфа и Т. Беранже на углу Невского проспекта и набережной Мойки. Литография. 1830-е гг.

Невский проспект у Полицейского моста. С открытки начала XX в.

ренные кабинету. Заодно они уверяли, что их восковые персоны «с живыми лицами, кои сим художеством представляются, весьма трудно распознать». Распознать — то есть отличить от живых...

Знакомый нам дом возвел в начале XIX столетия купец Конон Котомин. А вскоре сюда въехала кондитерская Вольфа и Беранже — давняя, появившаяся в Петербурге еще в XVIII столетии, но настоящую славу обретшая именно в доме Котомина...

Покупателям было на что обратить здесь внимание! Фрукты в сахаре, ромовые и ликерные конфеты, «пирамидальные вазы, храмы, корзинки, гитары из безе и пирожного, сахарные купидоны, карикатуры, лошади, рыцари, бюсты и портреты знаменитых людей, сделанные из сахара и шоколада». Немудрено, что публика валом валила за такими чудесами.

Захлебывалась от восторга и газета «Северная пчела». Особенное умиление вызывали у нее сахарные яйца с изображениями букв русского алфавита: «Дитя с радостью заучит звуки букв, когда ему дадут сахарные изображения с правом их скушать!»

В пушкинскую пору кондитерская Вольфа и Беранже была на вершине славы. И окончательно вошла в историю в начале 1837 года: именно отсюда Пушкин со своим секундантом Данзасом отправился на роковую дуэль. «Было около 4-х часов. Выпив стакан лимонаду или воды, Данзас не помнит, Пушкин вышел с ним из кондитерской; сели в сани и отправились по направлению к Троицкому мосту. Бог весть, что думал Пушкин. По наружности он был покоен...»

Вскоре после кончины Пушкина у Вольфа тайком читали лермонтовские стихи на смерть поэта...

Здесь и позже собирались литераторы, журналисты. Они наслаждались лакомствами кондитерской, беседовали и читали свежие газеты — российские и заграничные. В этом заведении, как и в некоторых других, их было много...

В конце XIX века помещения кондитерской Вольфа и Беранже перешли в руки ресторатора Альберта Бетана —

и после переустройства здесь открылся «Французский ресторан «Альберт». А рядом с владением Бетана появился еще один — ресторан «О. Лейнер», вотчина другого приезжего ресторатора Фердинанда Оскара Лейнера. Это популярное заведение видело немало знаменитостей и связано с одним трагическим преданием: якобы здесь выпил сырой воды Петр Ильич Чайковский, и это послужило началом его смертельной болезни — холеры. По всей видимости, это лишь легенда: вряд ли в известном ресторане могли подать сырую воду. Да и вообще обстоятельства смерти Чайковского неясны до сих пор. Есть даже версия, что он покончил жизнь самоубийством, — весьма спорная, но от этого не менее популярная.

ИСКУССТВЕННЫЕ ЗУБЫ ДЛЯ ФАДДЕЯ БУЛГАРИНА

Наверное, самым знаменитым из постояльцев дома Котомина был журналист, издатель и писатель Фаддей Булгарин. Об этом неординарном и, увы, запятнавшем себя человеке стоит вспомнить отдельно.

Его биография густо окрашена в авантюристические тона. Сын польского шляхтича, Булгарин служил в Уланском полку и воевал против французов — заслужив своей отвагой орден Анны III степени. Потом была неосторожная эпиграмма, другие скандалы и увольнение из армии «по худой аттестации». Булгарин нищенствовал — по слухам, даже просил милостыню и воровал. Устав от такой жизни, перебрался за границу и вступил в Польский легион войск Наполеона. Участвовал в походе на Россию, снова проявил отвагу, заработал орден Почетного легиона и стал даже капитаном французских улан. А после войны решил поселиться в Петербурге.

Любопытный факт: среди издательских предприятий Булгарина был журнал «Сын Отечества». Подходящее название для человека с его биографией! А в 1825 году Фаддей вместе с Николаем Гречем начал главное дело своей жизни — выпуск газеты «Северная пчела». И достиг небывалого успеха! Двадцать лет его газета была самой популярной в России, а тираж ее достигал невиданных дотоле величин — от 4,5 до 10 тысяч экземпляров. Как замечали издатели газеты, «без «Пчелы» ни один порядочный человек не может выпить утром чашки чаю». Признали читатели и самого Булгарина — как фельетониста и критика. А также как исторического беллетриста, одного из первых в России.

Мало того, на литературном поприще Булгарин сблизился со многими литераторами, и в их числе с Пушкиным (вот из дневника одного современника: «Пошел во втором часу к барону Дельвигу. У него застал Ф.В. Булгарина и Ал.С. Пушкина. В беседе с ними я просидел до трех часов...»). Подружился с Грибоедовым — и тот, отбывая из Петербурга в Персию, подарил ему список своего «Горя от ума» с надписью: «Горе мое поручаю Булгарину. Верный друг Грибоедов»...

Если бы этим все ограничивалось, место Булгарина в литературной истории было бы вполне почетным. Но недаром князь Вяземский записал однажды: «Булгарин и в литературе то, что в народах: заяц, который бежит между двух неприятельских станов». Фаддей Венедиктович сочувствовал либеральным настроениям, но при этом усиленно выражал верноподданические чувства. Дружил с Грибоедовым и писал записки в Третье отделение. Причем писал в них не только о литературе: пересказывал частные разговоры, клеймил своих оппонентов и конкурентов. Клеймил на всякий случай — чтобы те не мешали процветанию «Северной пчелы».

Да и в журналистике он вел себя похожим образом. Казалось, литераторов он делил на две категории: конкурентов и всех остальных. На первых выливал ушаты грязи, а вторых оценивал вполне снисходительно, даже хвалил. Переход из категории в категорию совершался подчас мгновенно. Стоило появиться на свет «Литературной газете» — конкуренту «Северной пчелы»! — как Пушкин, Вяземский, Дельвиг и другие их товарищи стали для Булгарина недругами. Те, разумеется, тоже в долгу не оставались: один только Пушкин написал больше десятка эпиграмм и статей в булгаринский адрес. Вот и еще одно характерное высказывание поэта о Фаддее Венедиктовиче, пересказанное мемуаристом: «Говоря о Булгарине, Пушкин сказал, что напрасно его слишком бранят, что где-нибудь в переулке он с охотою с ним встретится, но, чтоб остановиться и вступить с ним в разговор на улице, на видном месте, на это он, Пушкин, никак не решится»...

Добрые отзывы о Булгарине нечасты; один из них принадлежит известному скульптору, вице-президенту Академии художеств Федору Толстому. Ваятель отзывался о журналисте «как о прекраснейшем муже, нежнейшем отце, хорошем товарище и, главное, как о человеке, всегда готовом подать помощь ближнему...»

Когда в сентябре 1859 года Булгарин умер, пресса отреагировала на это почти полным молчанием. Лишь некоторые издания признали за ним заслуги; «Современник» отметил, что Булгарин «хоть вкривь и вкось давал умственную пищу своим многочисленным читателям» и за время своих трудов по «крайней мере десять тысяч человек приохотил к русскому чтению».

Это самое «вкривь и вкось» напоминает еще об одной стороне дарований Булгарина. Дело в том, что Фаддей Венедиктович не гнушался смешивать журналистику и рекламу — и рьяно продвигал в «Северной пчеле» нужных и приглянувшихся ему людей, полезные для него заведения. Денег за рекламу, правда, не брал: его соратник Греч отмечал, что Булгарин «довольствовался небольшою частичкою выхваляемого товара или дружеским обедом в превознесенной им новой гостинице, вовсе не считая этого предосудительным».

Особенно привечал Булгарин тех, кто находился неподалеку от его квартиры. Например, портного Кана: «Природа не дала вам талии; ступайте к г-ну Кану, он даст вам талию своей работы... Он исправен, не заставляет долго дожидаться, не берет лишнего, не старается выгадывать на сукне. Магазин его на Невском проспекте, на углу Малой Морской, в доме Косиковского».

А как воспевал он зубного врача Давида Валленштейна, жившего в доме Котомина! «Г. Валленштейн весьма скуп на чужие зубы и говорит: вырвать легко, но вырастить зуба нельзя; а потому вырывает в крайней необходимости. Пломбирует он удивительно золотом и разными массами и вставляет весьма ловко искусственные зубы превосходной парижской работы...»

Понятно, что этот замечательный дантист лечил и вставлял зубы Булгарину и всему его семейству. Фаддей Венедиктович и не скрывал этого — еще в 1836 году он обмолвился: «Быв свидетелем производства этой операции (т. е. вставления искусственных зубов. — *Д. Ш.*) над человеком довольно нам знакомым, почитаем долгом объявить об отличных умениях г. Валленштейна». А в 1849 году был он совсем откровенен: «Г. Валленштейн уже более двадцати лет печется о зубах всех лиц, составляющих редакцию «Северной пчелы», с их чадами и домочадцами»...

Давид Валленштейн дает нам удобный повод расстаться, наконец, с Булгариным и вспомнить о зубных врачах старого Петербурга. Родоначальником их по праву может считаться основатель нашего города, император Петр I: он страстно любил рвать своим приближенным больные зубы.

Квалифицированных дантистов, однако, в Петербурге не было долго, и первым из них стал француз Жеродли, прибывший ко двору Анны Иоанновны. Он вычистил зубы императрице и герцогу Бирону и получил за это немалое вознаграждение. Анна уплатила ему за хлопоты 600 рублей; немало платили и последовавшие ее примеру придворные. Сами вельможи зубов тогда, видимо, не чистили — ни по утрам, ни по вечерам, ни вообще когда-либо...

В 1760-х годах впервые прославился отечественный дантист — Андрей Бахерахт, сын выходца из Голландии. Вообще-то он был флотским доктором, но заодно лечил и от зубной боли — исцелял магнитом, обещая пациентам непременное облегчение. А поскольку своими магнитами он приторговывал, причем «чрезвычайною ценою», то и получил внушение от Медицинской коллегии. Бахерахт представил было коллегии список исцеленных, но получил такой ответ: «вам зубную боль лечить магнитом не запрещено», но торговать магнитами — ни-ни!..

В 1775 году в российскую столицу прибыл парижский дантист Ле Нуар, впервые делавший свинцовые пломбы. Пломбы из золота появились значительно позже, в пушкинское время: их стал делать еще один заезжий врач Самуэль Бернд.

И уж конечно, попадались среди дантистов и шарлатаны. В XIX столетии особо прославился поручик Бородин, лечивший зубы паром. Для этого он держал голову пациента над жаровней, посыпанной каким-то порошком. После этого приговаривал: «Посмотрим, сколько же червяков вышло из больного зуба?» Червяков выходило, похоже, немало, и в месяц Бородин зарабатывал до семи тысяч рублей...

«НАСЧЕТ УЖИНА ОН БЫЛ РАСПОРЯДИТЕЛЕН...»

И снова Невский, 18.

Апрельский день 1846 года. Двое молодых людей зашли в кондитерскую Вольфа и Беранже, чтобы перелистать свежие газеты. Особенно интересных новостей не было, и на чтение хватило пяти минут. Тут один из пришедших встретил своего знакомого и вступил в беседу; второй же отправился на улицу. Пошел он неторопливо в сторону Адмиралтейства, к началу Невского. У Большой Морской улицы его нагнал недавний собеседник его приятеля.

«Какая идея вашей будущей повести, позвольте спросить?» — задал вопрос подошедший. Ответ был немногословен, и разговор завял, не успев начаться.

Дойдя до Малой Морской, спутники расстались. Но им было суждено встретиться еще не раз и сыграть в судьбах друг друга заметную роль...

Повесть в то время писал Федор Михайлович Достоевский, его приятелем был молодой поэт Алексей Николаевич Плещеев, а поочередным собеседником обоих — Михаил Васильевич Буташевич-Петрашевский.

О знаменитом кружке Петрашевского писали и пишут разное.

«В Петербурге ходили слухи, будто некоторые из них решили заколоть государя кинжалами в ночь на 21 апреля (3 мая) 1849 г. в публичном маскараде, который устраивался в зале дворянского собрания... Передавали, что государь сказал коменданту Царского Села: «Представь себе, эти чудовища хотели не только убить меня, но и уничтожить всю мою семью!»

И еще: «Чаю и что следует к чаю было всегда довольно; в особенности насчет ужина он (хозяин) был распорядителен: телячьи котлеты с зеленым горошком, поросенок под сметаной, а иногда блюдо дичи, в заключение пирожное и что следует к ужину в приличном количестве».

Поросенок под сметаной — и кинжалы, призывы к восстанию? Обе эти цитаты — о петрашевцах.

Самого Михаила Васильевича приятель его описывал так: «полный собою, весьма крепкого сложения, брюнет, на одежду свою он обращал мало внимания, волосы его были часто в беспорядке... во взоре его более всего выражались глубокая вдумчивость, презрение и едкая насмешка».

Петрашевский был крестником императора Александра I, но детство у него выдалось несладким. Сестра Михаила назвала свою мать в мемуарах «особой крутого характера», а историк Семевский сухо отозвался: «антипатичная старушка». Отец умер рано. Выскользнув из-под родительского крыла и попав при этом в стены престижного Лицея, Михаил Петрашевский принялся «выкидывать эксцентрические штуки», удивляя окружающих «нелогичностью своих слов и поступков». Вел себя вызывающе и старался насолить начальству любой ценой. «Ни с кем не дружился».

В университете Петрашевский знакомится с учением утопического социализма. Пишет труды, в которых, по замечанию историка Бориса Егорова, «заметно стремление

*Невский проспект с видом на Адмиралтейство.
С открытки начала XX в.*

не столько анализировать... сколько выражать идеалы», — обычная практика незрелого резонера! Позже берется за юридическую практику, но компаньон через какое-то время отказывается от сотрудничества из-за неумения Петрашевского вести дела.

Карьера не удалась, недовольство и обида копились. Учение социалистов, пришедшееся Петрашевскому по сердцу, давало выход чувствам, поддерживало и укрепляло презрение ко власть имущим. И он не мог не поделиться наболевшим с собеседниками.

Но вот тут обычно смещают акценты. Собрания у Петрашевского не были посвящены революционной пропаганде — более того, пропаганда там отсутствовала вовсе. Главным двигателем встреч было желание высказаться, поспорить. Шли к Петрашевскому и для самообразования: в его библиотеке хранилось множество философских сочинений. Так что были разговоры, были лекции, горячие обсуждения наболевших проблем, веселые застолья. После того, «что следует к ужину», разговор, разумеется, оживлялся, споры обострялись, мысли и слова приобретали резкий характер.

Не забудем: глухое николаевское время все-таки позволяло вести разговоры на политические темы. Даже в светских салонах поговаривали о пользе перемен. И хотя Петрашевский проявлял на своих собраниях изрядную осторожность, даже он не видел в беседах «криминала». В этом он был прав — но одновременно и ошибался.

Ошибался потому, что не знал всего о своих гостях. А среди них были несколько отъявленных радикалов и сразу три тайных агента, готовые зафиксировать любое радикальное откровение.

Фиксировать им было что.

27-летний Николай Спешнев горячо ратовал за создание тайного общества с целью переворота и даже написал его проект.

18-летний Василий Катенев играл в романтического злодея, и слова «жажду крови» повторял кстати и некстати. Что неудивительно: он болел психически и уже во время следствия был признан помешанным.

Изрядной экзальтацией отличался и 22-летний Алексей Толстов. Он рассказывал знакомым о якобы существующем тайном обществе, где предателей казнят через три дня после преступления, «подобно как мы с год назад сделали с одним рассказчиком, которому отрезали язык и отрубили руки»...

И как могли власти реагировать на донесения тайных агентов? Правление Николая I началось с истории декабристов, и определенные ассоциации возникали наверняка. У декабристов сборища переросли в тайное общество, а затем в восстание. У Петрашевского собрания налицо, об обществе и цареубийстве разговоры уже идут. Как же тут было не вмешаться?

Аресты проводились апрельской ночью 1849 года, и следствие уже скоро дало результаты. Стало ясно, что у Петрашевского не было ни заговора, ни организованного общества (тем более тайного), ни планов действия. Но любое негативное высказывание об императоре, любая мысль о тайном обществе и о противостоянии власти пополняли собой обвинение. Тем более, что сам Петрашевский своими репликами упорно подогревал градус следствия: «Что вам угодно, господа следователи, то и делайте, а перед вами стоит человек, который с колыбели чувствовал свою силу и, как Атлант, думал нести землю на плечах своих». Он же уверял, что мысль его «стать во главе разумного движения в народе русском не была наподобие попытки Икара»: «нет солнца, которое бы могло опалить его крылья».

История суда над петрашевцами общеизвестна. Двадцать один человек был вначале приговорен к казни, и в их числе — Ф.М. Достоевский. Но уже на Семеновском плацу, после всех приготовлений к расстрелу, было объявлено помилование: кому каторга, кому ссылка, кому перевод в солдаты...

Так кем же они были, петрашевцы? Не революционерами. Просто молодыми людьми, желавшими осознать и решить главные проблемы мира. И характерно, что после амнистии, последовавшей в 1856 году, ни один из них не проявил враждебности к властям: все были вполне лояльны. Вспомним того же Достоевского...

«ГДЕ МИЛАЯ ТРОЯ?..»

Помедлим переходить на другую сторону Большой Морской и бросим взгляд влево, в глубину этой улицы. Недалеко от Невского она делает изгиб — и как раз там высится громоздкое здание Текстильного института, построенное в 1930-х годах.

Еще до революции на этом месте решили построить огромное здание Русского для внешней торговли банка — одного из крупнейших в стране. Банк объявил всемирный конкурс архитектурных проектов, первую премию получила фирма из Бельгии. Однако ее проект осуществлять почему-то не стали.

Строить в итоге начали только в 1915 году и к моменту революций поспели возвести только стены. Несколько лет дом стоял без крыши и штукатурки, похожий на руины. В округе его прозвали «кошкиным домом» — здесь нашли себе приют бездомные коты и беспризорники.

А поздним ноябрьским вечером 1920 года около этих руин прогуливались двое: актриса Ольга Гильдебрандт-Арбенина и увлеченный ею поэт Осип Мандельштам. Разговор почему-то зашел о Трое; Мандельштам сказал, что недостроенный дом напоминает ему троянские развалины.

— А вы помните роман Мордовцева о Трое? — спросила Арбенина. Мордовцев был известным историческим романистом, но литературным блеском его сочинения не отличались. Мандельштам не любил его.

— Господи, конечно нет! — ответил он.

Роман Мордовцева был посвящен младшей дочери троянского царя Приама. После разрушения города она попадает в Египет, живет там и плачет, вспоминая отчий дом и то, как они жили — троянская царская семья. Этот сюжет Арбенина и пересказала Мандельштаму.

Недостроенный дом, судьба царевны, разговор на вечерней прогулке — все это смешалось воедино и дало толчок к созданию завораживающего стихотворения:

За то, что я руки твои не сумел удержать,
За то, что я предал соленые нежные губы,
Я должен рассвета в дремучем акрополе ждать.
Как я ненавижу пахучие древние срубы!

Ахейские мужи во тьме снаряжают коня,
Зубчатыми пилами в стены вгрызаются крепко,
Никак не уляжется крови сухая возня,
И нет для тебя ни названья, ни звука, ни слепка.

Как мог я подумать, что ты возвратишься, как смел?
Зачем преждевременно я от тебя оторвался?
Еще не рассеялся мрак и петух не пропел,
Еще в древесину горячий топор не врезался.

Прозрачной слезой на стенах проступила смола,
И чувствует город свои деревянные ребра,
Но хлынула к лестницам кровь и на приступ пошла,
И трижды приснился мужьям соблазнительный образ.

Где милая Троя? Где царский, где девичий дом?
Он будет разрушен, высокий Приамов скворешник.
И падают стрелы сухим деревянным дождем,
И стрелы другие растут на земле, как орешник.

Последней звезды безболезненно гаснет укол,
И серою ласточкой утро в окно постучится,
И медленный день, как в соломе проснувшийся вол,
На стогнах, шершавых от долгого сна, шевелится.

Это стихотворение, посвященное Ольге Гильдебрандт-Арбениной, стало одним из шедевров русской лирики...

А 1 января 1921 года, прослышав, что Арбенина выходит замуж за писателя Юрия Юркуна, Мандельштам зашел к Николаю Гумилеву. «Мы оба обмануты», — сказал он, и оба рассмеялись...

ПУТЕШЕСТВИЕ ДИЛЕТАНТОВ

От троянских развалин до Лондона — рукой подать. По крайней мере, здесь, на Невском проспекте. Сюжет предыдущей главы нам еще памятен, а вот в доме № 16 по Невскому, стоящем на углу Большой Морской, находился некогда отель «Лондон». Впрочем, слова «отель» в тогдашнем обиходе не было, и хозяин заведения немец Георг Гейденрейх называл его скромно: «Трактир «Город Лондон».

В годы правления Екатерины II «Лондон» был самой роскошной, престижной и дорогой гостиницей Петербурга. И останавливались в ней именитые гости — «королевской датской посланник», константинопольский патриарх, наследный принц Гессен-Дармштадтский. А также граф Фалькенштейн: под этим именем посетил Россию австрийский император Иосиф II. Гейденрейх не преминул известить горожан о том, что все его квартиранты остались довольны «Лондоном»: «Их милостивое удовольствие как в квартире, так и в угощении оказали».

Предприимчивый немец хорошо поставил свое предприятие — так что сумел со временем построить собственный дом на Невском проспекте, 1. Туда и была переведена гостиница...

Есть некая логика в том, что именно после «Лондона» на Невском, 16 открылся Английский магазин Никольса и Плинке. Он находился здесь почти век, начиная с 1786 года. Это был первый в столице прообраз будущих универмагов, или, по-современному, супермаркетов. Восхищенная провинциалка описывала его: «Английский магазин есть столица всех магазинов. Не знаю, почему он называется Английским, ибо в нем продаются русские, французские, немецкие и всякие товары...» Выбор товаров был велик: бриллианты и глиняная посуда, вино и платья, ткани и горчица, ковры и иголки, ружья и духи, шляпы и даже — «салат в банках». «Непостижимое дело! — восклицала провинциалка, видя такое изобилие. — Мне кажется, что этот магазин должен называться не Английским, а универсальным».

Здесь закупались материалы и разные аксессуары для знаменитых балетов Мариуса Петипа. Посещали магазин знать и «золотая молодежь». Никольс и Плинке поставляли вина для императорского двора. Неограниченный кредит имел здесь Пушкин: после его смерти опека уплатила магазину долги на сумму 2015 рублей. Любил захаживать сюда, особенно за рождественскими подарками для своей семьи, император Николай I. Под новый 1841 год царь застал здесь Н.Н. Пушкину, выбиравшую подарки для детей. Разговор их не был долог; монарх пожелал чаще видеть Пушкину на придворных балах.

Николай Павлович был неравнодушен к красивым женщинам и не упускал случая увеличить свой донжуанский список. Но, посещая Английский магазин, монарх и представить себе не мог, что здесь подрастает героиня нового его увлечения — и одного из самых шумных. То была Лавиния Бравура, падчерица управляющего магазином. В год встречи императора с Пушкиной Лавинии исполнилось только семь лет. События же развернулись десятилетием позже.

В 1850 году Лавинию, красавицу «с жгучими глазами креолки и правильным лицом, как бы резцом скульптора выточенным из бледно-желтого мрамора», выдали замуж. Супругом ее стал 22-летний купеческий сын Алексей Жадимировский. Счастья, однако, молодожены не ждали: Ла-

Вид от Невского проспекта на арку Главного штаба. Гравюра Л. Тюмлинга. 1830-е гг.

виния не питала к супругу нежных чувств, а он, видя ее равнодушие, стал обращаться с ней грубо, запирать в комнатах или, наоборот, выгонять из дому к матери.

Единственным утешением были балы, на которых Жадимировская могла немного развлечься. Там и поджидала ее неожиданная встреча с императором. Государь оценил достоинства 18-летней красавицы и поручил сообщить ей о его высочайшем внимании. Мужу, возможно, императорский интерес сулил милости и блестящую карьеру, но Лавинии предложение не понравилось. Она отказала императору — и довольно-таки резко. Венценосец смирился с неуступчивостью красавицы, но недовольство затаил.

А вскоре Лавинию ожидала новая встреча. Она познакомилась с человеком, о котором слышала уже не раз, потому что репутация его была неоднозначной, а жизнь пестрой и шумной. Князь Сергей Трубецкой, отставной кавалергард, участвовавший в забавных и рискованных проделках, опасно раненный на Кавказской войне, но не потерявший веселости, пленил ее.

Да и Трубецкой, вдовец, гуляка и сорвиголова, был очарован Лавинией — по свидетельству очевидцев, «сущим ребенком в душе».

Любовь вспыхнула неожиданно, и Лавиния не могла уже жить по-прежнему: она писала Трубецкому горестные письма и просила спасти ее от мужа, который, по ее словам, желал или уморить ее, или довести до сумасшествия.

«Я любил ее без памяти, — писал позже Трубецкой, — положение ее доводило меня до отчаяния; я был как в чаду и как в сумасшествии, голова ходила у меня кругом, я сам хорошенько не знал, что делать...»

Решение пришло неожиданно: бежать из столицы. В один из майских дней 1851 года у Английского магазина остановилась карета Трубецкого, в которой находился его приятель; тут же в карету села вышедшая из дома Лавиния и сказала: «Ради бога, быстрее», и путешествие началось.

Муж обратился в полицию; дело стало ходить по кабинетам и коридорам власти. Император был в отъезде, а наследник Александр Николаевич отделывался презрительными резолюциями в адрес Трубецкого: «Я давно этого ожидал, ибо никакая мерзость со стороны князя Сергея Трубецкого меня не удивляет».

Власти прохлаждались до тех пор, пока о деле не узнал император. А узнав, повелел разыскать беглецов и доставить в столицу раздельно. Гонцы разъехались по России, прожигая казенные деньги, которых было потрачено 2272 рубля $72^5/_7$ копейки серебром.

Уже за Тифлисом беглецов настигли. Лавиния и Сергей Трубецкой не провели вместе и месяца: они бежали 5 мая, а закончилось путешествие 3 июня.

А дальше был высочайший гнев. Лавинию «сдали» матери под расписку. Трубецкой оказался в Петропавловской крепости, потом был разжалован в рядовые и отправлен на Кавказ. Армейскую лямку он тянул до смерти монарха, дослужившись лишь до звания подпоручика, — и только потом опального офицера уволили от службы «по нездоровью». Он уехал в имение под Муромом, куда к нему приехала красивая молодая экономка. Это была Лавиния.

Увы, новое счастье тоже оказалось недолгим. Через два года Сергей Трубецкой умер, а Лавиния выхлопотала заграничный паспорт и навсегда уехала из России.

Вне этой истории жизнь их была ничем не примечательной. До нее Трубецкой оставался обычным сорвиголовой и повесой. После нее Лавиния жила вполне благополучно и спокойно: была женой графа Сухтелена, а затем супругой некоего итальянского маркиза. Лишь несколько лет жили Лавиния и Трубецкой друг ради друга, презрев общественные приличия, и эти годы обессмертили их.

Не забыли о них и в XX веке: именно их любви посвятил Булат Окуджава знаменитый роман «Путешествие дилетантов».

ЧЕТВЕРНАЯ ДУЭЛЬ

Еще печальнее был финал любовной истории, связанной с домом № 13 по Невскому проспекту: он стоит на другом углу перекрестка и именуется обычно домом купцов Чаплиных. В 1817 году здесь снимал квартиру молодой граф Александр Завадовский, известный гурман и кутила. У него частенько собиралась «золотая молодежь». А одним из ближайших приятелей Завадовского был Александр Грибоедов, будущий автор «Горя от ума»; случалось даже, что он по нескольку дней жил на квартире у Завадовского.

Легкость нравов побуждала тогда молодых людей волочиться за знаменитостями; а в столице особенно блистала 18-летняя балерина Авдотья Истомина. Правда, танцовщица уже два года жила с кавалергардом Василием Шереметевым, но они нередко ссорились, и их размолвки давали надежду другим воздыхателям. В том числе и Завадовскому.

После одной из таких размолвок Грибоедов по просьбе Завадовского привез балерину сюда, в дом на Невском. И Завадовский, как говорила позже Истомина, «предлагал ей о любви, но в шутку или в самом деле, того не знает, но согласия ему на то объявлено не было»...

Согласия не было, и Грибоедов отвез Истомину к ней домой. Но ревнивый Шереметев прознал об этом визите и имел неосторожность рассказать о нем своему другу, будущему декабристу и патологическому забияке Александру Якубовичу. Тот посоветовал вызвать обидчика на дуэль.

Секундантами должны были стать Якубович и Грибоедов. Но при обсуждении условий дуэли два Александра поссорились между собой, и стреляться поэтому решили вчетвером: Шереметев с Завадовским и Якубович с Грибоедовым.

Поединок был 12 ноября 1817 года, в понедельник. Шереметев получил смертельную рану в живот и на следующий день умер. Вторая пара стреляться не стала.

Вскоре Якубовича за подстрекательство к дуэли сослали на Кавказ, Завадовский уехал за границу, Грибоедов был послан с дипломатической миссией в Персию. На беду, по пути он повстречал Якубовича, предложившего завершить дуэль. Грибоедов стрелял неудачно; Якубович же прострелил противнику кисть левой руки. После этого Грибоедов долго не мог играть на рояле...

А дом Чаплиных давал приют еще многим квартирантам. Например, московскому помещику и профессиональному игроку Василию Огонь-Догановскому. Он стал прототипом Чекалинского в «Пиковой даме» Пушкина, и не случайно: летом 1830 года поэт проиграл ему 24 800 рублей — очень большие деньги!

ИМ НАСТУЧАЛ НАПОЛЕОН

Дом № 14 по Невскому примечателен надписью: «Граждане! При артобстреле эта сторона улицы наиболее опасна!» Слова эти появились во времена блокады. А вот об облике здания, которое стояло здесь в XIX столетии, нынче ничто не напоминает. Хотя именно в тех стенах зародился российский спиритизм.

Ранней весной 1874 года в петербургской квартире супругов Прибытковых начались таинственные стуки. Прислуга решила, согласно поверью, что хозяев «выживают» из квартиры. Глава семьи, Виктор Иванович Прибытков, в этом усомнился.

Наконец, кто-то посоветовал провести эксперимент для выяснения природы стуков. Надлежало произносить вслух азбуку; если какая-то буква отмечалась отчетливым стуком, следовало ее записать, составляя так целые слова и фразы. Опыт дал ошеломляющие результаты: «дух» назвался давнишним слугой семейства Прибытковых, сообщив при этом деликатные подробности фамильной истории — для подтверждения своей подлинности. Выяснилось и то, что посредником для духа служила Елизавета Дмитриевна Прибыткова: у супруги хозяина оказались незаурядные спиритические способности.

С этого и началось. Пошли сеансы, переговоры с духами, столоверчение, передвижение предметов усилием воли. Среди духов попадались знаменитости: муж Елизаветы Дмитриевны запомнил среди них Пушкина, Лермонтова и Наполеона. Правда, добавлял он, «ни один из них не дал доказательства своей самоличности: первые два писали плохие стихи, а последний рассказывал о своих военных подвигах».

Сам муж Елизаветы Дмитриевны медиумом не был; похоже, что он немало страдал от сверхъестественных способностей супруги. Но и гордился ими, исполняя ту же роль скромного летописца при гении, что и Ватсон при Холмсе. Интонации незабвенного доктора часто проскальзывают в его записях, воспоминаниях и статьях для журнала «Ребус». Этот «Ребус», возникший по инициативе Прибытковой, стал первым в России журналом по медиумизму и прочим запредельным явлениям и издавался почти три десятка лет.

...Конечно, любители медиумизма встречались в России до Прибытковой: самыми знаменитыми были министр путей сообщения Мельников и великий химик Бутлеров. Но никто раньше не был «действующим» медиумом, не устраивал публичных сеансов, не превращал это увлечение в дело всей жизни. Во всем этом первой стала Прибыткова.

В одной из заметок о своей жене Виктор Иванович Прибытков рассказывает о таком чуде: большой кусок сыра, лежавший на обеденном столе, при появлении Елизаветы Дмитриевны сам поднялся и встал на узкий свой край. Как ни старался потом Прибытков «вручную» поставить сыр на тот же край, ничего не выходило: кусок падал.

Вряд ли можно повторить этот опыт в наши дни. И сыр уже не тот, да и от прежнего дома Прибытковых не осталось и следа.

СВЕТСКИЕ ИСТОРИИ

Дом № 12 по Невскому отделан красным гранитом. Строился он в начале XX столетия, когда считалось, что именно гранит придает зданию роскошный вид и солидность. А солидность требовалась немалая: ведь здание перестраивалось для крупной банкирской конторы «И.В. Юнкер и К°».

До той поры на этом месте стоял обычный дом в классическом вкусе. Перевидел он на своем веку немало жильцов, и едва ли не самым приметным был петербургский военный генерал-губернатор граф Михаил Андреевич Милорадович. Краткую, но красноречивую характеристику его набросал Герцен в одной из своих повестей: «Граф Милорадович, храбрый, блестящий, лихой, беззаботный, десять раз выкупленный Александром из долгов, волокита, мот, болтун, любезнейший в мире человек, идол солдат, управлявший несколько лет Петербургом, не зная ни одного закона».

Волокита и мот три года занимал верхний этаж дома на Невском. Квартира его блистала роскошью. Генерал мог себе это позволить: если даже на помощь не приходил император, долги свои Милорадович воспринимал спокойно. Случалось, кредиторы его стрелялись, иногда даже на глазах у бравого генерала, — но такой ход событий его не пугал...

А весной 1820 года сюда к Милорадовичу явился молодой поэт и чиновник Александр Пушкин. Он был вызван генерал-губернатором в связи со слухами о его вольнодумных стихах.

Рассказ самого Милорадовича о том, что происходило в тот день в кабинете графа, запечатлел мемуарист Федор Глинка:

«Знаешь, душа моя! (это его поговорка) у меня сейчас был Пушкин! Мне ведь велено взять его и забрать все его бумаги; но я счел более деликатным (это тоже любимое его выражение) пригласить его к себе и уж от него самого вытребовать бумаги. Вот он и явился, очень спокоен, с светлым лицом, и, когда я спросил о бумагах, он отвечал: «Граф! все мои стихи сожжены! У меня ничего не найдется на квартире; но, если вам угодно, все найдется здесь (указал пальцем на свой лоб). Прикажите подать бумаги, я напишу все, что когда-либо написано мною (разумеется, кроме печатного) с отметкою, что мое и что разошлось под моим именем». Подали бумаги. Пушкин сел и писал, писал... и написал целую тетрадь... Вон она (указывая на стол у окна), полюбуйся!.. Завтра я отвезу ее государю. А знаешь ли — Пушкин пленил меня своим благородным тоном и манерою (это тоже его словцо) обхождения».

Восхищенный Милорадович от имени императора даровал Пушкину прощение. Царь, узнав об этом, «слегка нахмурился» и внес небольшие изменения: распорядился «снарядить Пушкина в дорогу, выдать ему прогоны и, с соответствующим чином и с соблюдением возможной благовидности, отправить его на службу на юг». Так поэт был вынужден надолго покинуть Петербург...

Особняк на Невском, 12 был примечателен не только тем, что в нем жил знаменитый генерал. В те же самые «генеральские» годы дом этот принадлежал богатому греку, торговцу и «генеральному консулу семи греческих островов» Ивану Калержи — а от него перешел в руки Марии Калержи, одной из прославленных светских львиц XIX столетия.

Мария была двоюродной племянницей министра иностранных дел Нессельроде. Шестнадцати лет она вышла за Ивана Калержи и получила от супруга к свадьбе два миллиона рублей и дом на Невском. Брак, впрочем, оказался непрочным — и вскоре Мария отбыла за границу с музыкантом. В Париже на улице Анжу она купила особняк, который стал притягивать к себе звезд литературы и музыки. У Калержи бывали Мериме, Гейне, Лист, Вагнер...

Ученица Шопена, она восхищала обожателей виртуозной игрой на рояле. О ней спорили, из-за нее ссорились. Называли ее гениальной музыкантшей, любвеобильной красавицей авантюристкой, даже шпионкой Нессельроде. Последнее утверждение оставило след в сочинениях Виктора Гюго; в них Калержи описана так: «высокая, белокурая, веселая, причастная к тайным дипломатическим интригам». Калержи и вправду была причастна к ним: известно, что она помогала перевороту принца Луи Бонапарта, будущего Наполеона III.

В Петербурге Мария Калержи бывала нечасто. Но иногда все же приезжала в свой дом на Невском, где отдыхала от шума европейских столиц. А когда она умерла, Ференц Лист написал в ее память элегию и дал грандиозный концерт в Веймаре. «Она играла, как никто», — вспоминал позже великий пианист...

УРОК СКРОМНОСТИ

И снова тема фотографии, уже не раз звучавшая в нашей прогулке: еще одним знаменитым обитателем дома № 12 был именно фотограф. Итальянец Карл Бергамаско считался в свое время главным театральным фотографом столицы. Актеры его обожали: он умел подчеркнуть выгодные стороны каждого из них — и скрыть недостатки.

В витринах своего ателье Бергамаско выставлял самые удачные, самые эффектные карточки на обозрение публики. В конце концов именно эта его практика привела к большому скандалу.

В 1868 году Петербург был охвачен страстью к оперетте. В Александринском театре шла оффенбаховская «Прекрасная Елена», и в ней блистала Вера Лядова — первая в нашей стране опереточная звезда. Ажиотаж был невероятный. «Стоны, обмороки, проклятия — вот что совершается перед кассою во время раздачи билетов». Или еще свидетельство: «Театр постоянно полон, билеты достаются с величайшим трудом, за них платят вдвое, втрое, впятеро противу настоящей цены... Русскую «Прекрасную Елену» спешат видеть все».

Мог ли Бергамаско остаться в стороне? Конечно, он пригласил Лядову и ее партнеров в свое ателье и сделал несколько снимков — по обыкновению, эффектных. Артисты были запечатлены в сценических костюмах. Казалось бы, дело вполне обычное...

Скандал грянул в тот момент, когда витрина Бергамаско попалась на глаза уже знакомому нам Алексею Суворину — в ту пору ехидному и грозному фельетонисту «Санкт-Петербургских ведомостей». Тот счел карточки Лядовой «непристойными» и в очередной фельетон включил открытое письмо актрисе, где пересказал содержание фотографий.

«Вы сидите на кресле, г. Сазонов на коленях перед вами и вас обнимает, придав своему лицу то выражение, которое бывает у мужчин в некоторые моменты; особенность этой группы та, что вы обнажили свою, совсем неграциозную, ногу выше колена».

На другом снимке «г. Сазонов держит вас в своих объятиях, и если б я написал здесь, как он держит, как расположены его руки по вашему стану, то редактор «СПб. ведомостей» наверное вычеркнул бы это место».

«Правда, за окнами некоторых магазинов можно встретить карточки, предназначенные для стереоскопов, более нескромные, чем ваши; но женщины, фигурирующие на них, неизвестны, и притом... притом это даже не женщины, а несчастные создания, находящиеся в ведении полиции».

Завершалось же послание такой фразой: «Я знаю, что делаю рекламу вашим карточкам, и молю Бога, чтобы это могло вас утешить».

Да уж, хлестко написал Алексей Сергеевич! Пожалуй, и сегодня такой фельетон мог бы вызвать шумиху. А уж тогда скандал принял громадный размах. Лядову дружно бросились защищать другие журналисты, другие издания. Поклонники Лядовой в спор не встревали, они действовали по-своему: преподнесли актрисе диадему с бриллиантами за полторы тысячи рублей, а следом за ней еще множество золотых медальонов, брошек, серег, браслетов. Засвидетельствовали, иными словами, свою любовь.

Суворин, однако, не сдался. Он согласился с оппонентами лишь в одном — в «некоторой резкости» своего послания к Лядовой. Но не забыл прибавить, что фотографии, стоившие до его фельетона рубль, теперь продаются по 4 рубля...

Скандал тлел долго, а точку в нем поставила сама жизнь. Успех Веры Лядовой побудил театральную администрацию эксплуатировать модную артистку что есть сил; здоровье Лядовой было серьезно надорвано: она кашляла прямо на сцене, после каждой арии. Стали проявлять себя и другие недуги. В конце концов один из спектаклей она доиграть не смогла, а через три с небольшим месяца умерла. Случилось это весной 1870 года. «Звезде канкана» был тридцать один год...

ДОКТОР-ТЕРРОРИСТ

В рассказе о доме № 12 был упомянут Веймар; вот и в истории соседнего дома тоже нашлось место Веймару. Правда, совсем другому. Дом под номером 10 принадлежал в 1870-х годах доктору Оресту Эдуардовичу Веймару.

Это был молодой, но уже весьма заслуженный человек: он воевал добровольцем в Русско-турецкую войну 1877—1878 годов, где получил три ордена. А на Невском у Веймара работала своя ортопедическая клиника. Но велико оказалось потрясение обывателей, когда они узнали еще об одной стороне жизни доктора — «замечательно красивого и изысканно одетого» мужчины, всегда производившего на своих пациентов самое лучшее впечатление.

...В девять часов утра 4 августа 1878 года Михайловская площадь пустовала. Шеф жандармов генерал-адъютант Николай Владимирович Мезенцев (между прочим, правнук Суворова) совершал свой обычный утренний моцион; за ним чуть поодаль следовал отставной подполковник Макаров. Когда Мезенцев поравнялся с кондитерской Кочкурова, находившейся в угловом доме Итальянской улицы, оттуда наперерез выскочил молодой человек в сером пальто и очках. Если Мезенцев решил, что это очередной проситель, то он ошибся: молодой человек с силой ударил его кинжалом в живот и бросился бежать. Подполковник Макаров кинулся было вслед, но тут открыл стрельбу сообщник террориста, столь же прилично одетый молодой человек; пуля просвистела возле головы Макарова. Пользуясь его замешательством, террористы вскочили в поджидавшие их дрожки, великолепный рысак с ходу помчался галопом, — и экипаж скрылся на Малой Садовой.

Макаров поспешил к раненому. Мезенцев не терял присутствия духа; с помощью Макарова и вышедшего из соседнего дома камергера Бодиско он дошел до угла Малой Садовой, где его посадили на извозчика и отвезли домой. Однако к вечеру генерал скончался.

Кто были эти террористы? и при чем здесь доктор Веймар? — вправе спросить читатель. Ответить на эти вопросы несложно. Кинжалом ударил шефа жандармов Сергей Степняк-Кравчинский, в Макарова стрелял Александр Баранников, а увез их с места «боя» Адриан Михайлов. А великолепный рысак, умчавший террористов, принадлежал не кому иному, как доктору Веймару.

Коня звали Варвар. Чистокровный рысак с гривой на правую сторону и маленькой, еле заметной звездочкой на лбу — таким был этот знаменитый конь. Судьба ему выпала необычайная. Вначале Варвар принадлежал одному из «конских охотников» столицы, бегал на призы и побеждал. Затем его за большие деньги перекупил некто Петров, желавший ездить парой. Но Варвар к паре не подошел, и разгневанный богач продал его за бесценок. Покупателем оказался Орест Веймар.

Уже тогда доктор был связан с группой террористов-революционеров и рысака приобрел не случайно. Главной его задачей было помочь в побегах арестованных товарищей. Варвар не подвел. На нем бежал из-под стражи знаменитый анархист князь Кропоткин, благодаря ему скрылись убийцы Мезенцева.

Этим Веймар не ограничился. Укрывал в своем доме Веру Засулич, когда ее разыскивали власти. Приобрел в «Центральном депо оружия», находившемся в его доме, пару револьверов, которые передал революционерам. Один из револьверов достался стрелявшему в Александра II Александру Соловьеву. Покушение это не удалось.

Когда Веймара уличили в «противоправительственных действиях», он был арестован, а затем осужден на каторгу. Там и умер — всего сорока лет от роду. А знаменитый его Варвар, «рысак русской революции», был передан в полицию — и долгое время он возил помощника столичного обер-полицмейстера.

«РУЧНАЯ» ОДЕЖДА ДЛЯ МОДНИКОВ

В той части Невского, где к нему выходят две Морские улицы, издавна было множество швейных и модных заведений. А в пушкинское время здесь, в доме под номером 8, находилась мастерская популярного и весьма дорогого портного Конрада Руча.

Руч прославился не только прекрасной работой, но и поразившей столицу рекламой двух «самоновейших» мужских одеяний — альмавивы и каррика. Альмавивой назывался широкий мужской плащ без рукавов, в который можно было запахнуться два-три раза (он приобрел популярность у артистов), а карриком именовалось длинное пальто с большим декоративным воротником.

Чтобы приучить публику к этим костюмам, Руч на свои деньги сшил роскошные альмавиву и каррик, одел в них двух братьев-близнецов, которые должны были фланировать по Невскому. Осуществлялось это так: днем, от часа до четырех, братья прогуливались по проспекту. Один из них ехал на великолепной английской лошади, а второй шел рядом по тротуару. Братья перекидывались французскими фразами в очень странном произношении, чем еще больше привлекали к себе внимание. Некоторые вельможи даже приглашали их к себе, чтобы послушать «такой» французский... Время от времени братья менялись ролями: тот, кто ехал верхом, шел теперь пешком; иногда менялись и костюмами.

Городские обыватели охотно глазели на это зрелище, а домой вместе с рассылавшимися тогда афишами им приносили рекламные листочки Конрада Руча. В них объявлялось: кто желает убедиться в красоте альмавивы и каррика, просим пожаловать на Невский, между часом и четырьмя пополудни... Так весь Петербург оказался оповещен о новых фасонах мужских одеяний, и какое-то время популярность каррика и особенно альмавивы была высока.

Альмавиву — по всей видимости, от Руча — носил и Александр Сергеевич Пушкин. Поэт был постоянным клиентом этого портного, заказывал у него сюртуки, фраки, брюки, жилеты — и остался должен Ручу 405 рублей ассигнациями. Долг этот уплатила опека уже после гибели Пушкина...

А четверть века спустя дом № 8 оказался связан с другим знаменитым заведением: здесь открыл свою торговлю Франц Сан-Галли, владелец небольшого литейного завода. Продукция Сан-Галли шла тогда нарасхват: он первым в Петербурге придумал, стал делать и продавать «тепловые батареи» — нечто вроде современных радиаторов водяного отопления. Опробованные в одном из царскосельских дворцов, батареи зарекомендовали себя с наилучшей стороны — и вошли в моду.

С той поры предприятие Сан-Галли, находившееся на Лиговке, только расширялось. Здесь изготовляли самую разную продукцию — от умывальников и подсвечников до паровых котлов и металлических печей. Делали даже металлические мосты для питерских парков.

Росли и доходы фирмы. Неудивительно, что к началу XX века Франц Сан-Галли и члены его семьи стали крупными столичными домовладельцами. В число их владений вошел и полюбившийся им дом № 8 по Невскому проспекту.

А писатель Лев Успенский в своих «Записках старого петербуржца» запечатлел такую памятную деталь той же поры: «У магазина весов... Сан-Галли, на Невском в доме № 8, против улицы Гоголя, до самой революции небольшой чугунный лев, крашенный в коричневую краску, дерзновенно стоял поперек тротуара, над входом в магазин, расположенный в «низке», в подвале».

Теперь, увы, не стоит...

ЗДЕСЬ ПРОСЛАВИЛСЯ БИФШТЕКС

Когда-то на углу Невского и Малой Морской улицы стояло невысокое здание классического облика. В начале XIX столетия в нем помещалась ресторация англичанина Томаса Роби. Хозяин содержал «обеденный стол, который у него бывает всегда в 3 часа». Здесь впервые в Петербурге и, наверное, в России русская публика смогла отведать бифштекс. Оповещая об этом в объявлении, Роби особенно подчеркивал тот факт, что «бифстекс» у него «можно получать... во всякое время, как в Лондоне».

Нынешнее огромное здание из темно-серого гранита (№ 7—9) было построено здесь в 1912 году для банкирского дома «Г. Вавельберг» — еще одного банка Невского проспекта. Основателя династии, польского еврея Генриха Вавельберга, к тому времени уже не было в живых;

умер уже и его сын Ипполит, столь успешно развернувший операции своего банка в Петербурге.

Впрочем, сын Ипполита, Михаил Вавельберг, не уступал отцу и деду в хватке. Именно он начал строительство «палаццо» на Невском: до этого банк помещался в доме № 25 по Невскому, где жили и сами Вавельберги. Есть легенда о том, как Михаил приехал сюда принимать работу строителей. Замечание у него было только одно. Заметив на дверях таблички «Толкать от себя», банкир потребовал их переделать. «Это не мой принцип! Переделайте на «Тянуть к себе»!» И таблички заменили новыми...

БОЛЬШАЯ «НИВА» МАЛЕНЬКИХ КОШЕЛЬКОВ

В советские годы восторги вокруг тиражей журнала «Нива» могли показаться преувеличенными. Подумаешь, 250 тысяч экземпляров! Да у нас в одном Ленинграде пресса печаталась бóльшими тиражами!

Теперь счет другой. 250 тысяч — какие журналы выходят нынче таким тиражом? А ведь старая «Нива» — это не только 52 номера в год, но и 52 тома приложений к ним — собраний сочинений русских и иностранных классиков.

«Нива» началась в конце 1869 года. Есть сведения, что поначалу издатель журнала немец Адольф Маркс хотел наименовать свое детище «Беседкой» — и только уговоры первого редактора Клюшникова заставили его переменить решение. Что же касается содержания журнала, то одна из его реклам заявляла: «В программу журнала входит все, что может доставить умственную пищу всем членам семьи».

Как заметил позже писатель В.Г. Авсеенко, новый журнал рассчитывал прежде всего на «большую публику маленьких кошельков». Не случайно годовая подписка на «Ниву» стоила удивительно дешево — пять рублей с доставкой (у «Отечественных записок», например, —

16,5 рубля). И понятно, что для такой публики следовало в первую очередь развивать художественную, иллюстративную сторону издания — чем Маркс и занялся активно...

Поначалу «Нива» совсем не выглядела триумфатором журнального рынка, хотя заявила о себе уверенно: уже в 1870 году тираж ее составил девять тысяч экземпляров («Отечественные записки» не набирали и шести тысяч). Несколько лет Адольфу Марксу пришлось бороться с нехваткой денег и всякими трудностями; мемуаристы вспоминают, что Маркс «питался с женой сорокакопеечными обедами m-me Мильбрехт, не имея возможности держать дома своего стола... Он сам завертывал бездоставочным подписчикам журнал, сам принимал подписку, сам выплачивал сотрудникам гонорар и довольствовался в день двумя бутылками пива».

Но потом пришел безоговорочный успех. В 1877 году тираж достиг 30 тысяч, в 1886-м перевалил за сотню. В ту пору бурного роста главная контора «Нивы» помещалась в доме № 6 по Невскому проспекту.

К году смерти Адольфа Маркса — 1904-му — тираж его журнала добрался до легендарной отметки в 250 тысяч экземпляров. Да и после этого «Нива» оставалась популярнейшим из российских журналов. В начале XX века она была повсюду; не случайно Осип Мандельштам отметил в стихотворении характерную деталь петербургского быта:

> ...И приемные с роялями, где, по креслам рассадив,
> Доктора кого-то потчуют ворохами старых «Нив»...

Сегодня старую «Ниву» читать скучно: среднего уровня проза и стихи, многочисленные репродукции с работ, известных только дотошным историкам искусства, — в этом ряду проблески и яркие имена встречались не слишком часто. Но вот что интересно и сегодня, так это иллюстрированные сообщения о новостях российской жизни. И конечно, реклама, занимавшая по нескольку страниц в каждом номере.

«Фотографическ. редкостн. снимки, французск. жанр». Этот товар, настойчиво рекламировавшийся почти в каждом номере «Нивы», расшифровывается просто: эротика.

А вот лекарства — «Слабительные пилюли Ара — нежное, без боли действующее слабительное», «Молочная мука Нестле — идеальная пища для детей и взрослых, страдающих желудком».

Или еще: «Строго научно, добросовестно, общедоступно. МУЖЧИНАМ, страдающим бессилием, общей слабостью, нервными болезнями, последствиями секретных привычек и проч. БЕСПЛАТНО ВЫСЫЛАЕТСЯ необходимая брошюра в ЗАКРЫТОМ КОНВЕРТЕ».

Но почему же бесплатно? Видимо, в брошюре давались полезные советы, для осуществления которых следовало выложить немалые средства...

ШОУ ДЛЯ «ОТМЕННЫХ ОСОБЕЙ»

Дом № 2 до Невскому — предпоследний на нашем пути. Он выходит углом на Дворцовую площадь. После переустройства площади Карлом Росси дом этот как-то потерял свою индивидуальность, став частью большого ансамбля, — и все самые яркие страницы истории остались для него в прошлом.

А когда-то здесь стояло здание, принадлежавшее Вольному экономическому обществу. Оно сдавалось внаем, и в XVIII столетии его облюбовали артисты.

Одним из первых выступал здесь перед публикой некто «кавалер Пинчи» — знаменитый граф Калиостро, Джузеппе Бальзамо. Выступление Калиостро, разумеется, не оставило петербуржцев равнодушными.

Пятью годами позже, в 1784 году, публике полюбилось развлечение попроще: говоря по-современному, шоу с участием дрессированных лошадей. Как заявлял их хозяин, француз Никола Мори, «сии лошади разумеют более 200 штук и столь искусно все представляют, как еще никогда

Дворцовая площадь. Вид с Невского проспекта. Литография. 1820-е гг.

не видано». Под «штуками» разумелись «достойные удивления прыгания», умение лошадей считать, писать, а также понимать три языка и «четыре правила арифметики», играть в кости и карты.

Программа была насыщенной, и деньги с публики взимались приличные — полтинник за первый ряд, 25 копеек за второй. Впрочем, Мори сообщал тут же, что «отменные особи платят по их благоволению», имея в виду, что знатный русский барин мог заплатить и куда больше пятидесяти копеек...

А потом был XIX век, а с ним новые страницы в истории дома. При Александре I здесь помещалась знаменитая кондитерская швейцарца Лареда, которая славилась кофе, мороженым и бисквитами. Завсегдатаями ее были Жуковский, Грибоедов и многие их друзья...

Примерно в те же годы тут открылась знаменитая масонская ложа «Избранного Михаила». Большой зал был расписан под колоннаду, окруженную садом. Потолок изображал усеянное пятиугольными звездами небо. Вдоль стен стояли скамьи для братьев ложи. Против входных дверей на возвышении виднелось позолоченное, обитое голубым бар-

Дворцовая площадь от начала Невского проспекта. Картина Б. Патерсена. 1801 г.

хатом кресло для руководителя ложи. Им был известный художник и медальер граф Федор Толстой. По обеим сторонам кресла на небольших пьедесталах стояли два мужских скелета...

Членов ложи было много, и в их числе Дельвиг, Кюхельбекер, Греч, Батеньков, Карл и Александр Брюлловы. Суровая и романтическая обстановка, стремление к духовному братству привлекали в масоны самых разных людей. Впрочем, при том же Александре I деятельность масонских лож и прочих тайных обществ в России была запрещена — и собраниям в доме на Невском пришел конец...

У ВИТРИН ДАЦИАРО

Вот, наконец, и дом № 1 по Невскому — высокое гранитное здание, возведенное в начале XX столетия. И снова приходится повторить тривиальное: нынешний дом ничем особенным не знаменит — в отличие от того здания, что стояло прежде на его месте.

Именно здесь работал знаменитый художественный магазин итальянца Джузеппе Дациаро. В витринах магазина каждодневно выставлялись самые последние, самые интересные для публики картинки — и около них толпились зеваки. Не только простые обыватели, но и петербуржцы известные, даже знаменитые.

У Владимира Набокова в замечательном романе «Дар» есть ироническая биография Чернышевского. А в ней, в числе прочего, такие строки:

«На Невском проспекте в витринах Юнкера и Дациаро были выставлены поэтические картинки. Хорошенько их изучив, он возвращался домой и записывал свои наблюдения... На коленях, в пещере, перед черепом и крестом, молилась Мария Магдалина, и лицо ее в луче лампады было мило, конечно, но насколько лучше полуосвещенное лицо Надежды Егоровны!..

Отсюда важный вывод: жизнь милее (а значит, лучше) живописи... Смело можно сказать, что в те минуты, когда он льнул к витрине, полностью создалась его нехитрая магистерская диссертация «Эстетические Отношения Искусства к Действительности»...»

И еще одна литературная фантазия, связанная с витринами Дациаро: горький монолог Федора Михайловича Достоевского, записанный в дневнике одного его современника, журналиста и литератора. Без пространной цитаты здесь не обойтись.

«— Представьте себе, — говорил он, — что мы с вами стоим у окон магазина Дациаро и смотрим картины. Около нас стоит человек, который притворяется, что смотрит. Он чего-то ждет и все оглядывается. Вдруг поспешно подходит к нему другой человек и говорит: «Сейчас Зимний дворец будет взорван. Я завел машину». Мы это слышим... Как бы мы с вами поступили? Пошли бы мы в Зимний дворец предупредить о взрыве или обратились ли к полиции, к городовому, чтобы он арестовал этих людей? Вы пошли бы?

— Нет, не пошел бы...

— И я бы не пошел. Почему? Ведь это ужас. Это — преступление. Мы, может быть, могли бы предупредить...

Я перебрал все причины, которые заставили бы меня это сделать, — причины основательные, солидные, и затем обдумал причины, которые мне не позволяли бы это сделать. Эти причины — прямо ничтожные. Просто — боязнь прослыть доносчиком... Мне бы либералы не простили. Они измучили бы меня, довели бы до отчаяния. Разве это нормально? У нас все ненормально, оттого все это происходит...»

Слова эти были сказаны в день покушения на генерала Лорис-Меликова, причем Достоевский о покушении еще не знал. А до гибели Александра II оставалось лишь около года...

СМЕХ И СЛЕЗЫ АДМИРАЛТЕЙСКОЙ ПЛОЩАДИ

Начинали мы наше путешествие с рассказа о Знаменской площади, а в завершение непременно должны рассказать об «истоке» Невского — той точке, откуда он берет начало.

На всем протяжении пути мы видели впереди ориентир: шпиль Адмиралтейства. Подробно об Адмиралтействе мы рассказывать не будем — это величественное строение заслуживает отдельных книг, и такие книги уже написаны. Впрочем, есть и странички, известные мало. Например, не все знают, что именно при Адмиралтействе был построен один из первых в Петербурге застенков — «для розыска во всяких делах».

А вот эпизод из воспоминаний Анатолия Федоровича Кони о Некрасове: «Однажды, сообщая мне о том, что он начал ездить, в сопровождении Зины, в водолечебницу доктора Крейзера в Адмиралтействе, он сказал: «После моей водяной операции мы обыкновенно сидим некоторое время на Адмиралтейском бульваре. Это совпадает с временем обычной прогулки государя по набережной Невы, причем, незаметно для него, ему предшествуют и его сопровождают агенты тайной полиции, проживающие в здании Адмиралтейства. Мы уже привыкли их видеть выходящими на службу. Однажды один из них вышел в сопровождении жены с ребенком на руках и, помолившись на собор Исаакия, нежно поцеловал жену и перекрестил ребенка. Это очень растрогало Зину. «Ведь вот, — сказала она, — шпионина, а душу в себе имеет человечью!»...»

Зина — это Зинаида Николаевна, жена поэта.

Некрасов не случайно называет здешнюю растительность бульваром. Так оно и было: вдоль здания Адмиралтейства шел тогда достаточно скромный бульвар, на котором гулял и Евгений Онегин. А к нему примыкала Адмиралтейская площадь — место для простого петербуржца особенное, неразрывно связанное с масленичными балаганами.

Преображение пустынной площади в праздничный город красочно описал Юрий Тынянов в романе «Смерть Вазир-Мухтара», хотя и назвал там не совсем точно площадь — бульваром:

«На Адмиралтейском бульваре вырос в несколько дней шаткий, дощатый город. Стояли большие балаганы, между ними — новые улицы, в переулках пар шел от кухмистерских и кондитерских лотков, вдали кричали зазывалы — маленькие балаганы отбивали зрителей у больших. Город еще рос, спешно вколачивались гвозди, мелькали в грязи белые доски, достраивались лавчонки.

По этим дощатым улицам и переулкам медленно, с праздничной опаской, гуляло простонародье в новых сапогах».

Балаганные представления, катания на горках каждый год собирали на площади тысячи горожан. Однако веселье весельем, а случались в истории этих балаганов и трагические страницы.

2 февраля 1836 года в популярнейшем балагане Христиана Лемана шли представления. Одно из них начиналось в четыре часа дня. Публики собралось много — 460 человек.

Первыми огонь заметили актеры: от лампы, подвешенной слишком высоко, загорелись стропила. «Как только заиграла музыка,— вспоминал потом очевидец, кадет Дмитрий Чаплин,— так на сцену выскочил какой-то человек и

Адмиралтейский бульвар и Адмиралтейство в 1840-е годы. С гравюры Мартенса

громко закричал: «Господа, пожар, горим!»... В балагане сделалась суматоха... Никто никого не щадил; друг друга сбивали с ног, один другого давил, толкал, пробиваясь к дверям...»

Естественно, о борьбе с огнем никто не думал — и он охватывал балаган все сильнее. Зрители, сидевшие в первых рядах, спаслись легко: двери были рядом. А вот из амфитеатра путь к выходу был неблизок, да и двери открывались внутрь. Панически настроенная толпа никак не могла вырваться из западни. «Упавшие задыхались от напора других. Между тем пламя охватило весь балаган, крыша обрушилась и покрыла толпу горящими головнями», — сообщала подробности драмы вездесущая газета «Северная пчела».

Официальные цифры опубликовала вскоре после пожара та же «Северная пчела» — «лишилось жизни 121 мужчина и 5 женщин, 10 тяжело ушиблено, но подают надежду на выздоровление». Историки сочли эти данные заслуживающими доверия, цифра эта и сегодня фигурирует в очерках петербургской истории: 126 погибших (иногда, правда, прибавляют еще одну жертву: 127).

Но вот совсем другой взгляд.

Шеф жандармов А.Х. Бенкендорф оказался у горящего балагана одним из первых — и оставил потом записи об этом трагическом дне. «Государь, стоя возле самого балагана и подвергаясь ежеминутной опасности от валившихся отовсюду горящих бревен и досок, отдавал свои приказания со всей заботливостью отца, спасающего своих детей... Все среди ужасов этой плачевной сцены смотрели на него, как бы на ангела-хранителя».

Ангелу-хранителю не слишком удались его функции: «46 человек, более или менее изуродованных, было спасено, а с лишком 100 тел вытащено из огня мертвыми». Эти слова Бенкендорфа не очень расходятся с данными газеты. Но Александр Христофорович продолжает: «Прочие исчезли с самим балаганом, который сгорел дотла, оставив по себе на снегу огромное черное пятно».

Прочие исчезли! Выходит, не меньше четырехсот человек погибло в тот роковой день. К слову сказать, шеф жандармов входил в комиссию, выяснявшую «число жертв этого несчастного приключения». А данные «Северной пчелы» касались, должно быть, только тех, чьи тела удалось вытащить из огня и опознать.

...Еще один крупный пожар случился перед Адмиралтейством весной 1872 года: сгорели крупнейшие балаганы Берга и Малафеева. По счастью, произошло это ночью, так что жертв не было. Но именно этот пожар решил судьбу масленичных балаганов и каруселей: со следующего года они были переведены подальше от царской резиденции, на Царицын луг — пустынное в ту пору Марсово поле. А перед Адмиралтейством начали разбивать сад, который торжественно открыли уже в 1874-м.

Со временем деревья разрослись, а потому в начале XX века ценители старины вступили в дискуссию: надо ли вырубать в саду просеку или хотя бы обстригать деревья, чтобы открыть перспективу с Невского на здание Адмиралтейства? Спорили долго, да так ничем и не закончили.

Деревья и сегодня растут пышно. Но вырубать их вроде бы никто не собирается. Да и к чему это? Главный наш ориентир, адмиралтейский шпиль, парит так высоко, что заслонить его никаким деревьям не под силу...

«РЕЗЮМЕ ВСЕГО ПЕТЕРБУРГА»

Маршрут наш закончен, но продлим ненадолго рассказ. Настало время оглянуться назад...

Клуб под открытым небом, зал
Почти трехверстного Пассажа,
Где целый день идет развал,
Гремят и мчатся экипажи... —

такие малопоэтические вирши описывают Невский 1880-х годов. Они вполне применимы и к проспекту, представшему перед нами. Людская толчея, обилие магазинов («развал»), непрерывный поток транспорта, пестрота вывесок... Трудно поверить, что проспект не всегда был таким. Однако — был.

Аничков дворец, виденный нами, строился в 1740-х годах. Каким был тогда Невский?

От самого Адмиралтейства до Фонтанки шла замощенная дорога, обсаженная с обеих сторон березками. По ней, впрочем, ездили немногие: для обычных ездоков шла по бокам этой «перспективы» совсем уже расхлябанная трасса. По ней и ехали рыдваны, тяжелые кареты, экипажи, поминутно проваливаясь в ямы и качаясь с боку на бок.

Стояли тогда вдоль проспекта небольшие деревянные домишки, белели заборы. Место было низкое и топкое. Жила здесь вовсе не знать: Невский не создавался как центр столицы. Город рос вначале на Васильевском острове, и только при Анне Иоанновне потихоньку стали перебираться сюда. Аничков дворец, устроенный Елизаветой Петровной, будто дал сигнал к освоению проспекта — и тогда-то и ринулись сюда вельможи, появились здесь роскошные строения.

Лиха беда начало. Строгие указы самодержцев, следивших за чистотой и «правильностью» Невского, не замедлили появиться. Елизавета указала выровнять постройки вдоль проспекта по одной линии; преемники ее тоже не оставляли Невский заботой. Постепенно он мостился, обустраивался красивыми каменными домами, обзаводился магазинами.

Золотой век Невского начался в первой трети XIX столетия — в годы, которые мы привыкли именовать «пушкинскими». Поэт и отставной профессор университета Никита Бутырский восторженно живописал в 1837 году красоты Невского:

Не Млечный ли здесь Путь лежит,
Где слиты меж собой светила?
Иль, пояс развернув, харит
Киприда с неба уронила
И вечную своих ланит
Весну сюда переселила?

Из стихотворения видно, что Бутырский не был соперником Пушкина в поэзии; однако описание его вполне передает то восхищение Невским, которое было свойственно современникам Пушкина. И которое явственно проглядывает в гоголевском «Невском проспекте».

Невский своей золотой поры дошел до нас, увы, частично. Казанский собор, Строгановский дворец, дома Чичерина и Котомина, церкви и немногие другие знакомые нам здания сохранились такими (или почти такими), какими знал их Пушкин. А вот дома при костеле Святой Екатерины и при церкви Святых Петра и Павла хоть и стояли при Пушкине, но были позже надстроены дополнительными этажами. И следовательно, существенно изменили свой облик. А что уж говорить о таких «вкраплениях» в проспект, как Дом книги или магазин Елисеевых! Они всецело относятся к XX столетию...

В середине 1830-х дурное мощение Невского сменилось, наконец, аккуратным — торцовым. Через десять лет впервые испытали асфальт (читатель помнит — на Полицейском мосту). Появились омнибусы и газовое освещение.

А потом пришел капитализм, дома стали все чаще перестраиваться и менять облик. Роскошь Невского перешагнула через Фонтанку и дошла до самой Знаменской площади. И если прежде в «зафонтанной» части проспекта были лишь отдельные богатые каменные дома, то теперь такими стали все. Правда, их архитектура не обладала великолепием прежних построек: на смену классицизму и другим большим стилям пришла эклектика, смешавшая элементы разных стилей в винегрет.

«Винегретом» назвал Петр Николаевич Столпянский и весь облик Невского, сложившийся в конце XIX и в начале XX века. Прав ли он был? Иные новинки того времени кажутся сейчас уже памятниками архитектуры. И разве не стал бы Невский однообразнее, исчезни эти «новинки» в одночасье?

Трамваев скучные звонки,
Автомобиль, кричащий дико.
Походки женские легки,
И шляпы, муфты полны крика.

Это — из «портрета» Невского, написанного в 1910 году еще одним забытым поэтом Владимиром Ладыженским. Трамваи и правда ходили по Невскому еще до 1950-х годов, а потом их сняли: мешали остальному транспорту.

Что еще сказать? Сто лет назад чистоту Невского холили дворники, целая армия которых выходила на тротуары по утрам. Особенно усердствовали перед проездом по улицам императора: посыпали мостовую песочком, драили до блеска.

Где они, эти дворники? Они пропали уже давно. Невский в роковые для прежних порядков времена запечатлел вездесущий Демьян Бедный:

Главная улица в панике бешеной:
Бледный, трясущийся, словно помешанный,
Страхом смертельным внезапно ужаленный,
Мечется — клубный делец накрахмаленный,
Плут-ростовщик и банкир продувной,
Мануфактурщик и модный портной,
Туз-меховщик, ювелир патентованный, —
Мечется каждый, тревожно-взволнованный...

А потом был проспект 25 Октября. Проспект, который видел расцвет нэпа и траур по Ленину, который встречал первые ленинградские троллейбусы. Который видел суровые будни блокады. Вот из Ольги Берггольц:

Скрипят, скрипят по Невскому полозья.
На детских санках, узеньких, смешных,
В кастрюльках воду голубую возят,
Дрова и скарб, умерших и больных...

И снова он стал Невским, и опять вернулось мирное время...

А черту под нашей прогулкой вполне могут подвести слова Теофиля Готье, посетившего Петербург в 1858 году: «Невский проспект представляет в некотором роде резюме всего Петербурга». Резюме — обобщение, изложение в сжатом виде.

Есть и другие слова о Невском — журналиста Александра Башуцкого: «Когда вы вглядитесь, когда вы вслушаетесь в Невский проспект... когда пробежите его с конца в конец, тогда вам покажется, что это огромный, живой калейдоскоп, в который всыпано все человечество со своею жизненною деятельностью, со своими модами, слабостями, чувствами, замыслами, причудами, знаниями, страстями, расчетами, красотою и безобразием, умом и безумием...»

К этим двум цитатам, собственно, нечего и прибавить.

ПОСЛЕСЛОВИЕ ДЛЯ ВНИМАТЕЛЬНОГО ЧИТАТЕЛЯ

В своей работе автор использовал многочисленные книги, наиболее важные из которых перечислены ниже в хронологической последовательности:

Ф.Г. Толль «Настольный словарь для справок по всем отраслям знаний в трех томах» (1863—1864); А.И. Вольф «Хроника петербургских театров» (1877—1884); М.И. Пыляев «Старый Петербург» (1889, репринт 1990), «Замечательные чудаки и оригиналы» (1898, репринт 1990) и «Старое житье» (1898, репринт 1990); Ф.В. Домбровский «Полный путеводитель по Петербургу и всем его окрестностям» (1896); В.И. Прибытков «Медиумизм Елизаветы Дмитриевны Прибытковой» (1897); И.В. Преображенский «Рассказы из жизни русских императоров, императриц и великих князей» (1900); А.И. Спиридович «Революционное движение в России. Партия социалистов-революционеров и ее предшественники» (1916), «Как это было» (1918); П.Н. Столпянский «Петербург» (1918), «Революционный Петербург» (1922), «Адмиралтейский остров. Сад трудящихся» (1923), «Дворец Труда» (1923) и «Город Санкт-Питербурх, ныне Ленинград» (1927); В. Володарский «Речи» (1920); «Лидия Иванова» (1927); Л.С. Фридланд «За закрытой дверью» (1927); «Весь Ленинград и Ленинградская область» (1930); А.Г. Яцевич «Пушкинский Петербург» (1935, репринт 1993); Е.Д. Зозуля «Разные новеллы» (1936); Р.А. Сомина «Невский проспект» (1959); «Панорама Невского проспекта В.С. Садовникова» (1974); Г.К. Козьмян «Ф.-Б. Растрелли» (1976); А.А. Вадимов и М.А. Тривас «От магов древности до иллюзионистов наших дней» (1979); С.А. Фомичев «Грибоедов в Петербурге» (1982); А.М. и М.А. Гордины «Пушкинский век» (1995); А.И. Барабанова и Е.А. Ямщикова «Народовольцы в Петербурге» (1984); Я.Н. Длуголенский и В.Г. Зак «Люди и шахматы» (1988); Б.Ф. Егоров «Петрашевцы» (1988); П.Я. Канн «Казанская площадь» (1988) и «Прогулки по Петербургу» (1994); М. Бейзер «Евреи в Петербурге» (1989), «Алексеевский равелин» (1990), «Язвы Петербурга» (1990); «Русские писатели. 1800—1917» (1992—1999); Н.Б. Лебина и М.В. Шкаровский «Проституция в Петербурге» (1994); И.Ф. Петровская, В.В. Сомина «Театральный Петербург» (1994); С.С. Шульц «Храмы Санкт-Петербурга» (1994); Л.П. Буланкова «Страницы жизни Аничкова дворца» (1995); А.М. и М.А. Гордины «Пушкинский век» (1995); Ю.Л. Алянский «Увеселительные заведения старого Петербурга» (1996); В.Л. Ковалевский «Душа деянием жива» (1999); И.А. Богданов «Большой Гостиный двор в Петербурге» (2001); «Казанский собор» (2001).

Использованы также книги Н.Я. Агнивцева, М.А. Бакунина, В.Н. Балязина, Н.В. Богословского, Т.К. Горышиной, Е.Е. Денисенко, В.Ф. Дитца, А.А. Иванова, Н.П. Карабчевского, В.Я. Курбатова, Н.М. Олейникова, К.П. Победоносцева, А.Л. Пунина, Н.А. Синдаловского, Б.Н. Тарасова, Е.В. Тарле, Л.И. Тихвинской, А.Н. Толстого, Ю.Н. Тынянова, Н.К. Шильдера.

Часть сведений (и цитат) почерпнута в воспоминаниях и письмах великого князя Александра Михайловича, М.Ф. Андреевой, Ю.П. Анненкова, А.Х. Бенкендорфа, А.Н. Бенуа, Н.Н. Берберовой, Н.В. Богословского, А.Я. Булгакова, И.А. Бунина, П.В. Быкова, Ф.Ф. Вигеля, Б.Г. Вольфа, К. Вэйн, П.А. Вяземского, П.П. Гнедича, М.В. Добужинского, С.М. Загоскина, Д.А. Засосова и В.И. Пызина, М.Ф. Каменской (Толстой), П.А. Каратыгина, А.Ф. Кони, А. Коцебу, Л. Кэрролла, В. Ларионова, Н.А. Лейкина, И.Л. Леонтьева-Щеглова, Е.Э. Мандельштама, О.Э. Мандельштама, А.Б. Мариенгофа, В.П. Мещерского, Д.А. Милютина, Г.В. Мичурина, Н.А. Морозова, И.И. Панаева, М.П. Погодина, В. Позднякова, Н.П. Полетики, И.Е. Репина, М.Д. Ройзмана, Н.Я. Рыковой, А.М. Скабичевского, П.П. Соколова, П.А. Сорокина, А.С. Таубера, Л.В. Успенского, Л.О. Утесова, К.И. Фишера, В.Ф. Ходасевича, П.И. Чайковского, В.М. Чернова, К.И. Чуковского, Н.К. Чуковского, Г.И. Шавельского, В.С. Шефнера.

Помимо этого, автор воспользовался статьями Ю.Л. Алянского, Э.М. Аренина, А.П. Аспидова, П.П. Бондаренко,

Л.И. Бройтман и Е.И. Красновой, Ф.В. Булгарина, В.Ф. Вербицкого, В.Е. Гарутт, С.Е. Глезерова, Н.В. Гречук, В.П. Грызилова, Ю.А. Данилова, М.А. Загуляева, А.А. Иванова, В.С. Измозика, Г.З. Каганова, Л.Ф. Карохина, С.Е. Клещука, М. Корнаковой, М.С. Кругликовой, А.Ю. Меженина, Н. Мухина, Р.В. Николаева, В. Нузова, Д.И. Писарева, Ю.А. Ракова, А.И. Рейтблата, В. Сеховича, Л.В. Сидоренко, П.Н. Столпянского, А.С. Суворина, В.Н. Суслова, Ю.В. Трубинова, А.В. Шабунина, М.В. Шкаровского, Я.Б. Шрагера, С.В. Шумихина и других авторов в газетах «Аргументы и факты», «Биржевые ведомости», «Вестник» (Балтимор), «Вечерний Петербург», «Красная газета» (утренний и вечерний выпуски), «Независимая газета», «Первое сентября», «Петербургский листок», «Санкт-Петербургские ведомости», «Северная пчела», «СегоДня», «Смена», журналах «Былое», «Век XX и мир», «Всевобуч и спорт», «Всемирная иллюстрация», «Высокий стиль», «Жизнь искусства», «Знание—сила», «Иллюстрированный мир», «Нива», «Новое литературное обозрение», «Ребус», «Русский библиофил», «Русское слово», «Санкт-Петербургская панорама», «Синий журнал», «Стрекоза», «Сын Отечества», бюллетене «Блокнот агитатора», сборниках «Дома рассказывают», «Научные исследования в зоологических парках», «Невский архив», а также прочих изданиях, в том числе электронных.

Использованы также материалы по истории предприятий и заведений, опубликованные этими предприятиями как в печатном виде, так и в глобальной компьютерной сети Internet.

За полезные подсказки и уточнения автор благодарен В.В. Алексееву, А.П. Аспидову, А.А. Иванову, Б.М. Кирикову, И.М. Сергеевой и Г.С. Усыскину.

Некоторые фрагменты книги публиковались автором в газетах «Санкт-Петербургские ведомости» и «Вечерний Петербург», в том числе под псевдонимом Петр Градский.

СОДЕРЖАНИЕ

Шерих Дмитрий Юрьевич

ПО НЕВСКОМУ БЕЗ СКУКИ

Ответственный редактор *М.И. Клим*
Художественный редактор *И.А. Озеров*
Технический редактор *Л.И. Витушкина*
Корректор *О.А. Левина*

Подписано в печать 19.03.2004. Формат 84×108 1/32.
Бумага офсетная. Гарнитура «Академия».
Печать офсетная. Усл. печ. л. 15,12. Уч.-изд. л. 15,26.
Тираж 6000 экз. Заказ № 5936.

Изд. лиц. ИД № 02456 от 27.07.2000 г.
ООО «МиМ-Дельта»
Для писем: Санкт-Петербург,
ул. Фурштатская, д. 19, пом. 35Н
E-MAIL: MIMDEL@COMSET.NET

ЗАО «Центрполиграф»
125047, Москва, Оружейный пер., д. 15, стр. 1,
пом. ТАРП ЦАО

Для писем:
111024, Москва, 1-я ул. Энтузиастов, 15
E-MAIL: CNPOL@DOL.RU

WWW.CENTRPOLIGRAF.RU

Отпечатано с готовых диапозитивов
на ГУПП «Детская книга»
127018, Москва, Сущевский вал, 49